Benvenuto 2022!

Ariete	♈	11
Toro	♉	29
Gemelli	♊	47
Cancro	♋	65
Leone	♌	83
Vergine	♍	101
Bilancia	♎	119
Scorpione	♏	137
Sagittario	♐	155
Capricorno	♑	173
Acquario	♒	191
Pesci	♓	209
Le coppie		227
Il calcolo dell'ascendente		251

Benvenuto 2022!

Sarà un anno importante, segnato in alcuni mesi dal transito di Giove nel segno zodiacale dell'Ariete: solo una prima apparizione perché poi Giove rientrerà nel segno per rimanerci anche nel 2023. Tutto questo, da maggio, potrà regalarci un intenso vigore perché l'Ariete rappresenta il risveglio dopo la stagione invernale. Quindi il 2022 sarà un anno di energia ritrovata. L'augurio è che i prossimi dodici mesi, in positivo, possano risolvere i gravi problemi nati nel corso degli ultimi anni. Non dimentichiamo, però, che l'Ariete è anche governato da Marte, questo significa che molte conquiste arriveranno grazie a vere e proprie battaglie persino di tipo sociale; aspettiamoci grandi dibattiti politici e ideologici, con conquiste che si potranno ottenere solo dopo lunghi confronti. Insomma, la forza non mancherà, ma la strada da percorrere non sarà tutta in discesa (anche quest'anno Saturno resta in Acquario); aspettiamoci imposizione di leggi e regolamenti da parte di chi ha il potere. Da questo punto di vista un mese importante sarà quello di giugno, quando Giove e Marte si troveranno uniti; nelle prime quindici giornate ci saranno da affrontare rilevanti questioni sociali a livello mondiale. Nelle prossime pagine ho indicato come le stelle di quest'anno possono influenzare ogni segno zodiacale; vedremo in che modo sarà possibile trovare una buona calma interiore e se l'amore potrà essere sereno. Segnalati anche i periodi positivi e le iniziative da intraprendere nell'attività per arrivare a un traguardo ambizioso, e i momenti in cui il desiderio potrà diventare fonte di grande ispirazione per vivere le nostre passioni al massimo.

Vi abbraccio forte!

Paolo Fox

Ariete

Cosa cambia dall'anno scorso

Ci sono stati anni difficili, come il 2019 e il 2020, in cui in certi momenti ti è sembrato persino di toccare il fondo; poi il 2021, un anno di transizione, ti ha fornito le armi per iniziare a risalire la china. Se è vero che negli ultimi mesi del 2021 si sono registrati i primi accenni di recupero, penso che oggi molti Ariete non sentano di avere compiuto il grande passo verso la stabilità. Ma il 2022 inizia a profumare di successo: saranno giornate di rinascita, crescita progressiva e decisiva quelle dopo maggio, e il culmine lo avremo nel 2023, quando Giove transiterà definitivamente nel segno. Ora devi solo cercare una direttiva nuova da seguire; sarebbe necessario fare ordine nella tua vita, anche se istintivamente tu di ordine e regole non vuoi sentir parlare. Infatti, nonostante a parole tu abbia un grande desiderio di equilibrio e razionalità, in realtà rifuggi dagli schemi ripetitivi e sei lontano anni luce da ogni tipo di programmazione che restringa la possibilità di vivere sorprese. L'evento inatteso, la novità imprevista hanno il potere di

generare in te un senso di sgomento iniziale a cui succede un eccezionale desiderio di rivalsa e di vittoria: sei un pioniere! Dai il meglio di te quando ti trovi di fronte a un ostacolo, adori metterti alla prova anche se questo comporta stress e momenti di forte disagio! Persino vivere relazioni che già dall'inizio si mostrano precarie ti appassiona, vivere sul filo del rasoio ti intriga. Quante volte ti sarà capitato in amore di sentirti attratto da persone inattendibili e di trascurare chi, invece, avrebbe potuto garantirti anni di stabilità amorosa ma anche di noia incolmabile. A essere sinceri un Ariete può anche portare avanti un solo sentimento per molto tempo ma dovrà essere una passione combattuta... Conosco nati Ariete che si sono separati dal partner salvo poi recuperare lo stesso legame passato qualche anno; solo dopo i quarant'anni questo spirito ardimentoso lascia spazio a un po' più di tranquillità. Nei prossimi due anni bisognerà trovare un equilibrio anche sotto questo punto di vista. Per ciò che concerne l'attività il tuo lavoro è stato più pesante del previsto, hai perso un sacco di tempo nel cercare di sistemare una serie di questioni legali, burocratiche, o far tacere nemici invidiosi; non escludo che tu stesso, negli ultimi anni, abbia potuto compiere qualche errore grossolano, perché quando ti metti in testa una cosa vuoi portarla avanti senza ragionare, nel più breve tempo possibile. E si sa che la fretta è cattiva consigliera! A volte ti potrà sembrare di aver perso il tuo sogno, la tua ispirazione, ma non devi temere, le cose cambieranno favorevolmente giorno dopo giorno. Ogni Ariete che si rispetti deve credere nel proprio talento, può persino fare una sorta di crociata pur di portare avanti un suo progetto o ideale. Nel 2022 e ancora di più nel 2023 si ripresenta la voglia di tornare in sella, accompagnata da una buona dose di eventi positivi da cogliere al volo.

Alla ricerca dell'amore perduto

Se stai con la stessa persona da molti anni devi ritrovare il desiderio di amare, l'istintività, forse anche la passione andrà riaccesa. Ti ricordo che per te il vero amore è non solo strettamente legato al desiderio ma anche alla caccia. Dunque in un ipotetico gioco dei sentimenti non ricoprirai mai il ruolo della preda, preferendo quello del cacciatore. La tua irrequietezza innata ha portato negli ultimi tempi a rivedere anche il tuo modo di amare. Se un amore ha perso smalto, non presenta più alcun conflitto, sicuramente ti sarai intristito e forse avrai cercato altrove. Quanti Ariete, per esempio, scelgono di vivere relazioni trasgressive o sono portati al tradimento, non tanto perché sono in disaccordo con il partner, ma semplicemente perché vogliono sentire battere forte il cuore, eccitarsi per qualcosa di nuovo. Nel 2022 cercherai emozioni speciali, e questo bisogno di cambiamento, sfida, caccia si rivelerà più valido in alcuni mesi, che saranno da destinare certamente alla ricerca di un amore o alla sua riconferma. Come spiegherò meglio nelle prossime pagine tutta la prima parte dell'anno sarà intrigante sul piano sentimentale, non dimentichiamo inoltre che ci sarà una prima avvisaglia della forza di Giove, pianeta che farà capolino in questo 2022 nel tuo segno zodiacale tra maggio e ottobre, regalando le direttive di quello che sarà un anno ancora più importante, il 2023. Se c'è un sogno nel cassetto da realizzare, quindi, la primavera del 2022 inizierà a dare spazio a grandi progetti, e piano piano si risolveranno questioni di altro genere che hanno creato tanti disagi e ritardi.

L'ispirazione arriva a metà anno

Entriamo nel dettaglio per ciò che concerne l'ingresso di Giove nel tuo segno zodiacale, dal 10 maggio fino al 28 ottobre sarà un transito parziale, relativo solo ai primi gradi del segno. Il più importante e decisivo sarà quello che lo stesso pianeta farà dal 20 dicembre 2022 a tutto il 2023. Quindi nel lasso di tempo tra maggio e ottobre potresti finalmente avere un'opportunità di rilancio, si tratterà di una proposta, un lavoro da iniziare, che si perfezionerà l'anno prossimo. Non disdegnare occasioni che potrebbero rivelarsi decisive per il tuo sviluppo professionale nel prossimo biennio. Al tempo stesso nella parte centrale del 2022 le coppie potrebbero fare progetti a lunga scadenza, e gli incontri sentimentali per i single saranno decisivi in estate. Ma per i dettagli e i giorni migliori ti invito a leggere le prossime pagine.

Spingi sempre il cambiamento

In un quadro astrologico così importante bisogna promuovere il cambiamento, guardare al futuro e soprattutto eliminare quei nemici, reali

Ariete

o immaginari, che hanno causato blocchi nella tua vita. Non scendi facilmente a compromessi e, a volte, la vita ti sembra più difficile di quello che è in realtà. Non pensare di essere sfortunato, in realtà sei troppo impavido, persino incosciente, adori accettare rischi che altri non vogliono correre, per questo spesso ti ritrovi nei guai o di fronte a una serie di problemi difficili da risolvere. È importante nel 2022 ritrovare un po' di logica e razionalità per superare ogni tipo di sfida. Imparare l'equilibrio, una situazione di compromesso tra la tua visione avventurosa della vita e i limiti che la realtà pone in essere ogni giorno: questa deve essere la scommessa vincente del 2022! È vero che evolversi, trasformarsi, adattarsi alla realtà che ci circonda non è sempre facile, ma, complice Giove attivo tra maggio e ottobre, ritroverai una grande carica di ottimismo e non sarà difficile persino ripartire da zero, cercare una trasformazione interiore per poi applicarla a livello organizzativo nella vita di tutti i giorni. Per fortuna sei una persona che si rimette in gioco con grande facilità, dico sempre che l'Ariete risorge dalle proprie ceneri, più di una volta nella propria esistenza. Non avere quindi paura di portare avanti un confronto con te stesso, di ripensare a tutta la tua vita in maniera più positiva. Inoltre c'è da dire che anche piccole strategie per modificare il percorso della tua esistenza possono essere utili, per esempio questo potrebbe essere l'anno buono per smettere di fumare, perdere qualche chilo di troppo, superare un esame che ti assilla da tempo. Insomma eliminare le cattive abitudini e fare una vita più sana. Se già hai adottato uno stile di vita positivo le stelle del 2022 non solo ti aiuteranno a superare quei momenti di ingiustificato pessimismo che ogni tanto fanno capolino nella tua vita, ma ti spingeranno a mettere in atto un incoraggiante realismo che permetterà di ottenere soluzioni rapide a tutto quello che è stato bloccato negli ultimi tempi; un consiglio? Datti una data di scadenza! Ti suggerisco tra maggio e settembre di valutare i tuoi progressi, di capire se i risultati sono conformi alle tue aspettative. Già nei primi mesi di quest'anno avrai ottenuto informazioni preziose che ti renderanno più facile andare avanti. Rimani focalizzato sul tuo obiettivo, non perdere i progressi fatti, circondati di persone che incoraggino le tue iniziative. Anche affrontare una separazione può essere decisivo, giorno dopo giorno sentirai un grande desiderio di esplorare mondi impossibili, come se dovessi rinascere a nuova vita! Un processo di evoluzione partito da pochi mesi e che si completerà alla fine del 2023. Coraggio!

Gennaio

Il tuo 2022

 I primi spunti per un rinnovamento ci sono stati già nell'autunno del 2021. Il 2022 ti darà la possibilità di metterti nuovamente in gioco. Chi lavora grazie al consenso altrui può aumentare o diminuire il proprio reddito con l'acquisizione di clienti o la stipula di accordi e avrà buone opportunità; non dimenticare che presto Giove sarà nel tuo segno e da maggio alcune questioni legali saranno più facili da risolvere. Molto dipende dal tipo di lavoro svolto, dall'età, dal posto in cui ci si trova, ma sarà difficile sbagliare; cerca di non farti prendere dall'ansia da prestazione, capisco che non vedi l'ora di risolvere tante piccole difficoltà, ma devi dare tempo al tempo! Considerando che le relazioni con i superiori da gennaio saranno più facili da gestire, non escludo che ci sia qualche bella novità o conferma, Marte regala energia positiva tutto il mese. E le prossime settimane aiutano anche a intraprendere scelte di un certo peso: con Mercurio favorevole assieme a Saturno, le giornate attorno al 13 potranno essere rivelatrici. Chi ha perso un lavoro oppure è rimasto fuori da un gruppo si prenderà una bella rivincita; unico neo, bisogna recuperare un po' di soldi persi in passato, anche e soprattutto se gestisci un'attività in proprio, le stelle non fanno miracoli ma il 2022 sarà un anno più «ricco». Tuttavia prudenza in caso di dispute che potrebbero nascere negli ultimi tre giorni del mese, non agitare foglia il 31.

 Le storie d'amore naufragate non dovrebbero essere recuperate ora che Venere è contraria. Alcuni nati Ariete, però, spesso si intestardiscono per riuscire a ottenere ciò che non è più possibile avere. Cerca di ritrovare un po' di tempo e buona disponibilità per fare nuove conoscenze! Le coppie formate da anni potrebbero discutere in maniera piuttosto pesante alla fine di gennaio. In realtà tutto il mese è dimesso per quanto riguarda l'amore, bisogna stare attenti a non lasciarsi coinvolgere da inutili screzi, soprattutto se ci sono dispute famigliari aperte; spesso ti troverai in disaccordo con tutti, ma potresti essere proprio tu a sollevare qualche problema o a redarguire il partner se pensi che non si stia comportando bene. Sabato 8 e domenica 9 le stelle sono agguerrite in amore così come il 31. Per i nuovi incontri gennaio, quindi, non è il massimo ma confidiamo nei mesi più caldi, per esempio già da marzo le stelle saranno migliori!

 Troppi impegni di famiglia, qualche preoccupazione esagerata a lavoro, non è facile stare calmi a gennaio, le prime due settimane sono un po' pesanti, poi dal 20 la forza del Sole aiuta un buon recupero psicofisico. Sconsiglio azzardi nei giorni più agitati, sabato 29, domenica 30 e lunedì 31, quando molti pianeti contrari potrebbero portarti a fare scelte sbagliate o a rischiare inutilmente.

 **Febbraio**

 Nonostante il 2022 sia un anno importante, ci saranno alcune settimane in cui tutto potrà sembrarti inutile, come se le tue fatiche non avessero un riscontro concreto. Se l'anno scorso è saltata una collaborazione oppure hai iniziato un nuovo programma, nelle prime due settimane di febbraio avrai la netta sensazione che qualcosa non funzioni. Nel lavoro potresti vivere rallentamenti. Non cercare l'impossibile, capisco che tu sia sempre molto agguerrito, forte, ma ogni tanto bisogna arrendersi alla realtà dei fatti. Un cielo così ostinato chiede massima prudenza soprattutto nei fine settimana! Quindi conviene rimandare discussioni, attenzione agli invidiosi; dopo il 14 le cose vanno meglio: innanzitutto Mercurio inizia un transito tranquillo e tu, nonostante ti senta sempre un po' sotto pressione, avrai meno voglia di litigare. È come se si aprissero nuove occasioni. Chi deve farsi riconfermare un contratto forse dovrà aspettare marzo, febbraio è un mese un po' complicato.

 Consiglio alle coppie che hanno vissuto gravi difficoltà di non arrabbiarsi a febbraio, è probabile che così come per il lavoro anche per l'amore le prime due settimane del mese siano conflittuali. Ci sono state molte polemiche. Non è detto che manchi il sentimento, forse sei tu a essere distante con il cuore o la testa. Attenzione alle storie con persone sposate o lontane, cerca di non complicarti la vita da solo. Gli ultimi due anni in amore sono stati pesanti, non devi ripetere l'errore di agire frettolosamente! I rapporti di vecchia data potrebbero anche vivere complicazioni, non tanto per mancanza d'amore, ma per problemi di lavoro che non permettono di dedicarsi pienamente ai sentimenti. Gli incontri occasionali non riempiono il vuoto esistenziale che sentirai in certe giornate, tuttavia va ricordato che marzo sarà un mese migliore. Non bisogna pensare solo al lavoro, frequentare gente è indispensabile ma non lasciarti andare a situazioni che non ti convincono. I fine settimana impongono prudenza.

 C'è qualcosa che non va nei primi dieci giorni di febbraio, forse è colpa della tua ostinazione, di qualche problema di lavoro, fatto sta che ti senti sotto pressione e in certe giornate addirittura fuori di testa. Attenzione alle parole di troppo e a non mettere troppa enfasi nelle cose che fai anche in amore. Meglio aspettare che siano gli altri a parlare. Sabato 12 e domenica 13 sono le giornate più pesanti, ma a fine mese si recupera.

Marzo

Il tuo 2022

 Marzo diminuisce la tensione dei primi due mesi dell'anno, e qualcosa finalmente si sblocca. Buone le relazioni, anche se hai lasciato un percorso sarà possibile trovarne uno nuovo; già dopo la prima settimana le cose cambiano, il transito di Marte e Venere torna favorevole dal 6 e Saturno ti dà una mano a dimenticare il passato. Ma non sarà sempre facile mantenere la calma, d'altronde sei una persona che vive costantemente in lotta. Chi lavora in un'azienda, deve capire cosa sta succedendo, una richiesta in sospeso potrebbe ripartire, a ciò aggiungiamo l'ottimo aspetto del Sole che, entrando nel segno da domenica 20, regala più forza. Dunque marzo non sarà disseminato di grandi ostacoli e tra qualche mese anche Giove sarà nel segno! Da qui a maggio sarà possibile liberarsi di un peso, ma soprattutto rinnovare un accordo, fare tante cose piacevoli per cercare di risollevare il tuo umore e il destino del lavoro. Per i più giovani e per le persone creative inizia la fase di grande rivalsa.

 Questo è un mese quasi sorprendente rispetto ai primi due dell'anno, sei partito con poche prospettive, ma ora ritorna il desiderio, la passione, la voglia di amare, ancora di più quando, da domenica 6, Venere è di nuovo favorevole. Chi ha chiuso una storia non torna sui propri passi, mentre le relazioni con buone fondamenta possono rivelarsi nuovamente convincenti. Se agli inizi dell'anno ho invitato alla prudenza, adesso devo dire che i nati Ariete, al contrario, devono liberarsi, amare e rinnovare la propria situazione, in particolare se negli ultimi anni c'è stata una separazione. Questioni in sospeso da molto tempo, anche se di tipo legale, possono essere risolte, ciò non significa che se hai torto avrai ragione, ma quantomeno potrai ottenere un buon compromesso. Le giornate di marzo più interessanti sono quelle legate alla parte centrale del mese. Buone notizie inoltre per i cuori solitari, in arrivo una ventata di ottimismo ed energia che farà nascere amori molto interessanti. Intriganti le relazioni che iniziano ora. Se la tua unione ha basi solide forse è arrivato il momento di legalizzare la situazione o pensare a una nuova meta da raggiungere insieme.

 È un mese importante per il recupero, sia psicofisico sia mentale, ecco perché bisognerebbe concentrarsi per fare ciò che ti dona benessere, portare avanti progetti, lo consiglia anche la giornata del 14, molto interessante per tutto, per esempio per iniziare cure utili per ritrovare tranquillità.

# Ariete

Aprile

 È partita la grande marcia verso il futuro positivo. Se esistono tensioni in un rapporto sentimentale cerca di annullarle, questo sarà un periodo di svolta, Mercurio transita nel tuo segno fino all'11, Marte è positivo fino a venerdì 15. Chi lavora grazie al consenso, per esempio i politici o gli artisti, oppure chi sta aspettando soluzioni e proposte, avrà qualcosa di più. Anche i creativi possono contare su nuove imprese. È un cielo interessante per risolvere un problema economico ma anche legale che ha determinato troppe ansie in passato. Giove sta per iniziare un transito molto bello, arriverà il 10 maggio, fornendo le prime armi per risolvere questioni importanti, per poi tornare stabilmente nel 2023. Ecco perché posso parlare, per quanto riguarda il lavoro e le situazioni di carattere pratico, di un biennio di forza, energia, volontà, rinnovamento. Queste sono le parole d'ordine in un periodo che ti vedrà sempre più agguerrito, in senso positivo e costruttivo naturalmente. E se non ci credi ricorda come stavi un paio di anni fa, penso che questa primavera segni davvero il tuo decollo e il desiderio di iniziare a vivere le cose al meglio.

 La forte tensione maturata nell'ambito del lavoro deve essere superata per lasciare spazio all'amore vero. Con Giove che sta per entrare nel tuo segno, dal prossimo mese, sono favorite le coppie che vogliono sposarsi, ma anche quelle che possono e vogliono avere un figlio. Attenzione se si vivono due storie contemporaneamente, perché sarà tanto difficile mantenere tutto sotto controllo. Si sta per aprire un periodo molto emozionante, quindi non escludo che tu possa fare conoscenze speciali che potrebbero mettere in discussione tutto quello che hai vissuto fino a oggi. Comunque anche se vivrai una fase tormentata, sconclusionata, l'amore vincerà la partita, in questi giorni sarai tu a poter dire come la pensi. Gli incontri sono vincenti e consiglio a tutti coloro che sono rimasti fermi al passato di farsi notare, frequentare gente è un obbligo, visto che da ogni contatto può scaturire qualcosa di molto importante.

 Aprile è il tuo mese! Quest'anno ancora di più perché oltre al consueto transito del Sole, anche Mercurio fino all'11 è nel tuo spazio zodiacale: per di più si preannuncia, da maggio, l'arrivo di Giove e anche di Venere favorevoli. Come vedi in sessanta giorni puoi fare tantissimo per recuperare in positivo. Ti sentirai pronto all'azione, dopo avere toccato il fondo si risale. Inoltre puoi iniziare cure o terapie favorevoli: il 5, 6, 10 e 11 saranno giornate particolarmente attive, mentre meglio essere cauti il 15 e il 16.

Maggio

Il tuo 2022

Maggio porta ancora più voglia di fare e disfare. I ragazzi che sono in attesa di una chiamata oppure devono affrontare prove, avranno buone notizie, contatti favoriti! Le novità che nascono adesso sono importanti, come al solito non bisogna aspettare che le cose cadano dal cielo, quando abbiamo un oroscopo notevole bisogna mettersi in moto. Questo è un cielo molto promettente non solo perché Venere dal 2 si troverà nel tuo segno, ma anche perché Giove inizia un transito interessante dal 10; questo è il momento ideale per imbastire rapporti e decidere questioni di lavoro che avranno una grande crescita sia da maggio, quando Giove entra in Ariete part-time, sia l'anno prossimo, quando ci sarà definitivamente! Giugno e luglio, quindi, potrebbero portare un'idea da sviluppare nei prossimi due anni. Lentamente si recupera, anche se ci sono state cause o questioni legali che hanno coinvolto te, i tuoi soci o addirittura il tuo partner negli anni più pesanti, il 2019 e il 2020. Poiché in passato c'è stata tanta confusione è importante non lasciarsi sopraffare. I ragazzi che cercano un'occasione di lavoro possono tentare all'estero. Un quadro generale di grande rilievo con una situazione ancora più interessante attorno al 17, 25 e 26.

È difficile che in questo periodo tu non sia coinvolto da un sentimento, l'unico modo per soffrire è frequentare una persona che sai a prescindere che non ci sta oppure tentare di recuperare un rapporto difficile. Perché ti devi complicare la vita? Chi avrà voglia di voltare pagina, concedersi serenità in amore, avrà grande successo! Consiglio alle coppie che vogliono e possono avere un figlio di darsi da fare. Si può costruire un futuro importante, anche legalizzare un'unione. A dire il vero questo è un cielo altamente sentimentale e con alcuni segni zodiacali, come Leone e Sagittario, ci sarà maggiore complicità. Torna la voglia di stare assieme, la creatività che è mancata nel corso degli ultimi anni. Chi si separa adesso lo fa liberandosi di un peso e potrebbe già avere un'altra passione nel proprio cuore; maggio regala un piccolo momento di stanchezza attorno al 17. Incontri emozionanti potranno verificarsi nei luoghi più disparati. Ancora una volta l'invito è a non rinunciare ad amicizie che possono diventare qualcosa di più, ma so benissimo che, essendo tu un segno di fuoco, non starai certo ad aspettare gli eventi ma tenterai di provocarli, com'è giusto che sia!

Un cielo di pieno recupero: Giove, anche se per poche settimane, si troverà nel tuo segno, ciò che inizia ora avrà grande valenza l'anno prossimo! Chi vuole cominciare una dieta, sotto controllo medico, trovare più spazi per se stesso, cercare una nuova formula per stare meglio, può ottenere qualcosa di più.

# Giugno

 Si scalda la situazione a livello professionale, Marte e Giove sono nel tuo segno. Un po' di rabbia o agitazione è prevedibile, perché questi pianeti sono anche polemici, ma ricordiamo che fa parte della tua vita lottare, conquistare le cose giorno dopo giorno. Nulla ti è stato mai regalato. Avranno fortuna i più coraggiosi, già la prima settimana di giugno regala un bel rilancio a livello emotivo. Torna la voglia di cose importanti, si fa sentire la passione per l'azione, sensazione che mancava nell'ambito del lavoro da diverso tempo. Probabilmente ci sarà anche un cambiamento di squadra oppure farai una richiesta per un nuovo progetto. Arriva una chiamata importante, per ora potrebbe essere solo una voce di corridoio; in vista dell'estate, cerca di fare richieste nelle giornate più interessanti: lunedì 13, martedì 14, martedì 21, mercoledì 22! Periodo indicato per affrontare complesse transazioni finanziarie, così se devi risolvere contenziosi di ogni genere, ci sarà un appiglio o addirittura una soluzione. E a fine mese ancora più forza, hai voglia di rivoluzionare la tua vita. Certi risultati dipendono da quello che vali, da quanto ti impegni ovviamente, ma in generale le stelle proteggono le tue azioni.

 Periodo fertile, e per «fertilità» non intendo solamente il desiderio e la voglia di fare conoscenze ma anche quello di avere figli, se ci sono le condizioni. Adesso si può vincere la partita persino con un ex, anche se c'è una disputa di tipo legale. E non sarebbe sbagliato fare richieste dirette, Marte e Giove nel segno regalano una grande capacità di azione e passionalità. Giugno e luglio sono mesi caldissimi per i nuovi incontri d'amore, la sensualità si risveglia. Chi è solo da tanto tempo potrebbe scoprire a breve la forza di un sentimento, un'amicizia. Affidarsi a persone già legate o lontane non è una buona soluzione, tantomeno tradire. In un periodo così può capitare di tutto. Sta a te la scelta. Alcuni giovani che da tempo stanno pensando di vivere assieme coroneranno un sogno; persino coloro che vogliono vivere emozioni part-time, avventure cotte e mangiate avranno un sorriso in più!

 Quelli che hanno seminato bene nel corso degli ultimi mesi non potranno rimanere delusi da questo particolare periodo in cui tanti pianeti, e soprattutto Giove, sono favorevoli. Modi e capacità di risolvere annosi problemi non mancheranno. Cerca, però, di non fare tutto da solo, chiedi consiglio se ci sono cose impellenti da fare, perché sarà d'aiuto ascoltare anche il parere delle persone che ti stanno attorno; troppo spesso ti assumi responsabilità che non ti competono, ma perché? Tanto alla fine nessuno o quasi ti sarà riconoscente.

Luglio

 Giove propone qualche bella novità: se per esempio svolgi un'attività che si basa sui contatti in questo mese di luglio potrebbero già farti proposte per settembre; anticipare i tempi! Situazione un po' difficile sotto il profilo finanziario dal 5 al 19, qualche uscita di troppo o discussioni inerenti le spese attorno al 13, luglio porterà spesso a controllare il proprio portafoglio. È un cielo comunque interessante per quelli che vogliono iniziare un nuovo percorso o semplicemente rinnovare un contratto. Da poco c'è chi ha ricevuto consensi, questi sono giorni di forza per rimettersi in gioco, e da venerdì 22 le tue idee saranno premiate. Se hai un progetto nel cassetto cerca di esporlo, se in passato hai avanzato richieste, non è escluso che proprio adesso arrivino buone opportunità; sei una persona vincente e hai diritto a un riscatto, dopo tanti anni di grave incertezza. Mercurio torna attivo dal 19, il Sole dal 22, nelle giornate di giovedì 28 e venerdì 29 potresti ricevere una bella notizia, saranno quarantott'ore utili anche se desideri fare in prima persona una richiesta diretta a chi conta.

 In amore la massima energia c'è nelle prime due settimane; non vorrei, però, che mancasse il tempo per amare, perché sarai talmente preso dal lavoro da non avere spazio per altro; quindi mi auguro che nel corso degli ultimi tre mesi tu abbia fatto un incontro speciale o che sia in contatto con una persona che ti capisce completamente, in modo da evitare incomprensioni. Se a luglio sei ancora solo non ti intristire, agosto darà risposte, ma alcune amicizie potrebbero partire da ora. Intuizioni decisive… Qualche sbocco in più ci sarà, i sentimenti sono sempre più importanti e luglio lo ricorda anche negli ultimi quattro giorni. Sotto questo cielo così appassionato restano aperte le possibilità per le coppie che si vogliono bene davvero, magari regolarizzando la propria unione. Ricordo per chiarezza che le stelle non portano a domicilio l'amore, dunque quelli che desiderano rinnovare la propria passione o di questi tempi sono ancora soli si diano da fare, luglio caldeggia le storie d'amore che agosto premia dopo l'11.

 Quando sei innamorato, preso da una situazione di lavoro, hai le giornate piene di cose da fare ma paradossalmente, anziché stancarti, stai meglio, perché desideri sentirti attivo, propositivo, utile a livello sociale. Una sensazione di affaticamento potrà coglierti attorno al 13 e al 14, ma poi tutto si supera. Cure, terapie favorite dal 22. Una situazione di grande energia torna anche dal 28.

Agosto

 La maggioranza delle decisioni è già stata presa, ma puoi continuare a sperare, anche perché, come ho già detto, il 2023 sarà un anno di grande forza. Coloro che vogliono intraprendere una nuova attività lavorativa non possono fermarsi proprio ora, anzi devono accelerare. Continua l'ondata favorevole di pianeti, nuove occasioni possono arrivare anche in un mese dedicato alle vacanze. È l'anno delle rivincite che l'Ariete sta aspettando da fin troppo tempo. A questo punto bisogna capire che cosa fare, sta a te decidere quali sono le cose più importanti su cui concentrarti o quelle che ti fanno perdere tempo; non agire di fretta, perché potresti non cogliere i particolari. Agosto conferma la tua buona volontà, se hai un'attività a contatto con il pubblico le cose possono migliorare; uno splendido trigono attorno al 18 tra Giove e Venere rappresenta una piccola occasione da sfruttare oltre a un momento di forza nei rapporti, nei contratti. Sono favorite vendite e acquisti. Agosto permette di metterti in gioco, di fare scelte utili anche per l'autunno e l'inverno.

 Hai una grande voglia di amare! La spinta di Venere torna prepotente da giovedì 11. È un cielo interessante per coloro che vogliono sposarsi o mettere in cantiere l'idea di avere un figlio. Il bellissimo trigono tra Venere e Giove premia i sentimenti, Ferragosto di grande passione e incontri per i cuori solitari che si espongono alle correnti dell'amore. Le relazioni che nascono in questo mese non solo sono coinvolgenti ma potrebbero essere durature. È necessario mettere bene in chiaro le condizioni di un sentimento, non cercare sempre la sfida, ma un rapporto tranquillo, equilibrato. Le prime due settimane di agosto sono più facili da gestire e anche le più intriganti; persino i separati troveranno subito un altro amore. Marte splendido da sabato 20, il periodo riesce a darti la carica giusta per vivere l'amore al meglio; se c'è una separazione l'affronterai con grande coraggio e chiarezza, desideri solamente fare del bene a te stesso. Amicizie che diventano amori? Perché no! Possibili incontri passionali in un mese che si rivelerà addirittura bollente per i più volenterosi.

 È un cielo di recupero, se devi iniziare una cura le giornate dopo l'11 saranno da favorire. La settimana da lunedì 15 a domenica 21 avrà effetti prodigiosi; certo, non bisogna strafare, se sei amante del rischio non devi esagerare, ti spendi sempre un po' troppo per tutti, cerca il tempo anche per te stesso. Il mese si chiude in maniera positiva persino per la forma fisica.

Settembre

Il tuo 2022

 Ecco un contesto astrologico molto importante. È chiaro che tanto dipende dalla tua capacità di azione! I più giovani potrebbero avere già una collaborazione, fare praticantato. La situazione è più libera rispetto al passato, se è necessario scegliere la propria strada, ora tutto è decisamente più chiaro. Non bisogna avere paura dei cambiamenti. Anche chi lavora come dipendente potrà avanzare richieste ricordando, però, che la perfezione non esiste a questo mondo, soprattutto per un Ariete che quando raggiunge un traguardo ne punta subito un altro. Rispetto al passato ora puoi fare centro e ti senti indubbiamente più forte. Giove entrerà stabilmente nel tuo segno a partire dal 20 dicembre. Ma già ora è il momento giusto per firmare accordi o contratti. I giovanissimi si lanciano verso nuove opportunità, studenti sempre favoriti; le intuizioni valgono oro. Alcune giornate lasciano il segno, come domenica 11, lunedì 12, martedì 13; Marte è dalla tua, questo transito porta energia. Se ci sono richieste da porre, muoviti attorno a venerdì 16, settembre inizia a dare forza alle tue passioni anche sotto il profilo lavorativo.

 Bella questa situazione astrologica non solo per le coppie formate da poco ma anche per coloro che vogliono costruire il proprio futuro, complice un partner sulla stessa lunghezza d'onda. In situazioni importanti come queste non c'è bisogno di chiedere, il destino può fare qualcosa per te. Ecco perché settembre è fondamentale anche per cercare di sanare qualche problema legato a una storia passata. Vittorie sotto il profilo legale in caso di dispute con un ex; le stelle premiano le emozioni del cuore. Possiamo definirlo un periodo di riscatto per i cuori solitari. Se sei rimasto in pena per una persona che ha avuto problemi nel corso degli ultimi mesi, non solo ora va meglio ma sarà possibile finalmente ritrovare un buon equilibrio. Le amicizie appagano. Come precedentemente, ti ricordo che è il caso di guardarsi attorno. D'altronde con un cielo così non è escluso che qualcuno si trovi a fare una scelta per la vita; potresti anche tradire o sentirti attratto da persone un po' strambe, scegli bene, mi raccomando. Se redarguisci troppo il partner vuol dire che vuoi avere il comando della coppia, non ti lamentare se poi devi arrabbiarti in continuazione per mantenere il tuo status di comandante.

 Mese di recupero, sensazioni positive, le cure possono avere un buon esito. Coloro che sono stati molto male nel 2020 e 2021 ora sentono che il peggio è passato; ricorda che la schiena e la testa possono essere punti deboli. Ti senti più forte, fai qualcosa di più per te stesso già da lunedì 12.

# Ariete

Ottobre

 In ottobre ci saranno solo piccole tensioni famigliari che potrebbero allontanarti qualche giorno dal lavoro. Se la distrazione è troppa, non fare passi falsi, non è un mese al rallentatore ma sarai tu a non essere concentrato. È ancora bello questo cielo per le persone che possono contare su nuovi accordi, chi lavora a provvigione si è ritrovato a concludere qualcosa di più dagli inizi dell'anno. Bisogna aprire il proprio orizzonte nonché la mente verso nuovi traguardi, per fortuna da questo punto di vista sei una persona dotata di una vivida immaginazione, non limiti mai il tuo spazio di azione e riflessione. La fatica, però, con un cielo così impegnativo si fa sentire e se c'è un famigliare che non sta bene potresti perdere colpi dopo il 10. In particolare nelle relazioni con i capi o i colleghi ci sarà bisogno di cautela, nulla che possa buttare all'aria i miglioramenti ottenuti fino a qui; nessuno comunque potrà mettere in discussione il tuo valore, ma capiterà in certe giornate di perdere le staffe. Tira e molla sulle richieste di denaro per un contratto. Attenzione in particolare attorno al 17.

 Sei una persona molto passionale, vera, schietta e a volte per dire troppo rischi di sbagliare; dovrei consigliarti in questo mese di rispolverare un po' di sana diplomazia, ma so che è tutto inutile, perché quando senti di voler dire qualcosa non ti fermi, rischiando di commettere errori diplomatici ma anche di valutazione. Se qualcuno in famiglia ha bisogno del tuo aiuto, in certe giornate ti sentirai spaesato, attenzione a domenica 16, lunedì 17, domenica 23 e lunedì 24. Non varrà la pena di arrabbiarsi se qualcosa non andrà per il verso giusto. Le relazioni nate parallelamente a una storia ufficiale possono vivere un brusco contraccolpo, diciamolo chiaramente: ottobre non è un mese passionale ma non ha neanche la forza di cancellare rapporti già in essere. Ti sentirai molto distratto, dal 24 però riprenderai quota. Chi è rimasto colpito da un passato difficile, adesso vive nuove esperienze importanti, in periodi come questo meglio non perdere tempo a guardarsi indietro. Attenzione alle questioni legali, dispute, accordi, contratti che soprattutto nella prima settimana di ottobre potrebbero crearti qualche problema. Potresti discutere con un ente o doverti difendere da un'accusa.

 Stelle un po' più pesanti a ottobre, nonostante la protezione di Giove che continua a transitare nel tuo segno; alcune opposizioni planetarie rendono più difficili i fine settimana in cui sconsiglio qualsiasi tipo di azzardo. Quest'anno è impegnativo ed è normale se ogni tanto senti la necessità di recuperare. No agli sforzi eccessivi.

Novembre

Il tuo 2022

 Le preoccupazioni di lavoro di ottobre piano piano svaniranno, adesso bisogna dare più spazio a progetti di lavoro, studio, esami o novità che comunque saranno rafforzati dal transito di Giove che torna attivo nel tuo segno dal 20 dicembre. Le stelle hanno deciso di farti un regalo particolare attorno a Natale. Quelli che da tempo stanno cercando una strada più tranquilla da percorrere, dovrebbero avere già ricevuto conferme o riconferme, il 2023 comunque alle porte nasce con grandi prospettive. Chi lavora come dipendente, anche se non ha le redini del proprio destino in mano, potrà contare su un capo compiacente. Il tuo lavoro sarà apprezzato, se ti prepari per un esame puoi farcela. Attenzione solo alle spese superflue, il mese comporta qualche uscita di troppo per motivi famigliari e già ottobre ha segnalato qualche difficoltà in questo senso. Belle le stelle dal 16, quando in ordine Venere, Mercurio, e alla fine anche il Sole torneranno favorevoli con il picco nelle giornate di giovedì 24 e venerdì 25. Pare che le stelle abbiano intenzione di farti una sorpresa alla fine di novembre!

 Gli amori che nascono in questo periodo sono intriganti. Tutta la seconda parte di novembre in qualche modo funziona, le giornate dal 24 al 30 possono essere molto passionali e interessanti. Così le coppie formate da non molto, che hanno già avuto un figlio o intendono averne un altro saranno favorite (continua la fase di buona fertilità anche nel 2023 perché Giove tornerà nel segno). È difficile non lasciarsi andare all'amore; se stai vivendo una storia difficile comunque sono stelle importanti, perché spesso le grandi passioni portano contrasti. Ecco perché ribadisco che anche in un periodo buono bisogna fare la scelta giusta. L'Ariete però tra una persona che cade ai suoi piedi e un'altra da rincorrere preferisce la seconda; abbandona la tendenza a polemizzare solo per avere in pugno la situazione. Se il cuore è solo ricorda che dal 16 novembre fino al 10 dicembre ogni incontro potrebbe essere stimolante. Novembre ti saluterà con una sorpresa.

 Le situazioni che nascono in questo periodo sono importanti. Se sei troppo preso dal lavoro, è difficile che tu riesca a stare tranquillo. La prima parte di novembre è impegnativa, l'ultima permette di stare meglio. Le cure che partono dal 17 potranno avere un buon decorso, e un'altra giornata forte del mese sarà giovedì 24. La ruota gira a tuo favore in vista del prossimo anno.

Ariete

Dicembre

 Dicembre vede tornare in azione Giove, che sarà attivo dal 20 e ti regalerà molta forza nel 2023. Restano troppi gli impegni, ma non manca il desiderio di recuperare il tempo perduto. Molte le sensazioni positive che provi in questo momento, direi di sfruttare i primi dieci giorni di dicembre se devi portare avanti un progetto. Inoltre il fatto che Giove stia per tornare nel tuo segno non può che alimentare qualche contatto interessante o il maturare di quei progetti solamente abbozzati di cui ho parlato spesso negli ultimi mesi. Potrebbe esserci una gratifica, un aumento di grado. Rispetto a un paio di anni fa la tua vita è cambiata di netto, e la voglia di lottare, crescere, ottenere risultati è raddoppiata. Ora le energie sono moltiplicate e, anche se sarà difficile vederti completamente soddisfatto (ogni percorso di lavoro per te è una battaglia!), sono convinto che ci saranno un bel po' di vittorie; anche se lavori a provvigione piove qualche soldo in più... Viaggi, corsi di aggiornamento, un nuovo corso di studio per i giovani, addirittura un nuovo indirizzo, molti penseranno a grandi progetti in vista del prossimo anno.

 A dicembre tornerà qualche polemica, sei forte per quanto riguarda la vita lavorativa, ti senti più sicuro di te e intendi impartire lezioni a tutti coloro che ti stanno attorno. Attenzione, però, a non scivolare in inutili polemiche durante alcuni fine settimana che si riveleranno pepati, prudenza quindi tra venerdì 9 e domenica 11, sabato 17, domenica 18, sabato 24 e domenica 25, non vorrei che proprio a Natale ti ritrovassi nel bel mezzo di qualche discussione superflua. Attenzione ai contrasti con i genitori, ma anche con i parenti stretti, potrebbe nascere un attrito per questioni di proprietà persino con un fratello; le maggiori risorse saranno impegnate nel lavoro o nel recupero di soddisfazioni di tipo pratico, quindi l'amore passerà in secondo piano. Saturno resta in transito favorevole, Giove dal 20 protegge ancora di più. Anche se ci saranno perplessità e giornate più nervose, cerca di non perdere il benamato. Se una storia è giunta al capolinea non temere di soffrire perché sarai proprio tu a dire basta. In tutti gli altri casi sarà sufficiente scrollarsi di dosso un po' di nervosismo e non dimenticarsi di chi è vicino. Dal 21 al 31 sarà necessaria più pazienza.

 Dicembre è valido ma è tanto lo stress maturato negli ultimi tempi che in certi giorni, in concomitanza delle festività, potrebbe portare problemi in più. A Natale sarai carico di cose da fare. C'è anche chi dovrà lavorare durante le festività. In compenso, però, Capodanno avrà connotazioni migliori. Negli ultimi giorni del mese possibili fastidi alla testa, articolazioni da tenere sotto controllo.

Ascendenti

Se il tuo ascendente cade in:

♈ **Ariete**: chi è in attesa di un riconoscimento potrà contare sul transito di Giove sull'ascendente. Molte situazioni si sbloccheranno, i rapporti di lunga data riacquistano complicità e sensualità ma attenzione alla Bilancia e al Cancro. Ottime combinazioni in estate per vivere un amore intenso o fare una scelta definitiva che riguarda la propria vita.

♉ **Toro**: Urano segna l'ascendente anche quest'anno, potresti dover rivedere qualcosa a livello finanziario. Marte tocca l'ascendente tra luglio e agosto: è in arrivo un'estate che tronca i rapporti inutili. I giovani alla ricerca del primo impiego devono darsi da fare nella seconda parte dell'anno; per i lavoratori dipendenti in vista un cambio d'ufficio o di mansione.

♊ **Gemelli**: anno decisamente importante con Giove e Saturno favorevoli già da giugno, Marte più attivo e Mercurio che dal 13 giugno porterà situazioni di grande vantaggio. Lo studio e i corsi di perfezionamento professionale danno ottimi risultati e un buon cielo a luglio può anche aiutare a ritrovare serenità in amore.

♋ **Cancro**: bisogna sfruttare i primi tre mesi dell'anno per riuscire a mantenere tutto sotto controllo. Un 2022 che pone fine alle relazioni inutili e potrebbe provocare all'inizio dell'estate qualche battibecco di troppo. Attenzione se la coppia è in crisi. Se si chiude una porta si aprirà un portone alla fine di luglio. Occhio a questioni legali e cause.

♌ **Leone**: quest'anno bisogna recuperare sul lato finanziario, perché Saturno è opposto all'ascendente. Giove, però, inizia un transito molto bello in primavera inoltrata, dipende dalle proprie possibilità e dal proprio passato lavorativo. Probabile che si debbano studiare strategie alternative o iniziare nuovi lavori.

♍ **Vergine**: Giove e Marte opposti al settore delle finanze, a giugno possibile revisione dei conti, ma le soluzioni non mancheranno. Giove tocca l'ascendente e già a giugno potrebbe portare importanti novità, ottimismo, miglioramento professionale e anche l'amore, ancor di più ad agosto.

Ascendenti

♎ **Bilancia**: i legami compromessi da tempo potrebbero subire un contraccolpo nella seconda parte dell'anno; questo significa che qualcosa potrebbe interrompersi, i rapporti inutili saranno troncati. Probabilmente anche sul lavoro bisogna fare scelte importanti; liberati di qualche peso per vivere meglio in futuro. Ci vuole una gestione più oculata del denaro.

♏ **Scorpione**: un anno che porta desiderio di cambiamento, Urano opposto parla di piccole rivoluzioni in corso. Purtroppo i risparmi sono pochi, Saturno stringe il cordone della borsa. Ottime stelle per chi vuole impegnarsi in un lavoro, anche tentare situazioni diverse dal passato, la fine di agosto da questo punto di vista sarà importante.

♐ **Sagittario**: Giove è favorevole all'ascendente e al segno! Questo potrebbe essere un anno di grande evoluzione e positività. Si può guadagnare maggiormente oppure ottenere una riconferma di lavoro in estate. I progetti a scadenza sono favoriti, ma ovviamente non bisogna lanciarsi senza paracadute; in altre parole Giove aiuta ma non fa miracoli. Agosto innamorato.

♑ **Capricorno**: fatica in aumento a maggio, si conferma un periodo di grande stanchezza nella parte centrale del 2022. Il partner rimprovera certe assenze e alcune relazioni, soprattutto con Ariete e Cancro, potrebbero essere un po' più difficili da gestire. La determinazione conta ma è probabile che anche sul lavoro ci siano cambiamenti attorno a giugno.

♒ **Acquario**: dalla fine di maggio tutto è possibile, c'è una grande spinta verso il futuro. Il lavoro dipendente presenta qualche piccolo fastidio nei rapporti con un Leone o uno Scorpione. In amore si cercano relazioni un po' trasgressive, fuori dalla norma. Ottobre potrebbe essere il mese giusto per fare scelte di coppia di un certo peso.

♓ **Pesci**: bisogna ritrovare la fiducia in se stessi. Periodo generoso quello di primavera; se sono state fatte richieste in passato, possono arrivare promozioni, incarichi. Per i ragazzi periodo buono, contatti fortunati; Venere tocca l'ascendente ad aprile seguita da Marte, tutto ciò può portare emozioni molto belle. Non tirarti indietro in amore.

Toro

Cosa cambia dall'anno scorso

Dall'anno scorso il transito privativo di Saturno ha creato qualche ostacolo di troppo. E così alcuni progetti sono saltati o cambiati, potresti persino avere l'impressione di avere fatto un passo indietro. Sei consapevole dell'importanza che nella vita hanno la stabilità economica e lavorativa, ma senti di dover ricostruire alcune certezze; è normale all'inizio dell'anno essere un po' ansiosi per tutte le ragioni sopracitate. Il senso di responsabilità, associato al bisogno di concretezza, diverrà più forte con il passare dei mesi. Saturno continua dal 2021 un transito che potrebbe rivelare ancora qualche ostacolo da superare, ma è anche vero che Giove lenirà molte ferite, quindi possiamo definire il 2022 un anno di iniziale recupero in cui sarà possibile gettare le fondamenta di una nuova esistenza. Bisogna capire da dove si parte: ultimamente qualcuno ti ha deluso, non credi più nella lealtà di certe persone (soprattutto se hai una professione indipendente, sai bene di cosa parlo), e quindi hai maturato

un atteggiamento diffidente nei confronti di tutto. Negli ultimi mesi del 2021, in particolare, ti sei messo sulla difensiva, cosa piuttosto logica visto quanto accaduto. Proprio tu che di solito davi fiducia a tutti, recentemente ti sarai sentito dire che stai troppo sulle tue! Il cambiamento è avvenuto da quando Urano ha iniziato un transito nel tuo segno zodiacale. Se fino a qualche tempo fa difendevi con le unghie e con i denti tutto ciò che ti apparteneva, adesso sembra quasi che tu voglia lasciar fare al destino, sei diventato molto più fatalista! Questo non significa che ti lascerai derubare di affetti e cose conquistati fino a ora; da adesso, però, cercherai di prendertela un po' meno per tutto. Prima cercavi di importi a ogni costo per far capire quanto fosse importante la tua presenza, ora giocherai una strategia opposta, sarà la tua assenza a far capire agli altri quanto tu sia importante per loro! Persino le tue storiche litigate saranno sostituite da un atteggiamento apparentemente più tollerante; se in passato te la prendevi molto se qualcuno si allontanava da te, adesso, con Urano nel segno, potresti addirittura pensare che stai meglio da solo! Persino coloro che erano convinti di poterti trattare come volevano, solo perché ti avrebbero ritrovato sempre e comunque, saranno spiazzati dal tuo nuovo desiderio di libertà! Una filosofia di vita che non sarà duratura, ma potrebbe servire a superare i disagi accumulati e sopravvivere meglio alle recenti perplessità. Non conviene lottare contro i mulini a vento! Questo l'hai capito benissimo e non vuoi ripetere l'errore. Anche se fino a oggi non è arrivato alcun premio, sappi che prima o poi arriverà; più ci avviciniamo alla seconda parte dell'anno e soprattutto al 2023, migliori saranno le combinazioni planetarie per ottenere le soddisfazioni e le emozioni che cerchi.

Si inizia con il piede giusto

I primi giorni di febbraio sono interessanti per cercare di recuperare terreno, nonostante la tua vita sia molto cambiata negli ultimi mesi. Nel 2021 dissi più volte che il Toro avrebbe dovuto fare meno e meglio. Per destino o scelta molti impegni e programmi sono cambiati o saltati. Ora che hai più tempo per te stesso, non pensare dalla mattina alla sera al lavoro o al denaro, concentrati anche sulla tua vita privata. Se qualcuno l'anno scorso ha messo in discussione la tua buona fede o sei stato vittima di un problema legale, di un piccolo scandalo famigliare oppure finanziario, puoi correre ai ripari. Dovrai lottare per risolvere il problema, se necessario anche consultando un avvocato o un esperto. Con Giove favorevole in alcuni mesi del 2022, molti round saranno a tuo vantaggio: eventuali questioni burocratiche o legali che ti hanno fermato andranno avanti meglio, così pure se devi chiedere un rimborso o c'è un problema con un'assicurazione oppure un ente che ti deve qualcosa; se qualcuno ha cercato di sostituirti nel lavoro non sarà alla tua altezza, alla fine anche qui la tua mancanza si sentirà. Un anno interessante per chi è solo da troppo tempo e vuole cercare un riferimento sentimentale; in particolare le storie che nascono nel 2022 potrebbero all'inizio sembrare persino un po' folli, impossibili, ma andranno comunque avanti con passione. Anche chi ha temuto una separazione nel 2021 ma alla fine non l'ha vissuta, potrà recuperare il rapporto attingendo a devozione e fedeltà; quando una persona Toro si concede in amore è difficile che abbandoni il progetto di coppia a meno che non ci siano gravi interferenze o mancanze da parte del partner.

2022: parola d'ordine «serenità»

Nonostante tu sia una persona molto ammirata nel lavoro e che si è sempre impegnata tanto, vorrai fare solo le cose in cui credi davvero. Non preoccuparti se soprattutto in certi mesi dell'anno sarai colpito da una strana pigrizia, non sentirai stimoli ad andare avanti e preferirai senza rimpianti fare altro; basta incaponirsi per nulla! Certo, bisogna ricordare che è difficile per te cancellare una delusione, non riesci a dimenticare un affronto, ma sappi che questo nuovo anno porterà vittoria su molti nemici, entro la fine dell'anno il gioco tornerà nelle tue mani. Ti prenderai del tempo per riflettere sulle risorse e le strade da seguire e questo non è da considerarsi negativo. Non calerà la tua autostima, al contrario! E non avrai certo paura del giudizio altrui nonostante il tuo narcisismo ogni tanto porti il desiderio di piacere a ogni costo. La separazione da tutto quello che ti fa stare male è l'obiettivo; quel senso di frustrazione che ogni tanto, sia pure in modo del tutto privato e in certi casi inconsapevole, ti ha colto in passato viene sostituito da uno sguardo lungimirante e positivo. Fare un passo indietro ti aiuterà a capire quali sono le persone davvero importanti per te. Sia in amore sia nel lavoro cercherai più stabilità. Il 2021 non è stato un anno ricco sotto il profilo finanziario, ma è iniziata una buona ripartenza e il 2022 conferma questo andamento in lento progresso.

 Toro

Urano nel tuo segno: voglia di esperienze nuove

Ireduci da una separazione saranno incuriositi e attratti da persone dalle caratteristiche opposte alle proprie, relazioni che potrebbero rivelarsi poco durature. Il tuo interesse andrà verso persone dalla mente affascinante, e comunque con valori, atteggiamenti, personalità diversi dai tuoi. Stare insieme e confrontarsi potrà diventare appassionante quando Venere transiterà nel tuo segno zodiacale da fine maggio e per tutto giugno. Per le persone sposate ma insoddisfatte aumenta persino il desiderio di tradire, e anche qui potrebbe scattare «l'effetto Urano»; non ci dimentichiamo che alcuni Toro riescono a essere fedeli sia al coniuge sia all'amante; quest'anno per avere rapporti profondi bisogna in qualche modo rallentare i ritmi e gli impegni ovvero dare più spazio all'amore che al lavoro, se possibile, e comunque questo sembra essere l'anno ideale per occuparti un po' più di te stesso e del tuo cuore. Sono tante le conoscenze ma pochi i veri amici. Marzo da questo punto di vista sarà un mese deflagrante per i rapporti che non funzionano o da revisionare. Premetto che spesso uno dei problemi che angoscia il segno del Toro è l'ansia, la paura del tempo che passa o di perdere qualcosa di sua proprietà (dagli amori ai beni materiali). Lascia che il tempo scorra senza timore. La primavera aiuterà a tirare fuori rabbia, energia e insoddisfazione accumulate con il tempo; non mancheranno momenti di forte tensione in questa prima stagione dell'anno, ma basterà trasformare i ricordi in determinazione e vivere pienamente il presente, rammentando più volte a se stessi che il passato è passato, proprio per questo motivo non potrà tornare e per sua natura non si potrà più modificare. Rifuggi ogni desiderio di vendetta perché sarà il destino a regalarti le soddisfazioni che aspetti, già da fine anno. E soprattutto non sentirti vittima di qualcosa di ingiusto! Nel 2022 ripartono cautamente i progetti personali, di lavoro e amorosi, fino ad arrivare a una completa soddisfazione da marzo 2023 quando finalmente Saturno non sarà più un ostacolo. In generale possiamo dire che questo nuovo anno torna a illuminare il campo dei contatti e contemporaneamente riporta l'ottimismo e l'amore nella coppia. Nonostante qualche intralcio, con un po' di buona volontà tutto si potrà superare! Innamorarsi di nuovo è possibile, se hai passato un periodo difficile dimenticalo! Anche perché i rapporti che nascono nei prossimi mesi sono promettenti per quello che riguarda l'intesa sentimentale ed emotiva. Complimenti per la tua grande capacità di ritrovare lo slancio persino nei momenti più difficili!

Gennaio

Il tuo 2022

 Saturno resta in aspetto conflittuale, è importante in questo inizio d'anno continuare a essere prudenti nell'ambito del lavoro, risparmiare qualcosa non solo in termini di energia ma anche di denaro. In alcuni giorni potrai sentirti insoddisfatto, agitato anche per i risultati di un lavoro che stai facendo con molta passione ma che non regala grandi riscontri. Per la dissonanza di Mercurio potrebbero essere più difficili alcune giornate come il 4, 5, 11, 12, 18 e 19, meglio fermarsi se necessario. Quello che ti chiedo in questo primo mese dell'anno è di non esagerare con progetti faraonici, alcune collaborazioni vanno riviste; se hai una società dovrai tagliare i rami secchi per risparmiare. Giove è dalla tua parte, quindi hai le spalle coperte, ma questo non ti autorizza a strafare. C'è chi lavorerà per guadagnare di più perché in famiglia sono aumentate le esigenze. Il periodo resta incerto per dare il via a grosse operazioni finanziarie, alcune spese maturate l'anno scorso vanno compensate, attenzione a soci o collaboratori poco fedeli. Si dice che chi fa da sé fa per tre, questo potrebbe essere il motto che ispirerà al meglio nel corso di questo gennaio.

 L'amore è protetto grazie al transito di Venere favorevole che parte con un moto retrogrado ma torna diretta già dal 28. È noto che il segno del Toro è piuttosto fedele, almeno per principio: ama la famiglia, appena possibile, quando trova la persona giusta, cerca di mettere su casa e pensa ai figli. I più fortunati hanno già deciso di vivere una vita insieme. I delusi e i separati sono diventati molto più prudenti rispetto al passato. Cuori solitari, meglio darsi da fare! Chi ha qualche contenzioso con un ex dovrebbe trovare un punto di accordo, non escludo che ci siano ancora divergenze di carattere economico da mettere in chiaro. Le giovani coppie per la fine dell'anno pensano di convivere, sposarsi e addirittura fare figli. I momenti più intensi del mese sono legati alle prime tre settimane. Le giornate del 18 e 19 dovranno essere gestite bene per evitare discussioni con i parenti o provocazioni senza senso.

 Gennaio nel complesso è favorevole, anche grazie all'aspetto buono di Giove. Urano continua un transito interessante nel tuo segno zodiacale, che nell'ultima parte del mese forma aspetti validi con Venere; tra la fine di gennaio e febbraio recupero psicofisico notevole. Solo in certi giorni bisogna stare un pochino attenti: il 18, 19 e il 25.

 **Febbraio**

 Si parte bene, sarà possibile recuperare terreno, le idee non mancano, buone le acquisizioni, gli incontri. Venere e Marte sono in aspetto ottimo, le giornate di lunedì 7, martedì 8 sono importanti per le relazioni lavorative. Se sei in attesa di un riconoscimento non dovrai andare troppo lontano, non escludo anche qualche soldo in più, entro il 14 potresti rientrare di una somma oppure ottenere una gratifica. Nonostante ciò resta difficile risparmiare e anche chi ha maggiori disponibilità noterà che tanto entra, tanto esce. In questo febbraio non vuoi più perdere tempo, anzi, desideri accelerare i ritmi di una trattativa. Se hai voglia di investire, iniziare una nuova attività, espanderti, meglio pensarci bene. Giove resta favorevole ma Saturno consiglia prudenza, in altre parole prima di percorrere una strada nuova forse conviene aspettare! I più fortunati potranno contare su qualche soldo in più, anche in questo caso la prima parte del mese sarà migliore della seconda.

 Se il tuo cuore è solo forse è perché sei diventato un pochino cinico, ma dovrai comunque cedere il passo a una buona posizione di Venere che per tutto il mese di febbraio aiuta a ritrovare i sentimenti perduti. Periodo importante anche per le coppie che vogliono e possono avere un figlio, legalizzare la propria unione. Ora persino i rapporti più complicati possono riprendere quota. Le coppie che convivono da poco hanno progetti da portare avanti, giornate molto interessanti lunedì 7, martedì 8, mercoledì 9. Resta in piedi un programma che potrebbe riguardare la casa o un figlio, cerca di anticipare i tempi. Poiché non dimentichi potresti persino rispolverare un amore del passato o improvvisamente nelle prime dieci giornate di febbraio incontrare o chattare con una persona che non vedi da tempo, e questo ti farà molto piacere! Solo martedì 15 e martedì 22 ci sarà qualcosa da rivedere in famiglia o una discussione con i parenti. Meglio mantenere la calma, sarà un periodo di agitazione del tutto transitorio!

 A febbraio bisogna osservare il transito di Mercurio, la seconda parte del mese è ostile assieme a Saturno. Ci saranno momenti in cui penserai di non farcela o il tuo fisico sarà provato. Ecco le giornate più pesanti: 14, 15, 2, 22, 28. Sembra che quasi sempre agli inizi della settimana ci sia dello stress che devi cercare di superare con una buona dose di tolleranza in più.

Marzo

 Potresti incontrare all'improvviso alcuni ostacoli, non parlo tanto della prima settimana quanto della parte centrale del mese; se ci sono da affrontare questioni di carattere patrimoniale e finanziario, sarà meglio muoversi con prudenza. Anche se non cerchi baruffe o conflitti, potresti ritrovarti nel bel mezzo di una polemica. Confusione lunedì 14, martedì 15, e ancora il 21 e il 22. Il consiglio è quello di non agitare le acque, sarà necessario un atteggiamento prudente. Questo non toglie entusiasmo alle tue iniziative, ma le finanze potrebbero risentire di qualche piccolo problema. Attenzione se hai dimenticato di pagare qualcosa, se c'è un ente che richiede soldi, in casi eccezionali si potrebbe fare ricorso, opporsi, ci sarà da discutere e trattare. Nulla che non si possa risolvere con un po' di impegno. Già dalla fine di marzo le cose andranno meglio, ma per speculazioni, cambiamenti societari e nuove compagnie, è meglio farsi due conti prima. È un cielo di grande agitazione per coloro che hanno un'attività in proprio, ritardi.

 Sul piano sentimentale marzo non è il massimo, il mese porta momenti di forte riflessione; forse perché le questioni di lavoro prendono il sopravvento su tutto il resto... non metterti contro nessuno! Ci sono tensioni che riguardano la famiglia, forse un ricordo, un problema di vecchia data che blocca l'evoluzione di un amore. Se poi ci sono terzi incomodi, tradimenti, gelosie, allora il cielo di marzo potrebbe diventare persino pericoloso, anche perché mancherà la pazienza. I single prenderanno tempo prima di dire sì. Qualcuno potrebbe avere anche da ridire per una questione del tutto irrilevante; una piccola crisi potrebbe essere scatenata dall'orgoglio ferito, Venere e Marte dissonanti mettono l'accento su alcuni dubbi a metà mese; ancora più alta l'attenzione se il legame è clandestino o non vivibile appieno per qualche motivo, nasce una certa amarezza di fondo per avere scoperto qualcosa di spiacevole. In certi momenti avrai persino voglia di buttare tutto all'aria, calma e sangue freddo.

 Marzo può portare stanchezza e momenti di tensione. Una forte agitazione planetaria arriva a metà mese, ti sentirai affaticato, pieno di cose da fare ma con poca voglia di portarle avanti. Potresti persino tendere a esagerare i fatti, d'altronde sei nel bel mezzo di un anno che può portare cambiamenti all'improvviso. Resta un Saturno nervoso, quindi non fare troppo e cerca di riflettere bene prima di agire attorno il 14, 15, 27 e 28.

 **Aprile**

 Molti avranno la sensazione di avere sprecato un mese, marzo ha procurato più blocchi che vantaggi. Ora piano piano si riparte, anzi, l'ingresso di Mercurio nel tuo segno dall'11 permette gradualmente di recuperare discorsi interrotti, di «stare un po' di più sul pezzo», come si usa dire. Il settore professionale, il lavoro, lo studio risentono positivamente di questa situazione planetaria. Nella seconda parte del mese sarai pronto ad agire. In caso di vendite o acquisti si può concludere qualcosa di buono già dopo il 15. Eventuali problemi di carattere burocratico potranno essere risolti con Giove favorevole. Un momento speciale lo vivranno i giovani che potrebbero fare richieste o in casi più fortunati ricevere una prima buona chiamata; non bisogna aspettarsi troppo dal punto di vista economico, ma lavorare sulla fiducia e sulle prospettive che una nuova attività può portare nel tempo. Ancora tagli per chi ha una o più società da controllare, anche per questo invito sempre a essere cauti per quanto riguarda gli investimenti. Visto che il Sole entrerà nel tuo segno zodiacale dal 20, non escludo qualche bella novità a fine mese. Meglio evitare rischi e soprattutto mantenere la calma, a maggio si discute tutto ma alla fine anche in forma positiva, visto che Marte e Mercurio saranno favorevoli la seconda parte del mese.

 Le prime sette giornate di aprile potrebbero deludere, poi via libera. Abbiamo anche un bel transito di Mercurio che permette di fare nuove conoscenze, abbinato a quello di Marte dal 15 aumenterà la passione. Il tuo fascino non si discute, tra il 20 e il 30 puoi fare colpo, è un mese caldo per le passioni, ecco perché incito all'azione se ti piace qualcuno. Le donne del segno, però, lamentano l'assenza del compagno o per reale mancanza oppure perché il partner ufficiale sta con la testa per aria. I rapporti con Scorpione e Leone sono stati minati da gravi incomprensioni nel corso degli ultimi mesi. Se, invece, ci sono state separazioni pesanti in passato o discussioni, cerca di fartene una ragione e di andare avanti; il mese parte bene e permette di recuperare rispetto a un passato trascorso in maniera molto rallentata. Le storie che nascono agli inizi di aprile sono interessanti e basate sull'attrazione fisica.

 È arrivata la primavera, e quando ciò accade senti una grande energia fluire dentro di te. È necessario prepararsi all'appuntamento con l'amore con un look nuovo, basta un taglio di capelli, un vestito, sappiamo quanto tu sia attento a tutto ciò che appartiene al mondo della moda, dell'estetica. Sai come dare il meglio di te. Il periodo ti ritrova protagonista come non accadeva da tempo.

Maggio

Ancora un mese degno di nota per quanto riguarda le vicende professionali. I ragazzi che vogliono iniziare un nuovo lavoro oppure devono completare un esame faranno bene a impegnarsi perché tra maggio e giugno ci saranno belle novità. Per quelli che lavorano come dipendenti potrebbe esserci una preoccupazione che riguarda l'azienda ma alla fine si troverà una via di uscita. Un cambio di ruolo o un nuovo percorso sono all'orizzonte. Un periodo interessante anche considerata la posizione di Marte e il Sole nel segno fino al 21. Da un punto di vista legale, finanziario Saturno è conflittuale, è opportuno valutare con molta attenzione gli investimenti. La voglia di rivincita c'è, nelle vicende relative a compravendite abbiamo anche la buona forza di Marte, che dal 24 forma un aspetto positivo nel settore delle proprietà. Cambio di casa, nuovi affitti, idee per un rinnovamento oppure spese per ristrutturazioni in genere; part-time possibile ma sembrano tutte situazioni transitorie per i più giovani.

La tensione maturata nel lavoro o in famiglia non deve essere scaricata in amore, maggio e giugno sono mesi importanti per i sentimenti. Chi è solo in questo periodo è più motivato, Venere inizia un transito da sabato 28 nel segno. Le coppie formate da poco devono recuperare l'aspetto intimo della relazione, risvegliare la sessualità. In un clima generale di recupero anche coloro che sono single da tempo potrebbero affacciarsi con meno reticenze all'amore. Molto interessanti i rapporti con il segno della Bilancia, ma anche con il Sagittario si può ottenere qualcosa di più. La fine di maggio regala soluzioni in famiglia e gli eventi si presentano con un ritmo veloce, una piccola sorpresa, uno sbocco è dietro l'angolo. Le coppie che vogliono fare un grande passo saranno facilitate, l'esigenza di rinnovamento diventa assoluta, sei una persona nuova, il fascino che emani in questa primavera è irresistibile!

Stelle nel complesso valide quelle di maggio, il Sole transita nel segno e permette anche di rafforzare il fisico, in realtà da qualche tempo per fortuna sei più positivo nei confronti di tutti e questo certamente aiuta! Evita di affrontare situazioni troppo stressanti nelle uniche giornate complicate: sabato 7, domenica 8, sabato 14 e domenica 15 metteranno alla prova la tua pazienza. Programma appena possibile una bella passeggiata, anche per ritrovare il tono muscolare un po' scarso. Mese ideale per iniziare una dieta disintossicante.

 **Giugno**

 Venere nel tuo segno zodiacale, Mercurio in retrocessione fino al 13. Ancora una volta un Saturno nervoso dice che certe trattative non saranno facili da gestire, stai tagliando i rami secchi dagli inizi dell'anno. In realtà il nodo cruciale restano i soldi, forse perché hai un progetto troppo costoso in mente oppure perché la casa ha «succhiato» parecchi quattrini nel corso degli ultimi mesi. Se sei un imprenditore devi cambiare strategia; è un periodo in cui conviene mantenere sotto controllo le spese. Comunque molti vedranno uscire rapidamente i soldi, attenzione a non fare speculazioni sbagliate o frettolose. Anche un semplice acquisto dovrà essere pensato. La seconda parte di giugno permette di concludere un affare, il risultato dipenderà dalle tue capacità. I più giovani possono anche pensare di investire in un'altra città, si possono trovare soluzioni per questioni di proprietà, vendite, acquisti; è tempo anche di prendere appuntamento con un avvocato o un notaio per ratificare qualcosa di importante. I cambiamenti saranno comunque in positivo e se devi lasciare un percorso tracciato per anni ci sarà un'altra strada da seguire.

 Un cielo che porta l'amore! Venere sarà nel tuo segno zodiacale. È tempo di recupero e, per qualcuno, addirittura di emozioni, storie; se non sopporti una persona potresti anche metterla alla porta senza problemi, è l'effetto della sincerità che porta il pianeta dell'amore. Ottimo oroscopo per coloro che vogliono sposarsi, convivere, persino per chi vive due storie contemporaneamente, perché alla fine saprà fare una scelta definitiva! Questo è il periodo migliore per mandare a quel paese chi non ti merita; se nel corso degli ultimi mesi eventi esterni ti hanno distratto dall'amore, ora è possibile riuscire a capire quale strada percorrere; i single non dovranno opporre reticenza a questo transito di Venere così proficuo per i nuovi incontri. La parte centrale di giugno è piuttosto intrigante, i rapporti sono più favoriti in questo momento. Si possono fare incontri speciali con buona volontà e determinazione, non escludo una sorpresa dopo il 21. La Luna nel segno favorisce le emozioni dal 23 al 25.

 Tutto il mese di giugno è di recupero sul piano psicofisico, anche se restano alcuni punti deboli: il segno del Toro spesso presenta fastidi alla gola intesa anche come tendenza a mangiare troppo! In costante lotta con se stesso, prima mangia troppo e poi inizia diete. Con Giove favorevole sarebbe bello cominciare la cura giusta, favorita dal 21.

Luglio

Il tuo 2022

 Anche se di recente hai dovuto rivedere molte questioni di lavoro oppure hai cambiato la tua condizione, non sembri più tanto preoccupato; inoltre a luglio arriva Marte a sostenere le tue idee, fortissimo dal 5 quando entra nel tuo segno zodiacale. Per quelli che lavorano part-time, nello spettacolo, nel turismo, luglio e agosto saranno mesi interessanti, non parliamo di guadagni eclatanti, però almeno si può ritrovare un certo equilibrio. Saturno comunque invita alla prudenza se devi affidare soldi a qualcuno o acquistare un bene più o meno importante. Potresti anche essere arrabbiato, perché in famiglia sei solo tu a portare denaro, gli altri non collaborano e inevitabilmente ogni tanto sarai costretto a tirare la cinta. È una stagione creativa! La prima parte di luglio è la migliore e non mancheranno buone risorse attorno al 13. La forza delle tue idee non manca. Se devi fare una richiesta il periodo migliore per agire è la parte centrale del mese. Attenzione, invece, a qualche tensione di troppo dal 22 e in particolare nelle giornate dal 28 al 31. Nuovi progetti e programmi anche se l'inizio dell'anno non è stato un granché. Se alla fine del mese sono previsti degli esami, cerca di non spazientirti, concentrati!

 Le relazioni interpersonali sono protette e le storie nate nel corso degli ultimi tre mesi molto importanti. Luglio è un mese intrigante, la passione si risveglia con Marte che entra nel tuo segno da martedì 5, diventa addirittura cocente dopo il 18, quando Venere torna favorevole. Non è un periodo in cui bisogna stare con le mani in mano, insomma. Coloro che sono ancora soli e vogliono fare incontri, devono puntare sulla parte centrale e finale del mese. Chi si è lasciato, dopo una fase inevitabile di sconforto causata dalla separazione, potrà rimettersi in gioco con successo. Le iniziative che si prendono in questo momento sono utili alla famiglia. Se c'è un amore coinvolgente bisogna definirlo al più presto. Pensa solo alla serenità tua e di chi ti sta vicino. Ancora un oroscopo fertile un po' per tutto. Belle stelle per gli incontri ma anche per recuperare un po' di passione nelle coppie che si sono allontanate, novità per chi è solo da tempo e vuole imbarcarsi in una nuova esperienza d'amore. È necessario valutare con cura relazioni con persone di altre città; ricorda che vuoi avere un contatto diretto con chi ti interessa e la lontananza prima o poi finisce per pesare.

 Marte e Urano sono nel tuo segno, questo può indicare una certa ansia, agitazione che si riversa nei rapporti; giovedì 14 e venerdì 15 sembrano giornate polemiche, così anche il 21 meglio evitare scontri diretti. Venerdì 29 e sabato 30 no agli azzardi.

 **Agosto**

 Le persone che hanno un negozio o un'attività in proprio ad agosto noteranno un po' di calo e probabilmente si agiteranno un pochino. Non bisogna assolutamente darsi per vinti; si preannuncia qualche dubbio, un cambiamento non preventivato, un progetto ritarda all'improvviso. Per i lavoratori dipendenti nulla di nuovo, forse è proprio questo il problema... agosto non promette grandi cambiamenti e addirittura in certi casi segnala qualcosa di cui preoccuparsi. Se collabori con un'azienda oppure con persone potrebbe nascere un piccolo attrito. Non si riesce a ingranare come vorresti. Non è un periodo complicato, bisogna solo assecondare gli eventi e tenere sotto controllo l'ambizione. Per chi lavora nel settore finanziario forse è meglio aspettare prima di fare azzardi; aumenta l'inquietudine e l'insoddisfazione, inoltre ci sono ritardi nei pagamenti, negli affari, nello studio, tutto sembra più difficile del previsto. Sei semplicemente fuori forma o non hai la giusta concentrazione per portare avanti tutto quello che hai in mente.

 L'amore è importante ma in questi giorni stai pensando tanto al lavoro o allo studio. Non dico che sentimenti e passione vengano in secondo piano ma c'è qualcosa che non va. Se la coppia è forte nessun problema; tuttavia devo, per dovere di cronaca, segnalare un momento di forte incomprensione e tensione dopo l'11 che avrà il picco attorno al 17. Queste giornate, come le definisco io, sono di «test», servono per capire se un rapporto è ancora valido. Infatti quando ci sono nel cielo conflitti planetari è più facile perdere la testa, arrabbiarsi, e proprio in quei giorni apparentemente difficili si capisce quanto vale il rapporto e se conviene lottare per mantenerlo. Le nuove storie d'amore sono da tenere in prova, nella giornata di Ferragosto qualcosa potrebbe non tornare; agosto è un mese apatico, poco intraprendente, cerca di divertirti, svagarti e non pensare. Gli incontri di questo periodo non sono così convincenti. Nulla esclude che tu possa fare una scelta netta se la tua storia fa acqua da troppo tempo.

 L'energia in questo particolare mese va e viene. In certi giorni sei molto affaticato. Per fortuna ad agosto di solito si punta sulle vacanze, quindi cerca di regalarti una pausa di relax soprattutto attorno a Ferragosto. Più vigore quando il Sole inizia un transito buono, dal 23, ma conviene in ogni caso non esagerare, una piccola dieta o cura disintossicante può riuscire a meraviglia se suggerita da una persona competente.

Settembre

 Nel corso del mese di settembre ci sarà un bel momento planetario, una combinazione che vedrà come protagonisti Sole, Venere, Urano e Plutone. Ricordiamo ancora una volta che le questioni di carattere economico pesano in molte famiglie, ma conoscendo la tua perseveranza e capacità di risparmiare, credo che non ci saranno gravi complicazioni, però dovrai essere drastico anche nel fare scelte che potrebbero farti apparire meno simpatico agli occhi degli altri. Una certa agitazione in questo mese pervade tutte le persone che hanno un lavoro a tempo determinato, un rinnovo non si discute ma intendi porre nuove condizioni. Chiamate part-time. Quelli che hanno un'attività da tempo avranno un nuovo incarico, già dall'estate di quest'anno alcune strade sono cambiate per destino o volontà. Si valuti con attenzione un acquisto soprattutto se riguarda una proprietà, momenti di forza nelle giornate del 14, 15, 23 e 24. Chi ha compiti istituzionali, lavora su Internet, ha avuto la netta sensazione di perdere potere, ma piano piano si riconquisterà ciò che si è perso.

 Venere per buona parte del mese è dalla tua. Come al solito bisogna fare un'attenta analisi della situazione che si sta vivendo: per esempio coloro che sono soli più che l'amore per la vita adesso stanno cercando una compagnia part-time. Le coppie di lunga data superati alcuni tormenti, ora si vogliono più bene. C'è chi reclamerà a viva voce la presenza del partner, il segno del Toro non si accontenta di promesse, vuole sentire la persona al proprio fianco. È sempre un cielo fertile per le coppie che vogliono un figlio, ma la contrarietà di Saturno impone regole e disciplina con le spese che aumentano per la casa; le donne in attesa non devono strapazzarsi troppo perché il mese scorso c'è stato un problema, per fortuna le stelle sono migliori. Le nuove relazioni sono interessanti, i rapporti che nascono ora possono essere basati su una fortissima attrazione fisica. E la cosa più bella è che sarai proprio tu a giocare il ruolo da protagonista, ci sono meno ripensamenti rispetto al passato e questo è importante.

 Sole e Venere in ottimo aspetto provocano emozioni speciali, buono il trigono con Urano, attorno al 14 ti senti già più forte, ancora meglio il 23. Tensioni passeggere possono essere superate, uno stato di buona energia ti coinvolge, anche se è sempre necessario evitare contrasti e polemiche. Calo di tono il 7, 8 e 21.

Ottobre

 Forse pensi un po' troppo al denaro; ecco perché bisogna valutare bene qualsiasi tipo di richiesta, anche se vuoi proporti per un programma o un progetto, non rinunciare a qualcosa di importante. È indispensabile non fare passi falsi in un mese che per le prime tre settimane aiuta a vedere le cose in modo più chiaro. Chi ha un'attività in proprio, un negozio, un'azienda, dovrebbe decidere cosa fare entro il 23. In realtà sono solo le ultime giornate di ottobre a creare qualche svantaggio. Ci saranno incertezze a fine mese, i contrasti saranno molto forti attorno al 26. Poiché l'astrologia aiuta a capire quali sono i momenti da sfruttare e quelli in cui è meglio essere prudenti, ti consiglio di non agire in maniera troppo impulsiva in generale dal 23 al 31. Se pensi di avere diritto a un aumento, a un rimborso, chiedilo pure ma non aspettarti soluzioni immediate. È meglio osservare con attenzione dove finiscono i tuoi soldi, la fine di ottobre è conflittuale proprio per i rapporti tra soci. La casa, la famiglia, le esigenze dei figli se ce ne sono, tutto potrebbe costare di più.

 Calma piatta per le prime tre settimane di ottobre. Posso immaginare che le coppie già avviate continuino senza troppi ostacoli il proprio percorso, ma anche che le storie che non hanno valore perdano peso in vista della fine del mese. Infatti proprio tra la fine di ottobre e gli inizi di novembre aumenteranno agitazione e intolleranza. Pretenderai chiarezza da chi ultimamente ha preferito tergiversare, le tue affermazioni si faranno perentorie, arriverà un'ondata di ansia che andrà gestita con saggezza. Attorno al 26 potresti voler sollevare una polemica, dire tutto quello che pensi, senza freni inibitori. Il consiglio? Non esporti, cerca di rimandare di qualche settimana scelte di cui potresti pentirti, soprattutto se già sai che non saranno condivise dal partner; alla fine di ottobre le polemiche andrebbero sedate sul nascere. È tempo di incertezze e momenti di confusione; le storie che non valgono saranno definitivamente chiuse alla fine del mese o quantomeno messe seriamente in discussione; potresti sentirti frainteso, incompreso, non appagato, ma è davvero così o stai riversando in amore i problemi di lavoro? Non colpevolizzare chi non c'entra.

 In un clima così altalenante non è il caso di strafare, anche se le prime tre settimane non comportano grandi disagi; sarebbe il caso di recuperare energia in vista della fine di ottobre che sarà più concitata. Meglio, quindi, mantenere la calma e curare anche la postura, la schiena diventa un punto delicato. Gli ultimi dieci giorni del mese sono dispersivi, evita di affrontare situazioni stressanti, dovresti provare qualche esercizio di meditazione il 24, 25, 26 e 27.

Novembre

 Continua la fase di agitazione iniziata alla fine di ottobre, il problema è che non ci sono garanzie per quello che stai facendo oppure alcuni programmi non vanno come vorresti. In una situazione astrologica del genere la cosa migliore da fare sarebbe mantenere un atteggiamento cauto. Giove in aspetto comunque interessante lancia tutte le buone premesse per mantenere quello che sai fare, ma non ti impelagare in situazioni che non conosci. I ragazzi che hanno iniziato da qualche tempo a fare pratica (hanno un contratto part-time) possono chiedere un miglioramento che, però, non potrà arrivare prima del prossimo mese. Bisogna evitare contrasti, le prime due settimane di novembre sembrano in questo senso davvero molto faticose. Per esempio la Luna piena di martedì 8 potrebbe creare contrasti con l'ambiente che ti circonda o una situazione di grande stanchezza. Controlla sempre i soldi, non perdere di vista le buone proposte ma non lanciarti a capofitto in situazioni che non conosci, se devi concludere un affare prendi informazioni sulle persone con cui avrai a che fare. Andrà molto meglio dopo il 22.

 Sotto il profilo amoroso novembre è ancora un mese ambiguo. Ognuno ha la propria situazione, ma in generale posso dire che sia i cuori solitari sia le coppie potrebbero risentire di un momento di incomprensione. Non tutti, ovviamente, discutono per motivi di debiti o difficoltà. È come se in certe giornate ci fosse meno complicità e di conseguenza meno attrazione fisica; può anche darsi che la persona che ami ti abbia fatto arrabbiare o che tu tenga il muso lungo almeno fino alla metà del mese, se hai a che fare con persone suscettibili come Cancro, Scorpione e Leone dovrai stare doppiamente attento. Sul piano delle emozioni novembre non risponde immediatamente alle richieste d'amore, ma può diventare interessante dopo il 22. Le persone che si sono sposate o hanno iniziato una convivenza quest'anno sembrano avere contro qualche parente. Coloro che si sono separati devono ancora mettere a posto alcuni dettagli che riguardano il denaro, l'educazione dei figli; ma novembre è il meno indicato per trovare un accordo.

 Le stelle sono ancora un po' fastidiose, troppe le opposizioni planetarie: Sole, Mercurio e Venere soprattutto nella prima parte del mese provocano momenti di disagio, se non addirittura stress, quindi non è il caso di strafare. In realtà hai sempre più bisogno di relax; articolazioni punto debole, cerca di non stancarti troppo, di non stare esposto a correnti, il periodo più delicato è quello dall'1 al 16 novembre.

Dicembre

 Bisogna iniziare a fare scelte importanti in vista del 2023; alcune situazioni rallentate dai transiti di novembre possono ripartire, da sabato 10 Venere inizia un transito interessante. Mercurio sarà favorevole dal 5. È un momento di forza per coloro che vogliono fare scelte decisive: dicembre è ideale per le compravendite, per chiedere un'agevolazione, risolvere un piccolo problema che a novembre aveva bloccato tutto. Il tuo umore è più leggero, c'è una riconferma basilare per chi sa giocare bene le proprie carte. Anche i progetti saranno favoriti il prossimo anno. Soluzioni, dal 21 il Sole è favorevole e le giornate dal 23 al 25 possono portare un piccolo regalo, una buona notizia. A Natale c'è qualcosa di più in termini di piccole fortune. Esami, prove, colloqui si possono superare con una buona preparazione, per i più giovani possibilità di andare a vivere in un'altra città in vista del prossimo anno. Non ci sono incognite e nonostante a metà anno ci sia stato un cambiamento di lavoro netto adesso sai qual è la strada da seguire, puoi fare un grande passo. Le intuizioni non mancheranno in giornate come il 14 e il 15.

 La situazione amorosa sembra essere più supportata rispetto agli ultimi due mesi, e questo è importante! Torna la voglia di amare, i cuori solitari avranno di più subito dopo sabato 10. Le coppie sposate da poco hanno fretta di bruciare le tappe, è possibile pensare a un figlio. Sono giornate interessanti ma Saturno contrario chiede di fare bene i propri conti. Contenziosi aperti con un ex, attenzione! Un sentimento potrebbe nascere per gioco e, per coloro che sono soli, diventare qualcosa di più, a metà mese il cuore batte forte. Nulla può fermare il desiderio di rivincita di tutti coloro che si sono sentiti traditi in amore, non riesci a staccarti da chi hai amato, anche se ti ha fatto arrabbiare. Ci metti tempo ma poi perdoni o addirittura rimpiangi. Dicembre permette di recuperare un rapporto che ingiustificatamente hai messo in stand-by. Tra le nuove amicizie potresti trovare una persona speciale. Inviti da accettare già dalla parte centrale di dicembre. L'amore e la famiglia sono protetti da buoni aspetti. Con un cielo così importante si possono fare scelte per la vita, e comunque si parte con buone prospettive in vista del prossimo anno.

 Una grande spinta in positivo contrasta l'azione rallentante dei pianeti contrari che hanno infastidito molto negli ultimi mesi; hai bisogno di recuperare stabilità. Acuni giorni sono più stancanti: il 12, 13 e 19. Dal 21 al 31 via libera con Sole, Mercurio, Venere favorevoli. Attorno a Natale ti sentirai più forte, speriamo anche con un pizzico di fortuna in più. Recupero psicofisico a fine dicembre.

Ascendenti

Se il tuo ascendente cade in:

♈ **Ariete**: impegni economici, mutui, Saturno impone anche al 2022 un andamento lento. Non escludo che negli ultimi due anni siano maturati debiti oppure ci sia stato qualcosa da vendere. Attenzione a marzo quando certe tensioni saranno maggiori. In amore vanno avanti solo le storie più importanti, le coppie già in crisi andranno ulteriormente in conflitto; a giugno molte novità in arrivo.

♉ **Toro**: un po' di stanchezza c'è, Saturno e Urano contrastano l'ascendente. Limitate lo stress che sarà forte nella vita di coppia, in particolare tra marzo e aprile. Un po' di fantasia vivacizza i rapporti più abitudinari, nuove storie d'amore partono al rallentatore. Le responsabilità di famiglia pesano un po' di più, non pensare solo al lavoro.

♊ **Gemelli**: i primi mesi dell'anno non sono così importanti, ma dalla metà del 2022 molte cose potranno ripartire! Ci sarà l'occasione per uscire da una situazione piuttosto pesante che riguarda la vita privata. Venere tocca l'ascendente alla fine di giugno, nascono nuovi amori e passioni. Giove favorisce convivenze e matrimoni.

♋ **Cancro**: il 2022 parte bene, ma ci sarà una pausa di riflessione tra fine maggio e giugno. Spese per la casa, dubbi che riguardano il lavoro, diciamo che gli inizi dell'estate pongono qualche dilemma. Ci vuole più realismo, con la fine dell'anno molte situazioni si assesteranno; buoni progetti ripartono da venerdì 28 ottobre.

♌ **Leone**: la fatica si fa sentire con Saturno e Urano contrari all'ascendente. La condizione economica è pesante, le spese famigliari già nel 2021 sono raddoppiate. Per pensare troppo al lavoro c'è chi si è dimenticato dell'amore! Per i nuovi incontri agosto sarà galeotto, soprattutto dopo l'11. Nel 2022 per questi e altri motivi sarai alla ricerca di garanzie.

♍ **Vergine**: bello il trigono di Marte all'ascendente dal 5 luglio al 20 agosto. Un periodo favorevole agli incontri ma anche alle scelte di carattere lavorativo. Gli inizi dell'anno promettono bene per le decisioni lavorative o associative. Giove infatti toccherà il settore delle collaborazioni, una buona proposta arriva ad aprile. L'amore è intrigante a giugno.

Ascendenti

♎ **Bilancia**: si sente che hai voglia di recuperare il tempo perduto! Chiuderai rapporti con persone che non sono più importanti e manterrai solo i più veri; arriva un rinnovamento totale, per troppo tempo hai tirato avanti la tua relazione solo per quieto vivere. Con Giove che tocca il discendente, chi può e vuole sposarsi oppure convivere potrà realizzare qualcosa tra estate e autunno.

♏ **Scorpione**: non sei contento di come sono andate le questioni finanziarie o legali nel 2021, ecco perché il nuovo anno nasce con qualche dubbio di troppo. Marte opposto all'ascendente a luglio, si chiude una situazione che non ti interessa più. Al tempo stesso l'estate potrà portare una conferma d'amore. Rapporti complicati con Acquario e Leone.

♐ **Sagittario**: combinazioni dinamiche, il fatto che Saturno e Giove siano dalla tua parte da tarda primavera è certamente un elemento di forza. L'amore può tornare prepotente nella tua vita. Ci sono troppe responsabilità, vecchie questioni irrisolte! Nel 2022 potrai darti da fare per ottenere di più. Per qualcuno possibilità di lavoro in altre città, spostamenti importanti.

♑ **Capricorno**: si parte in maniera positiva, poi però attorno a giugno ci sarà una pausa di riflessione. C'è chi vuole ripartire da zero e chi metterà in discussione un rapporto. Sia in amore sia nel lavoro ci vuole tanta pazienza, per fortuna non ti mancherà la tolleranza, anche perché sei governato da segni di terra! Una sensazione positiva capiterà a giugno, forse un incontro speciale.

♒ **Acquario**: vorrai allontanarti dalle situazioni che non senti più vere; il tema dell'amore torna ma se ci sono stati problemi di coppia a luglio, bisogna stare attenti alle complicazioni. Il nuovo anno invita a non spendere troppo. Un viaggio che desideravi fare da tanto sarà ritardato. Ogni tanto avrai bisogno di conferme in amore, marzo farà la differenza.

♓ **Pesci**: devi ritrovare la fiducia in te stesso. Ci sono troppe cose che non hai detto per paura di rovinare legami e alleanze. Sarà importante sfruttare il transito di Venere sull'ascendente ad aprile; potrai finalmente esporti! Per chi ha un'attività in proprio bene a primavera, contatti più rilevanti. C'è anche chi pensa al matrimonio, una sorpresa tra novembre e dicembre.

Gemelli

Cosa cambia dall'anno scorso

La prima cosa da fare nel 2022 è recuperare la forza fisica, non sono pochi i nati Gemelli che devono ritrovare una buona stabilità emotiva anche perché i prossimi dodici mesi saranno impegnativi. Si parte con una certa insicurezza, tutta la prima parte dell'anno invita a non prendere decisioni affrettate per ciò che concerne denaro, carriera, esami o altro. Alcuni rapporti sentimentali che già in passato avevano dato segni di debolezza dovranno essere chiariti nei primi mesi dell'anno; a gennaio per esempio Marte transiterà proprio nel settore delle relazioni, portando con sé una grande voglia di fare chiarezza, se si è reduci da una separazione. Guardando in positivo questa fase, posso pensare anche che se ami da tempo una persona sia arrivato il momento di conviverci, realizzare qualcosa di importante, a meno che questo progetto non sia già partito nella seconda metà del 2021. Il 2022 comunque è un anno decisivo per i sentimenti, per cercare casa o pensare a un nuovo luogo dove stabilire la tua dimora o attività; tutte novità che all'inizio portano un minimo di sbigottimento. Chi lavora come dipendente

potrebbe cambiare ufficio, mansione o colleghi. Questo inizio d'anno piuttosto variegato ovviamente porterà piccole ansie, in certi casi ti sembrerà di ripartire da zero: ma vai avanti lo stesso! Le nuove relazioni avranno bisogno di un po' di rodaggio nei primi mesi del 2022, non ci dimentichiamo che dopo un inizio faticoso la parte centrale dell'anno rafforzerà le tue convinzioni; da aprile a luglio, quando sarà più possibile riflettere sul futuro professionale e non. Il 2022 andrebbe diviso in due parti: nella prima fase partono le sperimentazioni, nascono i dubbi, c'è da provare un nuovo stile di vita o un cambiamento di abitazione (spese per la casa), potresti persino decidere di affidarti al destino. Dopo maggio, con il cambio di segno di Giove, molte cose saranno più facili da affrontare. In realtà questo è anche un anno in cui devi cercare di recuperare soldi! Se ci sono cause in sospeso, tra estate e autunno arriveranno buone notizie e persino se ti daranno torto i danni saranno minori del previsto; dovrai di tanto in tanto limitare l'insofferenza, altrimenti la coppia pagherà pegno, per esempio ad aprile. Se ci sono persone di sesso femminile nella tua famiglia (madre, moglie, figlie) dovrai occupartene un pochino di più in primavera ed estate. Sarà molto importante cercare di risolvere entro l'autunno questioni riguardanti proprietà, eredità o lasciti, separazioni. Avvocati, notai o esperti saranno utili per risolvere o definire una situazione. Ancora tra fine maggio e settembre non escludo che ci sia una bella chiamata e la possibilità di poter contare su una persona che ti stima per ottenere un miglioramento della tua carriera o una riconferma. Se hai un'attività in proprio fai affidamento anche sulla seconda parte dell'anno, la migliore; maturerai una grande capacità d'azione. Giove, in particolare tra gennaio e aprile, sarà dissonante, evita di commettere errori sotto il profilo finanziario, leggerezze di cui potresti pentirti, e tieniti lontano da qualsiasi tipo di situazione poco chiara; in altre parole non è l'anno giusto per fare i furbi, questioni legali potrebbero diventare un peso e in alcuni casi bisognerà rispondere di un'accusa, fornire chiarimenti.

Saturno ti protegge

Il 2022 offre la protezione di Saturno, un alleato decisivo per vincere piccole sfide, che ti regalerà una maturità speciale e ti spingerà anche a fare scelte per la vita. Ecco perché, nonostante alcune perplessità, questo resta un anno importante per chi vuole iniziare una convivenza, sposarsi o addirittura allargare la famiglia. E nel caso ci sia stato già tutto questo e tu sia reduce da una separazione, non temere perché i prossimi mesi potrebbero stupire. Per esempio il periodo che va dal 23 giugno al 18 luglio sarà davvero molto intrigante: oltre ad avere una bellissima Venere nel segno, potrai contare sulla buona protezione di Saturno e persino di Mercurio, ciò faciliterà le conoscenze regalando più forza nella comunicazione. Quello che si nota è una ritrovata capacità di esprimere e far valere le proprie opinioni, usando le giuste parole, nonché il ritorno di un'ottima consapevolezza delle tue competenze. Le esperienze che vivrai durante l'estate saranno importanti per il tuo futuro. Un piccolo sforzo, però, lo chiedo: solitamente sei una persona che non ha remore a dire quello che pensa, ma devi rafforzare la tua capacità di ascolto. Soprattutto in amore, un ascolto attivo non solo aiuta a costruire un rapporto migliore, di confidenza e fiducia, ma arricchisce la propria vita. Sarà così più facile toccare le corde e le emozioni di una persona che ti interessa, oppure capire semplicemente che cosa non sta funzionando e correre immediatamente ai ripari.

Hai voglia di costruire qualcosa di solido

Se sei reduce da una separazione o vivi una storia importante, il discorso non cambia e il traguardo da perseguire sarà sempre lo stesso: riconoscere il proprio bisogno di amare senza paura. Non pensare di essere debole se ti innamori, se il tuo cuore ha vissuto un distacco, offriti alle occasioni dell'anno, perché il 2022 potrà portare una crescita che sarà determinante per la tua evoluzione. Alcune persone dopo avere vissuto una crisi sentimentale iniziano a pensare solo alla carriera, ma questo può portare infelicità! Il desiderio di amore che aumenta nel corso dell'anno deve essere sano, non dovrai sentirti dipendente da nessuno. Se questo accade vuol dire che non hai abbastanza fiducia nelle tue capacità ed è necessario cambiare visione delle cose; amore non è dipendenza, questo è già accaduto e non deve più accadere. Il 2022 aiuterà a scoprire nuovi modi di amare e crescere assieme alla persona che ti interessa. Sei intelligente e persino astuto, ma sono convinto che per bontà d'animo in passato potresti essere rimasto vittima di persone manipolatrici; è bene ricordare che se l'amore diventa un dovere non è più un sentimento sano. Accogli le buone indicazioni che Giove in aspetto positivo porterà da primavera inoltrata, esprimi i sentimenti per come li senti, in modo che non

appassiscano e siano sempre liberi. Capire che l'amore non è qualcosa che si può pretendere ma un reciproco scambio di emozioni è la chiave giusta per guarire da ferite inferte da rapporti negativi e la modalità migliore per rafforzare quelli già esistenti.

Concentrati sulle cose che ami

Dicono che tu sia una persona a volte un po' evasiva, che svicola per evitare che gli altri scoprano i tuoi segreti. In realtà detesti quelli che cercano di limitarti in qualche modo o magari di psicanalizzarti solo per poter prevedere le tue mosse o condizionarle. Non ci dimentichiamo, infatti, che appartieni alla categoria dei segni di aria, quindi per te è sempre molto importante mantenere libertà e capacità di pensiero. In fondo al tuo cuore sei rimasto un bambino. In certi momenti dell'anno risulterà difficile capire che non stai vivendo in una fiaba, ma che bisogna affrontare la dura realtà della vita; la tua loquacità potrebbe far credere che tu sia una persona aperta e senza pensieri, invece utilizzi l'arma della parola, la tua brillante intelligenza per gettare un po' di fumo, sviare e confondere le persone che cercano di entrare troppo nel tuo intimo. Le parole ti affascinano, le emozioni possono spaventarti. Il 2022 sarà l'anno della scrittura, del colloquio, del confronto. Vorrai avere attorno persone positive, loquaci, con cui avere uno scambio diretto. Molti potrebbero pensare di tornare all'università o iniziare un corso. Una maggiore introspezione aiuterà a diventare un pochino più adulti, tutto sommato non si finisce mai di crescere! Adoperarsi per costruire un contesto sereno attorno non escluderà problemi e difficoltà, perché fanno parte della vita, ma aiuterà nei momenti complessi e migliorerà le condizioni psicofisiche. Qualche consiglio pratico? Tieni un diario delle tue emozioni, segui il percorso dei tuoi sentimenti senza averne paura, costruisci qualcosa di importante con la persona che ami senza negargli l'accesso al tuo cuore e soprattutto ascoltala; frequenta persone serene, respira lentamente quando sei in difficoltà e accetta i cambiamenti senza pensare che siano per forza negativi. Tante sono le richieste che hai da avanzare nei confronti del destino, e forse qualcuna è già possibile esaudirla! Conta sul tuo ottimismo e anche sulla simpatia che saprai suscitare intorno a te; unitamente al tuo formidabile intuito formeranno un insieme eccezionale in questo 2022!

Gennaio

Il tuo 2022

 Si parte al rallentatore e bisogna fare dei distinguo: i lavoratori dipendenti sono in attesa di un cambiamento che non arriva, mentre chi lavora in proprio non ha avuto grandi novità ma spera in una primavera migliore. Nei casi più gravi c'è stata una questione legale da risolvere oppure nuove spese per un trasferimento, un cambio. Gennaio funziona a metà! Forse c'è anche chi già si preoccupa per un rinnovo contrattuale in vista di maggio o giugno, ma non bisogna assolutamente fasciarsi la testa prima di romperla. Questa situazione è solo apparentemente bloccata, i contatti, i rapporti con gli altri sono sempre favoriti. È probabile, però, che un'attività non vada nel verso giusto. E poi dobbiamo ricordare che il segno dei Gemelli vuole avere tutto un po' troppo di corsa, se l'insofferenza resta alta si può pensare persino a un cambiamento di gruppo, a una nuova strada da seguire. Ma prima della primavera sarà difficile avere risposte concrete.

 Le relazioni che hanno vissuto un momento di crisi non devono tirare ulteriormente la corda. In certe giornate di gennaio potresti sembrare persino un po' arrabbiato. I rapporti nuovi che nascono con questo aspetto di Mercurio dissonante, almeno inizialmente, non sono passionali. Non ci dimentichiamo che ci sono alcune persone che hanno investito in una casa, speso per la famiglia, ma poco è definito e molto deve essere ancora completato. In amore con Marte e Giove contrari è importante fare chiarezza, evitare momenti di forte irritabilità nei confronti di persone, anche di famiglia, che possono metterti più o meno volontariamente i bastoni tra le ruote. Alcune giornate potrebbero segnare il passo, penso a quelle attorno al 13, 21 e 28. Gennaio non ha il potere di chiudere i rapporti sentimentali, ma può generare alcuni contrasti che andranno tenuti sotto controllo. Comunque se il tuo amore poggia su solide basi, nonostante il periodo agitato sarà possibile, con un minimo di pazienza, ripristinare un confronto senza troppi silenzi che in questo momento non fanno bene all'amore. Il rischio è di sentirsi insicuri e temere di non essere all'altezza delle aspettative del partner e viceversa.

 Le stelle del mese proteggono dal punto di vista nervoso, visto che Mercurio è favorevole, ma il consiglio è quello di evitare ogni tipo di azzardo, in particolare attorno al 7 e al 22. Una cura speciale per i bronchi, punto debole del segno.

Gemelli

Febbraio

 Le stelle di febbraio sono rallentate, è probabile che tu non abbia, a oggi, le idee chiare su quello che andrai a fare da maggio in poi. In realtà proprio i mesi dopo maggio saranno i più favorevoli per pensare a un rinnovamento, però ci vuole ancora un po' di prudenza nel gestire le questioni di lavoro, attenzione alle situazioni che riguardano accordi e contratti. Ricordo che di punto in bianco molti, già dall'anno scorso, hanno vissuto una sorta di ripensamento o periodo critico oppure sono ripartiti da zero: mi riferisco a tutti quelli che hanno dovuto cominciare un nuovo impiego o hanno cambiato gruppo di lavoro; oppure ancor di più ai liberi professionisti che si sono dovuti fermare per poi ripartire con forti danni sul piano economico. Ora non bisogna perdere le staffe. Compito dell'astrologia è indicare i momenti più opportuni in cui agire e la seconda parte del mese sarà decisamente migliore. Qualche buona opportunità ma anche pensieri costruttivi in vista della primavera che rappresenterà una svolta importante.

 Le relazioni sentimentali già avviate negli ultimi mesi non sono messe a rischio da queste stelle; tuttavia ogni tanto manca la buona volontà o semplicemente la passione. Le coppie che hanno programmato una convivenza o speso per la casa sono in attesa di un po' di pace, perché da gennaio ci sono stati ritardi e complicazioni. I più giovani potrebbero essere persino indecisi se avere un figlio oppure no; in attesa di tempi migliori e situazioni più chiare bisogna evitare crisi inutili, parlare sarà più facile dal 14, quando Mercurio torna favorevole. Ai cuori solitari consiglio di non chiudere le porte dell'amore, perché febbraio, soprattutto sul finire, porterà molte emozioni e inoltre ci avviciniamo a un mese, marzo, di pieno recupero. Tradimenti e distrazioni non pagano, a fine mese qualcuno potrebbe presentare il conto.

 Un mese nervoso non è un mese difficile. Ho spiegato che stai cercando un po' di serenità, non mettere in discussione tutto e tutti, altrimenti rischi di agitare troppo il tuo animo! Attorno al 24 un po' di prudenza sarà necessaria. In generale si risente di un forte stress causato non solo dalla tua indecisione ma anche da una certa lentezza nell'ottenere quello che desideri. Concediti pause frequenti lontano da tutto, hai bisogno di recuperare energia. Ne utilizzi tanta durante il giorno, forse ne sprechi anche un po'.

Marzo

Il tuo 2022

 Lo stress accumulato nei mesi passati inizia a diminuire, resta qualche preoccupazione per il denaro, attenzione dal 10 al 27. Alcune richieste potrebbero non essere soddisfatte nell'immediato, nella maggioranza dei casi, però, l'ottimismo non crolla e si è consapevoli del proprio valore, questo è importante. Anche per le relazioni di lavoro nuove c'è una bella energia, grazie a Venere, Marte e Saturno favorevoli; potresti ricevere una buona notizia il 9, 10, 18 e 19, giornate molto interessanti se devi fare una richiesta specifica. È probabile che in questi giorni tu abbia le idee chiare su quello che devi fare a partire da maggio. Le persone che devono affrontare un esame saranno più favorite. Marzo inizia a funzionare dopo due mesi di stallo. La seconda metà dell'anno premia tutti coloro che hanno una buona idea in mente, e sappiamo che la creatività è da sempre il tuo punto di forza! Anche se lasci un progetto sicuramente ci sarà qualcosa di nuovo a cui pensare, stelle stimolanti un po' per tutto.

 Iniziano a intravedersi le prime buone notizie grazie al nuovo transito positivo di Venere e Marte, entrambi attivi da domenica 6. Purtroppo bisogna ancora rivedere alcune questioni riguardanti il denaro; le coppie che sono andate da poco a vivere insieme potrebbero avere un rapporto un po' conflittuale con i genitori, ai quali forse potrebbero dover chiedere un aiuto economico. Marzo, però, ha un elemento di forza in più per tutti coloro che vogliono trovare l'amore: le giornate più interessanti saranno quelle successive alla prima settimana. La curiosità è la molla che ti spinge a vivere l'amore in maniera più profonda, e sarà proprio una conoscenza occasionale a scatenare un particolare entusiasmo d'amore. Nonostante qualche piccola difficoltà emotiva le coppie alla fine guadagneranno forza da questo mese di marzo. Ci sarà bisogno di avere al proprio fianco una persona forte, generosa e un po' avventurosa. Qualcuno dovrà accettare un trasferimento, un cambio di ruolo o l'idea che entro la fine dell'anno saranno da modificare alcune abitudini, ma questo riguarderà anche il lavoro.

 Quando non ci sono grandi stimoli rischi di annoiarti, un problema che si riversa anche sulla salute. Per fortuna marzo inizia a dare qualcosa di più promettente anche in termini di stabilità. Cure favorite se partono il 9, 10, 18 e 28. Cerca sempre di fare le cose con calma per evitare confusione e correre il rischio di sbagliare.

# Aprile

 Aprile annuncia un maggio di grande forza e per qualcuno fortuna. Rifletti bene entro luglio sulle scelte da fare. C'è la possibilità di iniziare un nuovo progetto lavorativo, molte cose sono cambiate dallo scorso anno e, anche se la società è sempre la stessa, potresti già da tempo avere al tuo fianco altre persone di riferimento con cui lavorare. Per buone novità e idee, Sole e Mercurio lavorano per te, le prime dieci giornate di aprile sono davvero stimolanti. Bisogna partire all'attacco, iniziare a fare richieste al più presto, anticipando i tempi. Si possono impostare situazioni fruttuose anche nel corso dei prossimi mesi, eventuali dispute con un ex socio oppure problemi sorti nell'ambito del lavoro dall'anno scorso potrebbero risolversi già da maggio. In particolare chi deve ottenere rimborsi oppure ha iniziato una controversia di qualsiasi tipo avrà maggiori soddisfazioni. Questo periodo così innovativo ma anche impegnativo potrebbe portare tensioni, quindi dal 15 in poi mantieni la calma, perché riuscire a gestire tutto potrebbe essere più difficili.

 Nel corso di questo mese i sentimenti finiscono in secondo piano, questo non significa che ci sarà una crisi in amore, ma evidentemente le preoccupazioni per il lavoro saranno maggiori. Alcune coppie pagano pegno se si sono distratte, invece se stai vivendo una storia che non è chiara fai attenzione a tradimenti e dubbi. Nella coppia potrebbero esserci frequenti contraddizioni; giornate «test» per capire se un rapporto funziona saranno il 12, 13, 19, 20 e 26. Attenzione ovviamente anche all'infedeltà: il desiderio di fare un dispetto al proprio partner che non riesce a capire le tue esigenze sarà altissimo. I legami basati sul braccio di ferro mentale nel tempo diverranno complicati da gestire. Le nuove storie decollano lentamente, se c'è una separazione da dimenticare. D'altronde con un cielo così, in vista dei prossimi mesi, sarà più importante per te cercare il vero amore, mettendo al bando le storie che non funzionano. I progetti di coppia vanno un pochino a rilento e non bisogna arrabbiarsi, qualcuno scoprirà la verità nascosta. Attenzione alle dispute con un ex che potrebbero tornare protagoniste alla fine del mese.

 Il mese parte bene ma nella seconda parte di aprile ci saranno momenti di forte agitazione; quindi attenzione ai problemi che nascono attorno al 19 e al 26. Non escludo che tu sia molto stressato, le tue condizioni psicofisiche siano un pochino al ribasso; questo capita quando ci sono troppe cose da fare o persone che non ti danno retta.

Maggio

Il tuo 2022

 Il nuovo transito di Giove è importante per valutare nuovi progetti, si tratta solo di seguire il proprio istinto e la vocazione al rischio che aumenta quando c'è qualcosa che ti incuriosisce davvero. Per chi lavora a tempo determinato oppure può contare su chiamate part-time questo è un momento di forza; fin da adesso andrebbero sfruttate le situazioni più importanti. Qualcosa è già cambiato nell'ambiente lavorativo. Se stai facendo le stesse cose da anni è probabile che ci sia una svolta radicale, tu stesso vorrai allontanarti da contesti o persone che non meritano la tua presenza. Studia nuovi progetti, il passaggio di alcuni pianeti nel settore delle conoscenze è interessante, per cui non esitare se puoi fare una richiesta a una persona che conosce il tuo valore o ti protegge, dalla fine di maggio in poi qualche buona novità rallegra; anche se dovessero nascere dissensi sarà facile ritrovare un buon equilibrio. Il Sole, entrando nel tuo spazio zodiacale dal 21, porterà ancora più energia. I nuovi incontri sono importanti, le nuove idee tutte da sviluppare. Una persona che conta ti potrà aiutare.

 Mese particolare questo di maggio, perché i pianeti per quanto riguarda l'amore sono più protettivi nei tuoi confronti: propositi per un figlio, la casa, le coppie forti che hanno già iniziato un progetto in comune lo sviluppano al meglio. Ricordo che di recente ci sono stati problemi economici, spese considerevoli per una ristrutturazione, la casa o altro, c'è stato anche bisogno di un aiuto esterno. Bene ritrovare un po' di pace e serenità. Maggio è intrigante anche per quelli che cercano l'amore: potresti essere attratto da una persona dal carattere forte, cosa che ti capita spesso. I legami con l'Ariete, il Leone e il Sagittario sono in evidenza; ricorda, però, che anche se sei molto attratto da persone apparentemente più determinate di te, alla lunga ti stanchi, perché sei un segno di aria, quindi pretendi che la tua libertà resti inviolata. Mal tolleri qualsiasi tipo di coercizione mascherata da un intento protettivo. È un ottimo oroscopo per cercare di chiarire le cose a cui tieni di più. Una passione impossibile potrebbe nascere perché quando Venere è favorevole può capitare di tutto, ma cerca di non farla diventare un rifugio per le tue emozioni inespresse. Punta all'amore vero, quello ricambiato, positivo!

 È un cielo molto più facile da gestire, ti senti meglio e già dal 24 ci saranno soluzioni in più, se hai avuto problemi in passato. Inoltre il Sole rafforza il segno dal 21. Recuperare un po' di relax: proprio perché sei reduce da mesi stressanti hai diritto a un po' di vacanza o a qualche weekend in cui distrarre la mente.

Gemelli

Giugno

Questo è il tuo mese per vari motivi, innanzitutto perché il Sole transita nel tuo segno e poi scandagliando bene i movimenti delle stelle, noto anche una serie di pianeti favorevoli che aiutano un buon recupero. E così come l'inizio di quest'anno è stato pesante, difficile, agitato, ora posso dire che certe soluzioni sono più facili da trovare. Ottimo l'aspetto tra Giove e Marte, incisivo l'ingresso di Mercurio nel tuo segno zodiacale a partire dal 13; determinante Venere che dal 23 sarà attiva; massima attenzione a quello che capita nel corso di queste settimane di giugno. Anche se devi affrontare un esame potrai contare su buone stelle, così anche chi l'anno scorso non ha avuto modo di portare avanti un progetto ora potrà ottenere qualcosa di più. Sono tempi difficili per tutti ma i Gemelli hanno sempre la capacità di rivoltare le questioni a proprio favore. Bisogna frenare l'istinto polemico che spesso si manifesta, meglio dare spazio a una persona che vuole aiutarti, anziché a inutili conflitti di lavoro; non ascoltare pettegoli e invidiosi. Godrai della protezione di una persona influente.

♥ Le coppie che sono arrivate fino a qui sono molto forti. Nei mesi scorsi è sembrato difficile mettersi d'accordo o gestire la vita legata al quotidiano. È bene rinsaldare i legami che sono comunque validi. Ecco una speranza per coloro che sono ancora soli: le stelle non possono portare l'amore a domicilio ma a giugno, con tanti passaggi planetari attivi, sarà difficile restare da soli. Se c'è stata una crisi o addirittura una separazione, allora iniziamo a guardare al futuro con ottimismo, già a partire dal 13. Giugno è un mese che dal 23 si può definire fertile per le idee e non solo; quindi le coppie che possono e vogliono avere un figlio non devono fare altro che mettersi all'opera. Altresì quelle che proprio non vanno d'accordo troveranno un modo meno pesante per allontanarsi senza dolore. Le dispute con un ex possono essere sanate mediando, giugno è un mese che porta saggezza. Entro il 18 luglio c'è chi conoscerà l'amore o farà una scelta importante.

La tua vita è un caos perenne, ci sono periodi in cui ti senti piuttosto fiacco, altri in cui non hai paura di affrontare il mondo. In giugno puoi davvero riacquistare tanta buona energia, una sensazione di libertà ritrovata aiuta anche a recuperare i disagi degli inizi dell'anno. Favorite le cure, le diete, consigliati con un esperto, la seconda parte del mese ha ampie capacità di risolvere problemi annosi.

Luglio

 Non fermarti proprio adesso. Se c'è da portare avanti una trattativa non tirarti indietro. Alcuni dopo un periodo di lunga attesa avranno finalmente una risposta. I lavoratori autonomi noteranno che molte imprese risultano più facili da gestire, anche se c'è stato da affrontare un cambiamento netto. Chi lavora per più ditte o privati si barcamena tra un incarico e l'altro. Se agli inizi dell'anno c'è stato un blocco legale o finanziario, ora si può dire che le cose vanno meglio, sarà anche più facile disfarsi di qualcosa che non serve. Non sottovalutare le proposte che arrivano adesso; luglio è baciato da ottimi aspetti planetari che diventano ancora più interessanti dopo il 19. Sei una persona che ama le novità, potresti in prima persona abbracciare un percorso di lavoro nuovo o effettuare un cambiamento che fino a qualche tempo fa non avresti mai immaginato di poter accettare. Sei tu a dirigere la situazione, allontana persone che non ti piacciono e invidiosi. È possibile anche fare una richiesta per un miglioramento economico, nei limiti del possibile. Questo è l'anno buono per scrittori e creativi.

 Venere continua un bellissimo transito nel tuo segno zodiacale fino al 18. Un netto miglioramento si registra nel tuo umore, piuttosto bellicoso agli inizi dell'anno; ora pare proprio che tu sia più libero e disponibile ad amare, per questo luglio sarà appagante per la sfera affettiva. Non sottovalutare nuovi incontri. In particolare le coppie che hanno iniziato a vivere insieme sembrano un pochino più forti, incoraggiate. Uno sblocco riguardante il lavoro di uno dei due sprona ad andare avanti. Bisogna progettare novità. Incontri fortunati. Cambiamenti che riguardano la vita, non solo sentimentale, tutto quello che corrisponde ai desideri più profondi può essere realizzato in questo periodo intrigante. Per quelli che vogliono divertirsi con un amore part-time nessun problema, le prime tre settimane di luglio sono coinvolgenti; non perdere questo momento di riscatto cercando di recuperare inutili storie che si sono bloccate nel passato. Se nasce un'amicizia, è destinata a diventare qualcosa di importante e non è escluso che si trasformi in amore.

 Ecco un cielo di recupero, anche se ci sarà qualche giornata nervosa, lunedì 11, domenica 17, domenica 31. Cure favorite, incontri piacevoli che rasserenano. In realtà quello che devi fare in questo periodo è ritrovare serenità interiore, fondamentale allontanarsi da qualsiasi tipo di disaccordo. Ora è possibile riconquistare un buon equilibrio.

Agosto

 Venere favorevole: c'è qualcosa di nuovo a partire dall'11; il campo dell'attività è propizio. È importante come ti presenti a un appuntamento, la tua sicurezza e il tuo modo di fare convincono le persone che contano a darti un'opportunità in più. In un periodo valido non bisogna perdere di vista la possibilità di proporre e fare qualcosa di nuovo. Le persone che lavorano part-time o in smart working vedranno riconfermato un accordo, non è escluso che ci sia una bella idea da valutare in vista del futuro. I più intraprendenti vorranno iniziare un percorso in proprio che avrà successo nel tempo. Le migliori occasioni da questo punto di vista arrivano quando Marte entra nel tuo segno, da sabato 20 agosto. È vero che di solito ad agosto non si parla di lavoro, ma per te è diverso, non ti fermi quasi mai durante la stagione estiva; se hai lavorato a qualcosa di tuo potrà esserci un accordo, una novità che mette allegria. Conferme nei contratti o miglioramenti, le ultime dieci giornate del mese sono molto interessanti se intendi proporti o stai aspettando una riconferma.

 Anche sul piano dei sentimenti agosto è un mese di recupero. Le coppie che hanno tentennato agli inizi di questo 2022 stanno meglio. Le stelle non hanno il potere di cambiare il carattere delle persone che abbiamo attorno, quindi non ostinarti con chi è troppo lontano dalle tue esigenze. Agosto è il classico mese in cui è facile fare incontri speciali, ma bisogna anche aggiungere che questo è un periodo importante per fare conoscenze. La fine del mese è piacevole e non ci dimentichiamo che Venere dall'11 è dalla tua parte. Sono favorite le avventure, il divertimento! Con Marte nel tuo segno zodiacale dal 20 ci sarà ancora di più voglia di amare, fare l'amore, superare le tensioni del passato. Prudenza se sono in corso relazioni extraconiugali, ma tutto può capitare con un cielo così eccitante. Torna il gusto di farti ammirare e il desiderio di concederti a un amore nuovo se sei solo da tempo.

 La forma fisica è favorita, soprattutto a fine mese, quando anche Mercurio inizierà un transito molto bello. Le terapie che iniziano in questo periodo sono da considerare positive. Non bisogna, però, stressare il proprio organismo nei fine settimana di agosto, in particolare da venerdì 12 a domenica 14! Ricorda che la fretta è sempre una cattiva consigliera.

Settembre

 Marte corre nel tuo segno, Giove favorevole, Mercurio sollecita l'azione! La maggioranza dei nati Gemelli è pronta a fare un grande salto verso il futuro; gli studenti che si stanno preparando per un esame avranno una marcia in più e con Giove favorevole anche il prossimo anno, non è escluso che si passi dalla fase di preparazione a qualcosa di più importante entro poche settimane. Non dico che tutto fili liscio come l'olio, ci sono sempre difficoltà nella vita, ma il tuo atteggiamento è cambiato molto rispetto agli inizi dell'anno, questo aiuta a stare meglio e prendere le cose con filosofia. Ti senti più forte, reattivo. Torna l'opportunità di avanzare, le occasioni di trovare nuovi ingaggi o confermare un accordo. Le tue idee valgono oro; inoltre se c'è un capo che ti stima potresti aspettarti il suo sostegno. E ciò grazie a molti pianeti che sostengono il settore delle conoscenze e delle amicizie. Complicità. Si potrebbe pensare a una promozione o nuovi incarichi. Un amico, un socio, un collega potrebbero dare risposte a certe tue richieste o farti una proposta speciale. Le collaborazioni iniziate da poco proseguono meglio. In questo periodo non fermare la tua creatività, in vista di un ottobre più produttivo sotto tanti punti di vista.

 L'amore sta fermo un giro a settembre. Se si è chiusa una storia, per ora non vuoi pensarci più; le relazioni nate per gioco non hanno grande valore. Abbiamo visto che la maggioranza delle coppie si è rafforzata negli ultimi mesi, ma capita sempre la settimana in cui ci si trova in disaccordo oppure ci sono incomprensioni. Eventuali riavvicinamenti a ex andrebbero evitati a meno che non si abbia la certezza di avere a che fare con una persona rinnovata e anche un po' pentita. Una fase di forte agitazione torna nei fine settimana di settembre, prudenza, quindi, tra venerdì 9 e domenica 11, venerdì 16 e domenica 18, ancora tra venerdì 23 e domenica 25. Le relazioni che nascono in questo periodo sono alimentate da qualche dissidio oppure non sono libere. Attenzione ad amori con persone legate, lontane, non disponibili. Non è detto che ci sia uno stop ma anche per chi vive da tempo un rapporto, si preannunciano giorni di totale insofferenza. Le tensioni sono facilmente superabili, anche se in certe giornate avrai una grande voglia di mandare a quel paese chi non ti capisce. Forse stai semplicemente riversando in amore le tensioni nate nell'ambito del lavoro.

 Settembre è un mese discreto per la forza fisica, ci sono alcune risonanze planetarie tra cui il transito di Sole e Venere; inevitabile che torni qualche dubbio, anche perché le prime settimane sono stressanti. Giornate prive di energia: venerdì 9, sabato 10 e venerdì 23. Intestino e stomaco punti deboli a fine mese.

Gemelli

Ottobre

 I pianeti sono dalla tua a ottobre! C'è una riconferma, e non è poco di questi tempi, o magari sei proprio tu che senti la necessità di proporti e fare cose diverse dal passato. Ottobre chiede nuovamente attenzione per quanto riguarda i quattrini, anche perché il 2022, da questo punto di vista, è iniziato in maniera un po' pesante e presenta ancora qualche incertezza. Gli studenti sono più concentrati, gli esami vanno meglio. Se arrivano soldi serviranno a compensare le grandi perdite del passato. È difficile incassare in questo particolare periodo, ma tu hai fiuto per gli affari e sai come equilibrare entrate e uscite all'occorrenza; inoltre in alcune giornate come quelle del 13, 14, 23 e 24 sarà più facile capire cosa desideri e ottenerlo. Se sei libero professionista la prima parte del mese è favorevole a nuovi contatti e affari, una situazione utile per chi lavora nel settore della creatività; non sottovalutare le nuove responsabilità, sarà bene darsi da fare e organizzarsi meglio per ottenere il massimo, richieste da portare avanti entro la fine del mese.

 L'amore a ottobre torna a essere più piacevole; esci da un settembre pesante, ecco perché bisogna recuperare il tempo perduto. È un mese importante per i sentimenti, le coppie tornano a sorridere, a programmare un futuro sereno assieme. La situazione potrebbe diventare critica solo se in questi giorni ti scontri con un Ariete o un Capricorno, e anche in questo caso avrai l'asso nella manica, potrai gestire al meglio i rapporti più conflittuali. Questo è un mese attivo, di recupero, e le storie che nascono in autunno possono continuare bene; scelte importanti che riguardano la casa, spese per le coppie che già dall'anno scorso hanno deciso una convivenza. Ogni passo in amore andrà fatto con molta cautela. Migliorano i rapporti in famiglia, erotismo e fascino da spendere al meglio se il cuore è solo da tempo. Con Mercurio attivo dal 10 le conoscenze sono più facili, da metà mese si volta pagina.

 C'è molto da fare nell'ambito del lavoro, da riorganizzare, questo comporta un dispendio di energie eccezionale, ma puoi farcela anche perché ottobre è dalla tua parte, è arrivato il momento di impegnarti per stare meglio. Bello questo cielo dopo il 10, anche per ritrovare un po' di serenità interiore. Piccoli conflitti possono essere superati. Cautela d'obbligo nei giorni 7, 8, 21 e 28. La fine dell'anno, comunque, gradualmente porta un recupero psicofisico importante.

Novembre

 Torna qualche piccolo problema di carattere legale o finanziario, se non hai pagato una tassa oppure l'anno scorso hai commesso un piccolo errore di distrazione. Devi correre per mettere tutto in regola. È un mese che va un pochino al rallentatore ma nulla di grave, da dicembre riprende la corsa, i giovani iniziano ricerche per fare qualcosa di nuovo, con possibilità di recupero. Il 2023, alle porte, sarà un anno importante per tutti i nati Gemelli che riusciranno finalmente a lasciarsi dietro le spalle complicazioni e anche chiusure, incertezze. Produttive le associazioni, le attività indipendenti in altre città. Nei casi in cui non si lavori da tempo si potrà contare comunque su occasioni part-time, molto dipende anche dall'età e dalle circostanze. La situazione resta positiva almeno fino al 17. Chiedo, invece, un po' di prudenza dal 18 al 30, giornate in cui potresti anche richiedere l'aiuto di un esperto per risolvere un problema, da una multa non pagata a qualche problema burocratico, ci sarà un attacco a cui dovrai rispondere adeguatamente. Tutto si sistemerà.

 Novembre non è un mese passionale. Se ancora il tuo cuore è solo è probabile che tu sia diventato eccessivamente prudente. Nelle coppie conviventi attenzione alle piccole polemiche che possono nascere anche per motivi banali dal 16 al 30. Si discute persino per colpa di parenti che si intromettono e la situazione in famiglia torna a essere un po' difficile da gestire. Nulla a cui non si possa trovare rimedio! Ma è giusto quando ci sono stelle un po' compromettenti avvertire per tempo, così si eviteranno conflitti inutili. Con il segno della Vergine e dei Pesci le tensioni maggiori. Bene farsi scivolare le cose addosso, probabile che il 23, 24 e 25 questa impresa sia impossibile! Il consiglio è di non anticipare i tempi, non fare scelte azzardate. Dire sì oppure no alla fine del mese potrebbe essere rischioso. Infatti gli ultimi dieci giorni di novembre segnalano confusione in amore, bisognerà stare attenti soprattutto se ci sono due persone nei tuoi pensieri oppure situazioni che potrebbero diventare pesanti da sopportare. Calma e sangue freddo.

 Stelle che proteggono all'inizio del mese ma che possono diventare un po' conflittuali dopo il 16. E quindi devo invitarti a non fare le cose di corsa la seconda parte di novembre. Alleanze e preoccupazioni di carattere pratico possono diventare superiori e prevalenti su tutto il resto. Ecco perché alla fine del mese bisognerà evitare stress eccessivi; i soldi escono troppo rapidamente anche per la casa creando tensione in tutti i rapporti persino quelli di tipo famigliare.

# Dicembre

 A dicembre torna una bella vitalità e un buon aspetto di pianeti a partire dal 20. Diciamo che sei lanciato verso un momento di grande energia. A volte le crisi aiutano a vedere chiaro, a ritrovare dopo un periodo no le nostre vere potenzialità e soprattutto a escludere tutto quello che ci fa perdere tempo. È capitato proprio negli ultimi mesi che tu abbia chiuso collaborazioni inutili, ecco una fase di rinnovamento, torna la capacità di fare e disfare, persino di rimettersi in gioco. La fine di dicembre annuncia un periodo di forza che durerà per tutto il 2023. Dal 22 al 31 le persone che lavorano anche in questi giorni di festa potranno contare su maggiori risorse e guadagni; chiamate e contatti per i lavoratori autonomi. Questo è un mese che permette di intraprendere scelte a lunga scadenza; chi ha concluso un corso di studi ha una risposta, da una fase di praticantato nel 2023 si potrà arrivare a un lavoro fisso o comunque a una maggiore sicurezza; in un'azienda chiedere e rinnovare il proprio ruolo sarà più facile. Chi si mette in proprio, per un'attività potrà contare su un 2023 migliore.

 Spero che le incertezze della fine di novembre non abbiano colpito in maniera eccessiva il tuo cuore. A volte capita di bisticciare per motivi banali, le coppie forti però non temono nulla; se in passato ci sono stati problemi o una relazione è nata parallelamente a un altro rapporto, dicembre mette chiarezza. Le storie che nascono adesso sono intriganti. Non bisogna sottovalutare le nuove proposte d'amore. Chi è in coppia pare più convinto del valore della famiglia, e il 2023 con Giove favorevole sarà un anno importante per i figli, la casa. Resta un po' di agitazione per colpa di Marte che transita nel segno, in alcune giornate sarà difficile tenere testa a tutti gli impegni, prudenza il 14 e il 15. D'altronde quando mai ti sei sentito completamente libero da problemi d'amore? Sei attratto dai rapporti di sfida, ti piace mettere e metterti alla prova. Sotto il profilo dell'intesa, l'amore a dicembre è più efficace e potrebbe già arrivarti una proposta per gennaio o febbraio del prossimo anno. Si chiude in bellezza un anno variegato che ha cambiato profondamente la tua vita.

 La forma fisica migliora, in realtà Marte sta transitando nel tuo segno zodiacale da molto tempo, esattamente dal 20 agosto; questo se da una parte porta una bella carica di energia, dall'altra può anche causare stress, perché hai la netta sensazione di non riuscire mai a completare ciò che hai in mente. Ci vorrebbero giornate di 48 ore per fare tutto. Calma! Dicembre è il mese migliore per una pausa di relax in vista delle festività. Natale per esempio nascerà con la Luna favorevole e Capodanno potrà regalarti sensazioni speciali.

Ascendenti

Se il tuo ascendente cade in:

♈ **Ariete**: cerca di risolvere i piccoli problemi legati all'anno passato, nel 2022 gli spunti per realizzare progetti di un certo peso sono tanti. Abbiamo ancora un piccolo scoglio da superare verso gennaio; con Giove e Saturno in aspetto buono si potrà sfruttare qualche evento anche durante l'estate, la creatività sarà al massimo. Farai una scelta importante entro settembre.

♉ **Toro**: non hai più quell'aria bellicosa e un po' agitata che potrebbe avere caratterizzato alcuni mesi del 2021. Attenzione, però, perché se in amore una persona non ti interessa più, nonostante le tue buone intenzioni potresti rivedere il rapporto in maniera piuttosto brusca. Due i mesi di riferimento, giugno e agosto. In questo nuovo anno, inoltre, avrai la possibilità di rimetterti in gioco e sfruttare buone opportunità di lavoro.

♊ **Gemelli**: la situazione generale è dalla tua, Saturno infatti resta favorevole sia al segno sia all'ascendente. Giove riesce a darti qualcosa di più da fine maggio. Posso dire che questo nuovo anno non ti lascerà con l'amaro in bocca. Persino le chiusure saranno liberatorie, si aprono le porte di una nuova stagione della tua vita. Molto interessante luglio.

♋ **Cancro**: si parte con Giove favorevole già agli inizi dell'anno. Sono proprio i primi tre mesi del 2022 a dover essere sfruttati al meglio. La tua vita professionale è in trasformazione per scelta o destino. Nei rapporti matrimoniali in cui c'è stata una profonda crisi ci vorrà ancora molta prudenza, soprattutto a giugno; un amore speciale coinvolge in estate.

♌ **Leone**: hai voglia di liberarti di un passato difficile! Il 2022 nasce con Saturno opposto all'ascendente, avrai bisogno di circondarti di persone fidate. Nonostante si preannuncino molti cambiamenti favorevoli, ogni tanto ti dovrai fermare a riflettere; sei una persona brillante, che non conosce mai una pausa, ma attenzione a errori di valutazione. Luglio mese innamorato.

♍ **Vergine**: i primi mesi dell'anno partono al rallentatore. Quelli che hanno avuto la fortuna e la possibilità di firmare accordi e contratti validi per tutto il 2022 saranno più protetti da questo anno «variabile»; Marte inizia un transito positivo al tuo ascendente a luglio. Proprio l'inizio dell'estate porterà un cambiamento, torna la voglia di lanciarsi in avventure non solo d'amore.

Ascendenti

♎ **Bilancia**: Giove sarà opposto al tuo ascendente per buona parte dell'anno dopo maggio: inizierà una fase di revisione di alcuni accordi. Ti troverai nella condizione di chiudere situazioni poco redditizie; in ritardo acquisizioni immobiliari, trasferimenti. Dal 23 giugno le coppie che vogliono sposarsi o convivere avranno un alleato speciale: Venere. Anche i cuori solitari in estate avranno successo.

♏ **Scorpione**: in questo nuovo anno è vietato fare passi falsi con i soldi, quindi attenzione alle spese, bisogna recuperare denaro perso nel 2021. Sconsiglio di portare avanti progetti faraonici! In certi mesi sarà possibile accumulare nervosismo; per esempio a giugno sarà inevitabile affrontare un chiarimento con un socio, un collaboratore. Sensazioni contrastanti a luglio. Recupero ad agosto.

♐ **Sagittario**: uno dei mesi più interessanti di quest'anno sarà giugno con Giove e Marte favorevoli sia al segno di nascita sia all'ascendente. La vita sentimentale si rafforza e proprio dalla fine di giugno potranno nascere belle emozioni; se stai aspettando l'incontro con l'amore, attenzione a quello che capita durante l'estate, perché potrebbe portare sorprese speciali.

♑ **Capricorno**: ci saranno mesi in cui avrai voglia di buttare tutto all'aria, ma basterà semplicemente farsi scivolare le cose addosso per andare avanti senza problemi. In realtà nel 2022 bisognerà stare attenti alle questioni di carattere economico e ci sarà anche chi dovrà cambiare casa o ridiscutere un affitto, il tema degli immobili o dei trasferimenti ricorrerà spesso.

♒ **Acquario**: Saturno all'ascendente ti rende molto serio e ponderato. Devo chiederti in questo nuovo anno di fare le cose con calma perché a livello sentimentale potrebbe iniziare una fase di malcontento. Metto in evidenza il mese di giugno che porterà all'inizio qualche dubbio di troppo. Attenzione ai cambiamenti di umore, non è sempre facile spiegare agli altri quello che si muove dentro di te.

♓ **Pesci**: Giove nel segno ascendente agli inizi dell'anno! Magari non riesci a risolvere tutti i problemi della tua vita ma l'ottimismo non mancherà. Attenzione all'arrivo dell'estate perché ci saranno spese in più. Cerca di cacciare via pensieri e preoccupazioni. In amore avrai voglia di concederti e farai un incontro speciale se ti metti in evidenza a novembre.

Cancro

Cosa cambia dall'anno scorso

Già dalla fine del 2021 sei alla ricerca di progetti inediti e situazioni da affrontare, non escludo che negli ultimi mesi sia nato anche un nuovo percorso lavorativo o comunque che da allora tu stia cercando soluzioni a vecchi problemi. L'anno si apre in modo intrigante con Giove in ottimo aspetto. I prossimi dodici mesi portano una crescita notevole; ci sarà solo una fase centrale in cui ti sentirai nuovamente disorientato, lo leggerai meglio nelle prossime pagine dedicate ai singoli mesi. L'importante è sapere che alla fine nulla potrà fermare la tua evoluzione. Il 2022 quindi è un anno bello per le coppie che possono e vogliono avere un figlio, o semplicemente desiderano legalizzare un'unione dopo tanti anni. Ma sarà di grande forza anche per chi, dopo una lunga separazione, sta cercando un riferimento amoroso o si vuole liberare di un peso, in particolare quando Venere sarà nel segno, dalla seconda metà di luglio; questo è infatti anche l'anno delle grandi decisioni, quindi se ti sei sentito oppresso da una situazione personale o finanziaria pesante, ci saranno tante

possibilità per andare avanti al meglio. I momenti più importanti per il lavoro saranno all'inizio e alla fine del 2022. Sei cresciuto molto, forse anche grazie alle esperienze degli ultimi due anni; pur non volendo ti sei ritrovato, infatti, al centro di polemiche che ora lasceranno spazio a una maggiore libertà di pensiero e critica. Non escludo che tu possa avere detto o fatto cose di cui oggi ti penti, non sempre si riesce a essere coerenti con le proprie affermazioni. In quanto segno governato dalla Luna, sei una creatura lunatica: quando stai male o sei disorientato non senti il dovere di spiegare niente a nessuno, tantomeno alla persona amata! Anzi, ritieni che proprio il partner dovrebbe capire in anticipo quali sono le tue problematiche e, se ti conosce a fondo, seguirti e comprenderti senza dover chiarire nulla. Certo, sei una persona esigente! Forse proprio per questo hai dovuto rivedere tutto il parco amicizie restringendolo un poco. Inoltre senti sempre la necessità di dire la verità. E la verità, per te, a volte è anche legata ad affermazioni che sarebbe meglio non fare, soprattutto per non ritrovarsi nel bel mezzo di una polemica. Anche critiche leggere, apparentemente insignificanti, determinate magari dal gusto di fare una battuta mordace possono ferire chi non capisce la tua ironia spietata persino con te stesso. Avrai notato che da parte tua o degli altri potrebbe essere nata qualche piccola antipatia. E tu stesso ti sei allontanato da un certo ambiente o magari da una persona che non ti piace e non capisci. Pochi ma buoni! Questo è ancora il tuo motto.

Non essere troppo severo con te stesso

*T*alvolta quando le cose non vanno senti crescere dentro di te del risentimento, inquieto, silenzioso che potrebbe trasformarsi persino in un blocco, un problema emotivo. Il 2022, soprattutto nei primi mesi, potrebbe mettere in discussione la tua vita sentimentale perché ti porrai molte domande; ma in un certo senso questa riflessione sarà positiva, avrai voglia di affetti stabili. Se non c'è l'amore lo cercherai ed entro luglio potresti fare incontri molto speciali. Per i giovani o i single aumenterà il desiderio di conferme sentimentali, di formare una famiglia, andare a vivere con la persona che interessa. Se il cuore è solo, via via che arriveremo alla primavera del 2022 sentirai sempre più necessaria la presenza di una persona al tuo fianco. La tua saggezza cresce e vuoi anche condividerla con gli altri! Per esempio se hai un cellulare, domanda retorica perché ormai lo hanno tutti, potresti ritrovarti a scrivere non solo per te stesso ma per chi ti legge, per esempio post sui social o aggiornamenti di WhatsApp con frasi famose, aforismi più o meno celebri. Non ti piace passare inosservato e ti terrorizza il pensiero che gli altri possano considerarti superficiale, banale; il contenuto conta più della forma! Ed ecco perché nel 2022 cercherai rapporti solidi, basati sulla forza della mente. Hai un immenso potere a livello sensitivo ed emotivo e sei pronto a trasformarlo in energia positiva da offrire a coloro che ti circondano. Inutile cercare di fingere di essere diversi da come si è davvero, lo hai fatto in un passato più o meno recente e ora non vuoi più indossare una maschera. D'altronde anche quando giochi a fare il duro si capisce benissimo che sei una persona dolce, votata al bene degli altri e soprattutto di chi ami. Quando vuoi dare agli altri l'idea di essere un tipo tosto, e quindi diventi inquieto o progressivamente spiacevole lo fai solo per difesa o verifica; mostrare questo lato della tua personalità, infatti, può avere due effetti importanti: allontanare persone che non ti piacciono e che quindi sono superflue nella tua vita, oppure farti capire chi ti ama davvero nonostante tutto.

Mostra il tuo coraggio senza paura

Posso anticipare (i dettagli li trovi nelle pagine dedicate ai singoli mesi) che a gennaio dovrai prendere le distanze da alcune persone oppure decidere se un progetto di lavoro, un'esperienza nata alla fine del 2021 debba continuare oppure no. In realtà proprio i primi mesi dell'anno sono potenti, perché rafforzati dal transito buono di Giove. Dunque in caso di distacchi o insofferenze, non sarà difficile ritrovare la giusta via; fai le scelte giuste in amore. Diciamocelo chiaramente, non sei una persona facile a livello sentimentale. Giustamente non ti accontenti, l'amore è un argomento molto complesso, che ti tocca profondamente, non puoi e non vuoi viverlo in maniera superficiale. Ecco perché già a gennaio potresti sottoporre a prove importanti chi ti ama. Nel 2022 devi sfruttare la tua creatività, che torna prepotente. La cosa bella è che anche nei periodi no hai maturato una grande saggezza, così già in primavera dovresti sentirti una persona diversa, più forte e tenace. E questo capiterà perché progressivamente avrai sempre più la consapevolezza di poter contare su te stesso; con Giove favorevole puoi avanzare anche nella professione; ottimo questo 2022 soprattutto all'inizio e alla fine per scrittori, musicisti, creativi o coloro che si sono sentiti depressi, svuotati e persino angustiati negli ultimi tempi. Da dove prenderai tutta questa forza? Non preoccuparti, nascerà

incommensurabile dentro di te mese dopo mese. Quando ti sentirai raggiunto da un'idea la vorrai sviluppare immediatamente in un'immagine, dando vita alle fantasie più profonde; da bravo segno di acqua ti lascerai sommergere da emozioni diverse e quando la marea dei pensieri retrocederà, tutto sarà più chiaro e fattibile.

A giugno una pausa di riflessione

*T*i invito a leggere con attenzione le prossime pagine, ma soprattutto quella legata al mese di giugno. Proprio all'inizio dell'estate sarà necessario fare scelte fondamentali che riguardano la tua vita. Quando abbiamo un oroscopo forte, determinato può essere anche il destino a sorprenderci, così sempre tra la fine della primavera e l'estate ci saranno cambiamenti importanti, maggiori responsabilità. Potrebbero essere anche di tipo famigliare o lavorativo; in quel periodo dell'anno avrai bisogno di una grande forza, stabilità ed equilibrio per riuscire a portare avanti tutto. Talvolta la paura di rimanere senza amore ti porterà ad assumere il ruolo del martire o a scaricare sugli altri alcune colpe; una frase tipica del segno è: «È colpa tua!». Anche nei momenti più difficili non fermarti, ricorda che sei pieno di idee in procinto di germinare; solo tra giugno e luglio ci sarà bisogno di riflettere per sviluppare un'idea, un frutto creativo che maturerà dopo una lunga attesa. Se per troppo tempo ti sei sentito vagabondo in amore o alla ricerca di radici da porre in qualsiasi luogo, sappi che il 2022 ce la metterà tutta per farti risalire la china, così giorno dopo giorno ti sentirai meglio, una persona nuova. Non frenare questa evoluzione, sarebbe un peccato. Sarai sempre più curioso di tutto e capace di esaltare i momenti più vivi dell'anno, ricambiando con fiducia chi vorrà darti l'amore che cerchi e che meriti. Affrontare i periodi meno interessanti di quest'anno con la consapevolezza che arriverà il sereno è molto importante. In certi mesi, lo leggerai nelle prossime pagine, sarai meno euforico, ma questo non vuol dire che ci saranno blocchi insormontabili. Attenzione però dopo il 10 maggio, dai spazio alle soluzioni, la possibilità di trovare la persona giusta può arrivare anche con pianeti agitati. Anzi! È proprio quello il momento in cui abbiamo più voglia di uscire da una fase di solitudine ribellandoci al destino che ci ha imposto tanti sacrifici. Sarai lungimirante, forte. Anche se sei convinto di non farcela corri ancora, nel 2022 le belle sorprese in alcuni mesi particolari non mancheranno.

Gennaio

Il tuo 2022

 L'inizio dell'anno è interessante, le novità non mancano a gennaio anche grazie al buon aspetto di Giove che si protrarrà fino al 10 maggio. Ecco perché questo mese aiuta a ritrovare una buona grinta, persino se dovrai prendere le distanze da alcune persone oppure decidere sulla prosecuzione, se lavori in proprio, di un progetto di lavoro; sarà comunque più facile trovare soluzioni vantaggiose per aumentare il prestigio dell'ambiente professionale o fare progetti per i prossimi mesi. Quello che manca è un po' di sicurezza economica. L'attività è per ora stabile ma non ci dimentichiamo che le forti opposizioni planetarie degli ultimi due anni hanno creato problemi, così ora più che mettere da parte soldi sei costretto a tappare le falle. E c'è anche chi ha speso di più per la casa, l'ufficio o la famiglia. Vivi alla giornata sapendo in cuor tuo, però, che alcuni nodi dovranno arrivare al pettine tra maggio e giugno. In realtà ci saranno scelte da fare importanti, entro maggio chi lavora in proprio oppure ha un contratto in scadenza non sembra vedere un orizzonte sereno; quindi bisogna mettere da parte qualche risorsa soprattutto in questi mesi dell'anno, le soluzioni si troveranno e non è il caso di agitarsi fin da adesso!

 Con un cielo così frenetico per l'attività lavorativa è possibile che gennaio non sia particolarmente attivo per l'amore, qualcuno potrebbe anche alzare il livello della polemica, mettere alla prova il proprio partner; i fidanzati che hanno iniziato una convivenza si trovano a discutere per motivi di denaro oppure entrano in conflitto con le rispettive famiglie per diversi motivi. Non è in crisi un rapporto, però c'è qualcosa che non va, perplessità che riguardano i sentimenti sono da contrastare. Lo stress è alto e non c'è tempo per pensare a nuove relazioni. I single potrebbero in questo mese di gennaio vivere avventure part-time, senza impegnarsi troppo. Nelle storie di lunga data attenzione alle problematiche che nascono per colpa della gelosia, anche se uno dei due pensa di fare più dell'altro; divergenze più forti in giorni particolari del mese: 8, 9, 15, 16, 23. Pare quindi che i fine settimana di gennaio siano un po' turbolenti per i sentimenti.

 Mese piuttosto faticoso ma non infruttuoso. C'è sempre la buona protezione di Giove che aiuta a proseguire certi accordi, ma è probabile che tu stia cercando qualche sicurezza in più. Non affaticarti nei fine settimana, cerca di rilassarti. Marte in opposizione dal 24 può portare momenti di forte tensione.

 **Febbraio**

 È importante non dare nulla per scontato, in particolare se un contratto sta per scadere oppure sai che entro primavera inoltrata sarà necessario rivedere un accordo. È probabile che tu non ti senta tanto tranquillo. Non è davvero il caso di sentirsi abbandonati dalla sorte, abbiamo ancora Giove favorevole, quindi questo resta un oroscopo protetto per quanto riguarda alcuni rapporti di lavoro già in atto. Il cielo di febbraio, però, porta situazioni part-time, start up che non decollano; chi lavora a commissione, in una società oppure a provvigione, stenta un pochino, in generale si desiderano più garanzie. Non è il caso di fasciarsi la testa prima di romperesela, anzi sarebbe opportuno fare una bella richiesta a metà mese o attorno al 22. Dunque bisogna rimboccarsi le maniche e non lasciarsi prendere dallo sconforto o dalla stanchezza che comunque sarà eccessiva. Gli accordi possono rivelarsi vantaggiosi e le imprese con il lontano saranno più facili da gestire.

 In amore c'è qualcosa che non quadra, non tutti i nati sotto il segno del Cancro vivranno momenti difficili, però sia negli abbinamenti amorosi di vecchia data sia in quelli più recenti, si discute spesso, per motivi di soldi, per questioni che all'apparenza potrebbero sembrare anche banali. La prima parte di febbraio sembra essere più concitata. Ovviamente se ci sono rapporti già in crisi, penso per esempio alle persone che si sono separate o hanno contenziosi aperti con un ex, sarà bene essere cauti. E ancora una volta come già accaduto a gennaio, saranno i fine settimana a essere molto turbolenti. Meglio evitare contrasti con segni che possono provocare qualche disagio, come Capricorno e Ariete. Febbraio riserva un'insolita voglia di dominare la scena con il rischio, però, di andare contro qualcuno che si sente più forte di te anche se non lo è; più equilibrio tra coniugi o conviventi sarebbe opportuno. Se ci sono stati malintesi si possono accentuare in questo periodo, un po' meglio dopo il 18.

 Torna una fase un pochino faticosa, le forti opposizioni planetarie chiedono attenzione all'alimentazione, nei fine settimana bisogna evitare qualsiasi tipo di esagerazione. È normale in qualche giornata perdere colpi proprio perché ci sono tante cose da fare, e probabilmente non tutto quadra, non affaticarti attorno al 12. Vale la pena ricordare che il segno del Cancro ha come punto debole lo stomaco, quindi ogni tanto risente di fastidi, soprattutto quando tace per non arrabbiarsi e tiene tutto dentro!

Marzo

 Giove continua un transito di grande forza che aiuta a portare avanti progetti, ma questa protezione avrà una scadenza, il mese di maggio. E posso immaginare che tanti nati Cancro siano un pochino perplessi, soprattutto se hanno un contratto in scadenza tra maggio e luglio. È anche vero che se qualcosa non funziona, marzo permette di risolvere almeno provvisoriamente i problemi. È possibile fare una richiesta, il Sole è favorevole, Mercurio diventa attivo dal 10, si presenteranno occasioni importanti attorno al 16 per definire meglio la tua situazione lavorativa. Dunque non è escluso che, come è accaduto in passato, tu possa essere richiamato per salvare un progetto. In un clima così agitato è bene fare le cose nei momenti vantaggiosi, come per esempio attorno a metà mese quando le risorse mentali e lavorative saranno migliori. C'è chi ha cambiato lavoro per volontà o destino oppure si appresta a farlo. Altri devono rinnovare tutto e probabilmente nella seconda parte dell'anno saranno costretti a fare altro rispetto quello che fanno di solito. Servono soldi, per la casa o un'impresa recente, ed è questo che può portare forte agitazione interiore.

 Ecco un oroscopo meno faticoso per i sentimenti rispetto a febbraio, spero che nel frattempo i partner non abbiano rinunciato ad amarsi. Certo è che se nei primi due mesi dell'anno c'è stata una separazione, non bisogna tornare sui propri passi. I più sfiduciati rinunciano alla ricerca dell'amore per la vita, accontentandosi di qualche breve avventura. Gli innamorati che hanno iniziato una convivenza sono in fermento, non escludo momenti di ansia. La casa è costata tanto dall'anno scorso e bisogna cercare di riequilibrare i conti. Il segno del Cancro solitamente è per le unioni durature; la convivenza e il matrimonio rappresentano per molti un punto di riferimento. Tuttavia è importante che ci sia complicità, chiarezza, intesa. Purtroppo negli ultimi due mesi ci sono stati momenti che hanno allontanato anziché avvicinare; ci sarà una revisione da fare, il rischio è quello di trasportare in amore le indecisioni maturate nel lavoro o la paura che dopo maggio alcune situazioni cambino improvvisamente, per destino o scelta.

 Non mancano le buone novità, certamente marzo è un mese migliore rispetto a quello passato, dal 7 ci saranno maggiori opportunità. Anche tu potresti sentirti meglio; proteggi sempre lo stomaco perché è un tuo punto debole. Si può fare tutto, però è importante darsi dei ritmi e non stancarsi nei giorni che l'oroscopo rivela più conflittuali. Ancora come nei mesi precedenti i fine settimana sembrano un po' sottotono; venerdì 25 cautela in tutto.

 **Aprile**

 È un periodo di cambiamenti, se una situazione di lavoro non decolla entro giugno, bisognerà cambiare. Altri sanno già che è in scadenza un contratto oppure tra maggio e giugno bisognerà fare una scelta che riguarda lo studio. Vorresti avere maggiori garanzie, ma quest'anno sei tu che devi decidere cosa fare a seconda del momento, potrei dire che si vive alla giornata. Resta un periodo di piccole o grandi tensioni se ti trovi ad avere a che fare con un capo che non capisce le tue esigenze, attenzione a scontri che possono essere diretti proprio nei primi due giorni del mese. Il conforto arriva da questo aspetto di Giove che ti permette di ragionare ancora per qualche settimana su quello che sarà più opportuno fare. I ragazzi che studiano vivranno qualche ansia di troppo, bisogna prepararsi bene per evitare delusioni. Le persone di una certa età potrebbero decidere di mollare tutto e godersi una sana pensione da qualche parte nel mondo. In realtà stiamo per arrivare a questo bivio segnato, a maggio, da una scelta che dovrai fare e che sarà molto importante. Per coloro che lavorano a provvigione, i soldi non bastano mai, bisogna iniziare a mettere da parte qualcosa, Marte da venerdì 15 sarà favorevole e aiuterà.

 Torna una buona fase dal punto di vista emotivo. Gennaio e febbraio sono mesi che hanno allontanato o messo alla prova alcune storie, ma ad aprile Venere è di nuovo favorevole già dal 5, e ci sarà tra domenica 17 e lunedì 18 un momento di grande passionalità e forza. I cuori solitari possono anche vivere relazioni part-time, la primavera consente questo e altro. È un mese che risveglia la sensualità. In generale sarà più facile andare d'accordo con le persone che ti circondano, migliorano i rapporti in famiglia, restano solo insoddisfazioni per l'aspetto economico, in particolare se pensi di essere sempre tu a contribuire e a non ricevere mai il sostegno degli altri. Discussioni riguardanti l'assegno mensile per i separati. Considera che gli ultimi giorni di aprile sono importanti per fare il punto della situazione. Il mese si conclude bene, un consiglio potrà essere d'aiuto. Si può sfruttare una buona opportunità, attorno al 26 incontri molto interessanti.

 Stiamo per avvicinarci a maggio, un mese che porterà un cambio di rotta nella tua vita, sai già che alcune collaborazioni, accordi potranno cambiare. E potresti maturare qualche piccola insoddisfazione o preoccupazione di troppo. Sconsiglio di agitare le acque soprattutto negli ultimi giorni del mese, dal 28 al 30 calma e sangue freddo.

Maggio

Il tuo 2022

 In questo momento non tutto è chiaro. Se hai un contratto che scade proprio in questo periodo non sei completamente convinto che si rinnovi oppure proprio tu hai voglia di provare qualcosa di nuovo. Situazioni che non hanno reso il becco di un quattrino nel corso degli ultimi mesi potrebbero essere chiuse definitivamente. Tra maggio e giugno non escludo che tu debba fare una scelta, se rimanere in campo oppure no. I più giovani, stanchi di inseguire mete irraggiungibili, prenderanno coscienza di una realtà che ha bisogno di sostegno. È importante avere l'appoggio della famiglia e degli amici. Nei mesi che seguono potresti maturare una certa scontentezza, svogliatezza nei confronti di tutto, in particolare se non hai visto crescere una tua idea oppure ti ritrovi sempre a fare i conti dalla mattina alla sera! Non tutto può poggiare sulle tue spalle. Giornate particolari in cui ogni decisione dovrà essere studiata, pensata in maniera attenta, consiglio di giocare sul sicuro, non affrontare situazioni nuove se non sei convinto di quello che fai.

 In un quadro astrologico così strano i sentimenti possono essere vittima di qualche piccola bufera. Le relazioni più forti resistono in questo momento di disagio, ma quelle nate da poco sono in balia delle emozioni. Questi due mesi, maggio e giugno, possono scatenare qualche problema, in particolare se ci sono troppe spese per portare avanti la casa, oppure se uno dei due si chiude in un mutismo che non aiuta la comprensione. La gelosia può diventare un'arma a doppio taglio, i tradimenti in questo periodo rischiano di essere scoperti; probabile che chi da anni vive una relazione che non funziona possa provare una storia extra, anche se con queste stelle confuse non sembra il rimedio giusto. Coloro che sono soli non vorranno giurare eterno amore, ci sono momenti di forte scontentezza concentrati nei venerdì del mese, poi attorno al 25 bisogna stare attenti a non creare incidenti diplomatici. Ci sono dispute da risolvere con un ex. Quando si vivono periodi strani, faticosi, è meglio fare le cose con calma e non decidere al volo. Tagli non voluti ma necessari, meglio moderare le spese. Dal 10 Maggio Giove inizia un transito che ti invita a rivedere conti in sospeso e collaborazioni.

 Maggio è un mese che porta qualche dubbio, c'è tensione nell'aria sia nell'ambito del lavoro sia, di conseguenza, in amore. Il consiglio è quello di non affaticarsi troppo; alcune giornate sembrano sottotono: 5, 6, 13, 19. Controlla anche l'alimentazione ed evita qualsiasi tipo di confronto che possa diventare difficile da gestire. Ci vuole pazienza!

Giugno

 Nell'ambito del lavoro è probabile che tu abbia già fatto una scelta per destino o volontà. Giugno segna una pausa di riflessione. Ancora un cielo per certi versi complesso, un po' di più per coloro che fanno lo stesso lavoro da anni e che ora si trovano a dover combattere contro una concorrenza spietata oppure per vari motivi si sentono estromessi da un certo gruppo o hanno ricevuto meno incarichi. Giugno potrebbe essere il mese della scelta definitiva ma anche della grande rabbia, in particolare se pensi che alcune persone pur non facendo nulla più di te stiano ottenendo maggiori vantaggi. Marte e Giove in aspetto agitato rischiano di farti commettere errori, inoltre se lavori in un team potresti decidere di andartene. I rapporti con gli altri sono un po' conflittuali. Per quanto riguarda il denaro chiedo attenzione: investimenti azzardati, spese esagerate devono essere tenute sotto controllo perché Giove dissonante non aiuta il colpo di fortuna improvviso. L'ingresso del Sole nel tuo segno zodiacale mette un po' di pace a tanti piccoli o grandi tormenti e dal 21 le cose vanno un pochino meglio. I più giovani, le persone che studiano, potrebbero pensare a un cambiamento importante, così anche chi si è trasferito in passato dovrà pensare a un nuovo trasloco o movimento. È importante in questi giorni avere dalla tua la famiglia, qualcuno che ti protegga.

 A maggio l'amore è stato messo in discussione ma giugno sembra più sereno, tuttavia questioni di lavoro e di carattere pratico occupano tutto il tuo tempo e ancora di più la tua mente. Per gli amori di lunga data è necessario fare un'attenta analisi della situazione. Per esempio quelli che hanno discusso il mese scorso non è che siano tornati in perfetto accordo; uno dei due, nella coppia, ha qualche problema di lavoro o personale. Giornate test per capire se c'è ancora qualcosa che non funziona sono il 9, 10 e 22. I single non vogliono decidere e concedere il proprio cuore per sempre. A volte si tornerà a casa stanchi e stressati, poco desiderosi di impegnarsi in battaglie e schermaglie amorose; a questo punto conta avere al proprio fianco una persona capace di capirti. Non devi perdere la pazienza, ci saranno momenti in cui vorrai buttare tutto all'aria, sai come sei fatto. Ma giugno invita ad andare avanti, la fine del mese porterà maggiori garanzie; dal 18 luglio avrai Venere nel segno che chiarirà tante cose.

 Un po' di fatica si fa sentire, stai scaricando nel mese di giugno lo stress maturato a maggio, quindi nei primi giorni attenzione a non strafare; qualche fastidio ereditato dal lavoro, una questione economica da rivedere, c'è un miglioramento negli ultimi dieci giorni del mese, in particolare il novilunio del 29.

Luglio

Il tuo 2022

 Si parla di nuove collaborazioni, qualcosa si muove grazie a Marte nuovamente favorevole dal 5. Non si può ottenere tutto e subito, ci sono molti dubbi sul tuo futuro, i pianeti del momento propongono per il lavoro soluzioni temporanee ma interessanti. Anche se non è un periodo che permette di fare grandi balzi in avanti, puoi studiare nuove strade con Mercurio nel tuo segno dal 5. Potresti persino a malincuore tornare a fare cose che non avresti più voluto ripetere. Sarà opportuno riorganizzare tutta la situazione professionale, anche perché potresti essere alla ricerca di un nuovo ruolo, gruppo o progetto da lanciare. Gli investimenti vanno calcolati bene, c'è da riscontrare un divario importante tra entrate e uscite. Diciamo che in questo momento devi ragionare bene su cosa fare; Mercurio sarà nel segno fino al 19, portando astuzia e buone idee: bene venerdì 8, domenica 17 e lunedì 18. Anche se l'invito è quello di non strafare, è probabile che la seconda parte del mese porti qualcosa in più. Per i giovanissimi cambiamenti di ruolo, ritardi però per chi deve costituire una società o lavora in proprio.

 Fase di recupero per i sentimenti. Anche se nelle relazioni più datate alcuni problemi non sono del tutto risolti e le spese sono ancora tante, per fortuna torna la passione. Chi vive da anni con una persona dovrebbe rinvigorire il rapporto dopo il 18, quando Venere sarà nel segno. Colpi di fulmine e attrazioni scoppiano in maniera improvvisa e vanno valutati con interesse soprattutto se nascono nella seconda parte di luglio. Stelle che potrebbero riportare d'attualità anche questioni legali non ancora chiarite e che sono in stretto rapporto con il matrimonio, la famiglia, i parenti o il passato. Giove è ancora contrario, però con un pizzico di buona volontà si può trovare un accordo, in particolare se ci sono dispute su proprietà o di altro tipo tra ex, fratelli o parenti. Le persone che cercano un amore part-time potrebbero essere accontentate, interessante la congiunzione Luna-Venere attorno al 26, incontri intriganti.

 L'impegno c'è ma in certe giornate potrebbe sembrarti di lottare contro i mulini a vento, ovvero di fare tanto e ottenere poco. Attenzione alle polemiche che stressano mercoledì 6 e giovedì 7; una decisione improvvisa potrebbe provocare stress, scelte drastiche che possono cambiare la vita sono da valutare con attenzione, recupero a fine mese.

 **Agosto**

 Si naviga a vista, da qualche mese tutto sembra provvisorio. Ci sono attriti, le collaborazioni sono da rivedere, le società sono più disturbate, stipulare accordi è complesso o tutto va a rilento. È facile che ci si debba scontrare con la burocrazia, con qualche fastidio economico oppure legale, vista anche la tensione che provoca Giove, pianeta che potrebbe creare qualche indecisione di troppo; l'ideale sarebbe evitare qualsiasi tipo di problema, se poi hai litigato con un capo o una persona che ti favoriva, è probabile che tu debba tornare a più miti consigli. Le attività solide non rischiano molto, però ogni giorno bisogna tamponare una falla. In un clima così particolare sarebbe opportuno non spendere eccessivamente, investire solo se strettamente necessario; considera il fatto che da adesso in poi bisogna mettere da parte qualcosa. Piccoli o grandi ripensamenti, dipende dalla singola situazione, per i giovanissimi o gli studenti che potrebbero cambiare il corso di studi; conflitto con i parenti stretti. In casi estremi si dovrà chiamare un esperto o un avvocato per risolvere un dilemma.

 Venere all'inizio del mese è nel tuo segno zodiacale... sarà difficile in questi giorni non vivere qualche bella emozione; le coppie che si vogliono bene hanno dovuto affrontare parecchi problemi personali o di soldi ma ora stanno meglio, qualche incomprensione si potrà ancora superare proprio nelle prime due settimane del mese. Attenzione solo a non cercare la felicità in un rapporto diverso da quello ufficiale, perché non è questo il momento giusto per tradire. Spesso ti innamori di persone che sono molto lontane dalle tue esigenze, i contrasti ti eccitano. Andare in vacanza in questo mese è ideale per chi vuole fare incontri (ovviamente ci vorrà la giusta predisposizione); se intendi fare conoscenze occasionali le prime due settimane di agosto sono le migliori. La passionalità torna prepotente in giornate come quelle del 4, 5, 13 e 14. Gli incontri del periodo sono emozionanti. Evita di pensare al passato, in particolare se ci sono state persone che hanno tradito la tua fiducia. Gli ultimi cinque giorni di agosto sono, però, problematici.

 Piano piano si recupera e la prima parte del mese è decisamente migliore. Stai attraversando una fase in cui non hai molte certezze e sei quasi costretto a vivere alla giornata. È opportuno fare le cose con calma per evitare agitazione e anche quei momenti di estrema lunaticità che da sempre caratterizzano il tuo segno zodiacale. Attenzione il 15, 16 e 30.

Settembre

Decisamente calmo questo mese, si può recuperare un po' di tranquillità. Non tutte le scelte che si fanno ora sono facili: chi ha cercato di liberarsi di un peso, di percorrere una strada in proprio o per qualche motivo è rimasto spiazzato dagli ultimi eventi, ora deve accettare qualche compromesso per rimettersi in gioco. A questo punto dell'anno ci sono migliori idee da sfruttare, sul piano finanziario qualche problematica è ancora da risolvere. Pesano le spese per la casa o per un trasloco da fare oppure già avvenuto; in alcune giornate come domenica 11, lunedì 12, domenica 18 e lunedì 19 bisogna stare attenti all'umore, per colpa di qualche pensiero di troppo potresti arrabbiarti. Questa situazione astrologica invita alla prudenza, ad abbracciare situazioni nuove senza rischi, a fare le cose che sai fare senza tentare l'impossibile. Non è il caso, con Mercurio dissonante, di mettersi contro qualcuno anche se la voglia di reagire a un sopruso sarà altissima alla fine del mese. Tagli non voluti ma necessari, è in corso una rimodulazione di tutta la tua situazione professionale e non solo.

Nel cielo di settembre c'è più armonia, così i partner che durante gli ultimi mesi hanno discusso possono ritrovare la voglia di stare insieme. Torna anche il desiderio di confrontarsi; un incontro occasionale potrebbe coinvolgere attorno al 14 del mese e tutta la seconda metà di settembre resta piacevole per gli incontri. I Cancro sanno come sedurre le persone! Adesso possono ritrovare il loro fascino magnetico e seduttivo. In un'atmosfera planetaria intrigante gli scontri andrebbero evitati e soprattutto le vendette nei confronti di persone che ormai non fanno più parte della tua vita; molto importante la sfera delle amicizie, una conoscenza potrebbe diventare qualcosa di più in questi giorni. Per le coppie che possono e vogliono sposarsi ci sarà solo qualche ritardo nella programmazione di un evento; infatuazioni passeggere capitano e chi ha chiuso una storia di recente avrà modo di vivere sensazioni speciali.

Sul piano psicofisico questo settembre convince e porta vigore, soprattutto in giornate speciali come venerdì 9 e sabato 10. Il periodo è ideale per cercare di migliorare il tuo fisico. Da questo momento possono iniziare cure vantaggiose, favorite quelle estetiche e personali, bisogna muoversi di più! Se la pigrizia si misura in maniglie dell'amore, sarà normale prendere qualche precauzione, cerca di passeggiare un po' di più, fare sport e così via.

Cancro

Ottobre

 Ottobre porta qualche scontro di troppo. Questioni legali irrisolte o situazioni polemiche nate già da qualche mese nel tuo ambiente di lavoro comportano una forte agitazione. Se hai un'attività in proprio sarà necessario fermarsi e capire come andare avanti. Ribadisco il concetto che è in corso una sorta di revisione generale della tua situazione professionale. Ottobre è il mese che porta a riflettere su come andrà il tuo futuro, a impostare nuove regole e obiettivi; ci saranno giornate un po' agitate, lunedì 3, martedì 4 e lunedì 17, non è facile mantenere la rotta perché ci sono problemi da superare; per fortuna hai una bella tempra, quindi non è escluso che a fine mese arrivino soluzioni e vie di uscita da situazioni complesse. Il solito tran tran stanca e poi c'è sempre da rimettere qualche soldo in cassa; 23 e 24 giornate attive, attorno al 26 potresti ricevere una bella proposta o risposta. Infatti l'ultima settimana di ottobre porterà una soddisfazione importante, piccole preoccupazioni potranno essere superate!

 Sul piano sentimentale ottobre resta coinvolto dall'agitazione che stai vivendo nel lavoro, da questo punto di vista i legami di vecchia data devono essere protetti. I partner che hanno vissuto una recente separazione non trovano immediatamente un accordo oppure potrebbero tornare a discutere come è già accaduto qualche mese fa. Quelli che convivono da poco si chiedono se non abbiano fatto un passo un po' troppo grande rispetto alle proprie possibilità, soprattutto economiche. Ci sarà da chiedere un piccolo aiuto finanziario. Discussioni con i parenti nascono proprio per questo motivo. Se non trovi la giusta complicità puoi persino sbattere la porta e andartene o magari pensare a un tradimento. Le stelle di ottobre sconsigliano di fare gesti azzardati. C'è ancora inconsistenza in alcuni legami e i cuori solitari vivono rapporti occasionali senza impegno, non cercano amori duraturi, non giurano eterno amore ma possono comunque divertirsi.

 Un po' di prudenza è necessaria in un mese che trova alcune dissonanze planetarie, in certi giorni ti sembrerà di non farcela, di avere tutto il mondo contro, anche se non è così. Molti si stancheranno di fare le stesse cose e per questo cercheranno di cambiare, vorranno vivere novità, ma attenzione allo stress che sarà più forte a metà mese, in particolare il 17. Il recupero arriva alla fine del mese.

Novembre

 Rispetto a ottobre novembre è un mese più interessante, abbiamo Sole, Mercurio, Venere favorevoli, torna persino una buona energia da parte di Giove che sarà, però, in modo diretto solo dal 23. È il momento giusto per portare avanti un progetto, trovare una sorta di accomodamento se ci sono state crisi o divergenze in passato. Ovviamente sarà opportuno fare buon viso a cattivo gioco; questo è un mese per chiedere cambiamenti, anche alcune richieste rifiutate potranno essere accettate. Va ricordato che almeno fino agli inizi del prossimo anno tutte le situazioni che comportano spese eccessive dovranno essere gestite con molta prudenza, ma questo ormai è un leitmotiv del 2022, hai visto che i soldi che entrano escono in modo estremamente rapido. Novembre, però, per i liberi professionisti e per coloro che possono guadagnare a giornata è un mese più produttivo, interessanti le giornate del 3, 4, 12 e 13, addirittura per fare proposte e incassare qualcosa in più.

 Novembre riporta in auge i sentimenti, adesso bisogna liberarsi di qualsiasi tipo di malinconia; incontri favoriti con Mercurio, Venere e Giove attivi. La prima parte è migliore della seconda. Le nuove storie sono intriganti, le passioni che nasceranno in questo momento saranno divertenti. Anche le coppie formate da tempo possono vivere qualche bella novità, a meno che non ci sia una crisi profonda novembre permette di recuperare progetti e situazioni bloccate da tempo. Con un cielo così importante potrebbe anche farsi viva una persona che qualche mese fa si era allontanata oppure improvvisamente ti renderai conto di avere sottovalutato qualcuno. Chi vuole convivere, sposarsi potrà contare su una fine d'anno interessante. Quando ci sono buone stelle è probabile che un amore nasca all'improvviso, l'insolito affascina così come le persone misteriose che avrai modo di conoscere, attrazioni fatali di persona o via Internet. Periodo fertile per le coppie che desiderano fare progetti per il futuro o mettere al mondo un figlio, se c'è la possibilità e la volontà.

 È un mese interessante, cerca di rimettere a posto tutte le situazioni che sono nate male di recente. Quelli che hanno avuto qualche fastidio in passato possono recuperare e a livello fisico c'è più energia; bene da sabato 12, la parte centrale del mese è più utile per il recupero. Rallegra il tuo animo guardando cose belle, leggendo libri poco impegnativi, hai bisogno di distrarti!

Cancro

Dicembre

 L'importante è evitare conflitti, anche perché ce ne sono stati diversi in autunno. Coloro che nel corso degli ultimi mesi hanno cambiato lavoro o gruppo, stanno meglio rispetto a prima, tuttavia ancora non si sentono completamente sereni. Dicembre permette di navigare sì, ma a vista. Alcune opposizioni planetarie rischiano di farti perdere il buon umore, attenzione nel fine settimana dal 16 al 18. Nei rapporti professionali c'è stato il rischio di un dentro o fuori definitivo, e anche questo mese di dicembre comporta qualche dubbio. Devi concederti un po' di relax. Quelli che non lavorano, che sono da tempo in casa, è evidente che si sentano un po' sottotono. Ma anche i più giovani che non hanno visto decollare un'idea o semplicemente stanno ancora cercando di risolvere qualche problema di soldi sono alla ricerca di conferme. La fine di dicembre va vissuta in maniera svagata, senza tante preoccupazioni.

 Non bisogna agitare troppo le acque in amore. Le coppie fortemente in crisi rischiano di più; i pianeti veloci in opposizione portano baruffe momentanee ma estremamente fastidiose. Non si può parlare di un oroscopo complicato o difficile, tuttavia è probabile che non ti vada bene nulla, lo dicono le stelle dei fine settimana, prudenza il 9, 10 e 11 nonché il 17 e 18. Si discute sulle reciproche responsabilità ma bisognerebbe evitare recriminazioni. Anche i fidanzati che si vogliono tanto bene ultimamente hanno dovuto risolvere problemi di casa o di denaro, e tutto questo ha spento la passione. Sarà fondamentale essere cauti nella gestione dei rapporti d'amore in genere, ancora di più se ci sono in corso relazioni extraconiugali, dicembre non è il mese migliore per lasciare il certo a favore dell'incerto. Se inoltre frequenti persone lontane fisicamente o psicologicamente da te, rischi di stare male per nulla. Natale sarà certamente migliore del Capodanno, organizza bene la giornata del 31, altrimenti rischi di annoiarti un po' o di vivere qualche momento di insicurezza.

 Grazie alla tua perseveranza, alla capacità di ritrovare l'equilibrio anche nei periodi più difficili, questo 2022, nonostante non sia stato un anno semplice, alla fine ha portato una crescita nella tua vita; è probabile che dicembre comporti un affaticamento eccessivo, perché non saranno poche le opposizioni planetarie, appena puoi stacca la spina. In particolare dal 10 al 19 sarebbe opportuno non esagerare. Le feste se possibile andranno vissute nel più completo relax, vada per Natale ma non strafare a Capodanno.

Ascendenti

Se il tuo ascendente cade in:

♈ **Ariete**: importante mantenere la calma quando Giove sarà contrario al segno da fine maggio. All'inizio dell'estate ci saranno alti e bassi per quanto riguarda l'amore. Competizione spietata sul lavoro, attenzione con Capricorno e Bilancia. Chi si è separato da poco non vorrà vivere subito una nuova storia, un mese più innamorato sarà agosto.

♉ **Toro**: cerca di sistemare i conti in sospeso, dal 5 luglio fino al 20 agosto Marte in transito sull'ascendente ti rende drastico nelle tue scelte. Da settembre sarà più facile eliminare la malinconia che potrebbe essere il tema dominante di questo anno in alcuni mesi; il tuo segno è volubile, il tuo ascendente pragmatico, ogni tanto entri in lotta con te stesso! I disturbi nell'attività lavorativa saranno piano piano superati, anche se non escludo un cambiamento di sede o ufficio.

♊ **Gemelli**: Giove e Marte all'inizio dell'anno toccano il settore del lavoro. C'è più desiderio di fare cose nuove, soprattutto di divertirsi! Più passano i mesi del 2022 e più si allontana la solitudine che ha accompagnato molti Cancro, anche in amore. Venere sull'ascendente può portare emozioni speciali a luglio, anche il ritorno di una buona sensualità.

♋ **Cancro**: fastidiosa la congiunzione di Giove e Marte a giugno. Non bisogna preoccuparsi più di tanto, ma se vedi che un rapporto non funziona più, all'inizio dell'estate potresti fare una scelta drastica. In primavera con Giove attivo nel settore del lavoro non escludo una buona proposta, può tornare la voglia di rimettersi in gioco.

♌ **Leone**: punta su giugno, sarà il mese migliore per fare incontri di un certo peso. Le stelle sono utili in estate per parlare di sentimenti ma anche per riorganizzare l'attività professionale. Molto dipende dalle finanze, dalla situazione personale di partenza. Non bisogna pensare troppo al passato, meglio evitare inutili recriminazioni con un ex. Il tuo orgoglio ferito non permette ritorni di fiamma.

♍ **Vergine**: agli inizi dell'anno l'ansia è molta, la concentrazione sottotono, ma la professione può tornare stimolante subito dopo aprile. La situazione economica è soggetta ad alti e bassi, perché con ogni probabilità da poco sono stati spesi soldi per ristrutturazioni, cambiamenti. Ci sono debiti che si trascinano dall'anno scorso. Il cielo aiuta chi vuole e può avere un figlio.

Ascendenti

♎ Bilancia: c'è fatica nei rapporti interpersonali e ci sarà voglia di chiudere relazioni inutili già a febbraio. È come se ti sentissi tradito. Sei un amante della giustizia e ritieni che alcune persone con te abbiano giocato sporco. Tra i mesi più importanti per riaccendere la passione ci sarà luglio, per i single la diffidenza resta ma si può superare.

♏ Scorpione: anno impegnativo, devi risolvere problemi di famiglia o legali. In amore possibile qualche momento di instabilità all'inizio della primavera, poi si viaggia verso una fase di maggiore tranquillità. Aumenta il desiderio di cambiare gruppo o lavoro, nuovi incarichi possibili tra maggio e giugno, quando potresti anche sviluppare una tua idea.

♐ Sagittario: anno importante per la professione, una bella notizia o qualche soldo in più durante la primavera. Giove torna favorevole all'ascendente, Saturno benefico, i pianeti più lenti sono dalla tua parte. Chi vuole conquistare una persona difficile potrebbe giocare le proprie carte da maggio. Conferme, acquisizioni, gratificazioni, qualche ansia di troppo andrà debellata a luglio.

♑ Capricorno: c'è molta grinta in questo 2022 e bisogna anche ritrovare un po' di tranquillità persa nel corso dell'anno scorso. Utile fare un salto di qualità nel lavoro, c'è chi cambierà tutto, sede, ufficio oppure ha già in mente una buona idea. Troppe spese a giugno. Nella seconda parte dell'anno non bisogna fare passi falsi in questo senso. Un viaggio porterà fortuna a luglio.

♒ Acquario: aumenta il senso di responsabilità, perché Saturno resterà sul tuo ascendente per tutto il 2022. È un anno intenso per la vita di coppia, ma i single non potranno trovare stabilità se frequentano chi è già impegnato o ha avuto un passato difficile. Dunque attenzione ai passi falsi! Ogni scelta andrà ponderata. Incontro speciale nelle prime due settimane di luglio.

♓ Pesci: l'anno favorisce i contatti sociali e le questioni di lavoro. Bisognerà solo evitare di perdere la pazienza in uno dei mesi più pesanti, settembre. Per il resto le stelle sono chiare: è il momento di cambiare tutto, anche strategie professionali. Chi ha un amore importante lo riconferma e la seconda parte dell'anno favorisce convivenze e decisioni per la famiglia.

Leone

Cosa cambia dall'anno scorso

È importante per te accettare le competizioni della vita e soprattutto vincerle! Quando vinci ovviamente sei felice, ma è dopo che iniziano i problemi; mi viene in mente, tanto per fare un esempio, il cantante che ha successo con un brano e spopola nelle classifiche di tutto il mondo; poi è costretto a farne un altro con il timore che non sia all'altezza del primo, che ottenga meno consensi. Anche se sembra che non ti importi nulla del giudizio degli altri (almeno così dici), in realtà la paura di sbagliare o di non essere adeguato potrebbe incupire ideali e prospettive future; per fortuna è difficile che il tuo segno si abbatta, anche con mille dubbi nel cuore accetti sempre nuove competizioni. Non temere, anche se con qualche titubanza iniziale, il 2022 sarà un anno di rinnovate battaglie che affronterai egregiamente. Lo stress, però, sarà alto, infatti anche il 2022 sarà dominato dall'opposizione di Saturno. Non aspettarti una pioggia di consensi ma fai valere le tue opinioni! Tanto è con i fatti che convinci tutti. Certo, dovrai rimboccarti le maniche ma a questo sei abitua-

to! Un consiglio utile per mesi come febbraio? Non avere paura di scendere un gradino sotto le tue aspettative, farai in tempo a risalire! Se in ambito professionale ti è capitato o ti capiterà di sostituire una persona, cerca di non vivere con l'ansia di essere considerato meno del tuo predecessore. Non è un segreto il fatto che tu senta il bisogno di splendere di luce propria e che ti piaccia farti notare. Non ti manca certo intraprendenza e volontà. Solo chi, come te, si propone sempre nuovi obiettivi e cerca di migliorarsi in continuazione, cresce e diventa un riferimento per gli altri. Come un atleta che ha superato un limite e alza l'asticella per fare ancora meglio, anche tu sarai pronto nel 2022 ad accettare nuove sfide; cercherai di farti largo tra tutta una serie di tensioni passate e recenti, problematiche che riguardano anche l'ambiente circostante. Attenzione con i sentimenti; in questo caso evita le competizioni, segui il tuo cuore. L'opposizione di Saturno potrebbe rappresentare la necessità di tagliare alcune amicizie che non valgono, rivedere accordi contrattuali ed economici; sarà un anno in cui potresti anche affrontare cambiamenti radicali nella tua vita, e alcuni mesi saranno particolari come spiegherò nelle prossime pagine. La paura inconscia di non essere all'altezza, non sempre rivelata per timore di essere giudicati deboli, non dovrà mai trasformarsi nel corso dell'anno in agitazione, ansia da prestazione. Nei rapporti sentimentali, soprattutto in quelli di lunga data, sarà bene ritrovare la massima complicità. Dico questo perché sai benissimo che non ti entusiasma l'idea di avere al fianco una persona che dice sempre di fare meglio di te (e magari te lo rinfaccia). Sei generoso, vuoi che chi ti ama risplenda, ma al tempo stesso ti senta indispensabile nella sua vita e per la sua crescita professionale. Sei governato dal Sole, è normale desiderare che tutto ruoti attorno a te!

Un 2022 alla ricerca di novità

Non posso dimenticare il lato romantico e coraggioso dei nati Leone. Per amare questo segno deve avere l'idea che la persona al suo fianco sia un pochino più fragile o da proteggere persino utilizzando metodi forti, un modo di fare paterno con tanto di ramanzina. Grande la pazienza dei nati Leone, ma solo quando amano davvero, sono capaci di perdonare persino chi si comporta in maniera spavalda e supponente. Un Leone innamorato, per dirla con ironia, è pronto a perdonare il partner che non capisce di essere «inferiore» e non ammette che senza il suo appoggio non andrebbe da nessuna parte. Il fatto che il Leone si circondi di persone un po' indecise o, nella migliore delle ipotesi, di devoti che non hanno un ruolo attivo ma sono in attesa del prossimo compito da svolgere, può essere rischioso. Il pericolo, infatti, anche nel tuo 2022, è che il Re Leone si senta solo nel suo ruolo di comando e potere. È l'altra faccia della medaglia. Chissà quante volte ti sarà capitato di essere di aiuto agli altri e di non avere avuto in cambio riconoscenza. Di solito «ti ritiri nelle tue stanze» quando qualcosa non va, ma per fortuna ti riaffacci alla vita con una grande carica di energia e voglia di rivincita. Il nuovo anno ti invita a lavorare ai progetti più importanti, a ricostruire la tua identità anche nell'ambito del lavoro dove a fronte di nuove sfide potresti sentirti particolarmente impegnato e talvolta stanco, lo vedremo assieme.

Aumenta il desiderio di trasgressione

Inati Leone che non hanno una storia fissa da anni già dal 2020 stanno cercando relazioni particolari e addirittura un po' stravaganti. L'opposizione di Saturno può portare, infatti, a desiderare di vivere relazioni persino carpe diem; legami che fino a qualche anno fa non avresti considerato, in questo nuovo anno possono diventare interessanti; chi è solo cercherà, quindi, relazioni divertenti e senza impegno mettendosi alla prova con persone fin dall'inizio poco attendibili. Diverso il discorso per chi si ama da tanto tempo, convive o è sposato: è probabile che in certi mesi dell'anno possa nascere un piccolo conflitto e qui bisogna capire se nella coppia c'è condivisione o competizione. Nel secondo caso già il mese di febbraio potrebbe portare qualche dubbio. Potresti dover fare una scelta! Sei alla ricerca di una passione totale, così romantica e intrepida che forse solo nei testi mitologici potremmo trovare un riferimento ad hoc; mi vengono in mente le storie di Orfeo ed Euridice, Enea e Didone, Apollo e Dafne, Teseo e Arianna. Purtroppo, nella realtà, le relazioni sentimentali spesso non hanno nulla di epico, e le coppie non hanno quasi mai come protagonisti due eroi. E questo ti dispiace! Perché ti piacerebbe che le tue esperienze di vita avessero una connotazione mitica e gloriosa, non solo in amore. Sarà importante, a ogni modo, soprattutto nei rapporti più ossidati. Mettersi a discutere per questioni di soldi potrebbe essere un problema per i separati che dovranno faticare per trovare un accordo. Sotto il profilo finanziario quindi il 2022 segue la linea austera dello scorso anno, e poiché per molti ci saranno cambiamenti che potranno riguardare

lavoro, casa, ufficio, sarà importante gestire il portafogli con moderazione. No agli affari precipitosi, anche gli acquisti saranno da valutare bene.

Rendi la tua vita più eccitante

La dissonanza di Urano spinge a vivere un'esistenza diversa, persino in amore potresti desiderare qualche trasgressione, in realtà è già successo che di recente la routine quotidiana non ti soddisfi, e nel 2022 con ogni probabilità ti stancherai delle vecchie abitudini. Ti invito alla prudenza, a non sprecare energie per situazioni da poco, a non lasciare il certo per l'incerto, per capire meglio il valore delle cose a cui tieni. Hai lavorato duramente, la fatica è stata il tema conduttore della tua vita negli ultimi anni ed è giusto che nel 2022 finalmente ti prenda qualche soddisfazione. Il transito di Saturno nel settore delle relazioni ti farà capire che il lavoro non è tutto, così cercherai di passare più tempo con le persone che ami e sviluppare senza ostacoli le passioni sia in amore sia sul lavoro, costi quello che costi! Ricordo che questo 2022, nonostante le perplessità di Saturno opposto, permetterà di affinare le armi per affrontare un 2023 di grande vantaggio. Giove, infatti, inizia un percorso importante il prossimo anno. Un piccolo assaggio di quello che potrà fare nella tua vita potrà capitare attorno a maggio o giugno, quando ci saranno situazioni fondamentali da verificare. Faranno da trampolino di lancio per grandi iniziative che avranno un respiro biennale. Questi pianeti sono al lavoro per rendere più stabile la tua situazione professionale, anche se hai iniziato già una nuova attività. Sono favoriti i liberi professionisti, ma anche gli studenti che possono ragionare sull'eventualità di cambiare un percorso di studi ed entro il 2023 mettere in pratica quello che hanno imparato. Ecco perché non c'è un attimo da perdere. Messaggio di speranza non solo per i più giovani, ma anche e soprattutto per coloro che insoddisfatti del proprio lavoro vogliono andare avanti senza sosta verso un futuro importante. Per questo non bisogna essere troppo scettici di fronte alle nuove proposte. Il cielo ti vuole bene e tu tornerai a sorridere di certe tue passate diffidenze, mese dopo mese sentirai crescere il coraggio e il desiderio di farti valere. Torni protagonista! Proprio come piace a te; e non ci dimentichiamo dell'amore. Le coppie che possono e vogliono avere un figlio potranno contare su Giove, anche se a fasi alterne per quasi due anni. E visto che ci vogliono nove mesi per averne uno, si potrebbe iniziare a pensarci alla fine del 2022. Fatti avanti, il coraggio non ti mancherà!

Gennaio

Il tuo 2022

 È iniziata la riscossa. Le relazioni sono cambiate, hai accettato un nuovo ruolo, magari anche sostituito una persona e iniziato una nuova era della tua vita professionale con ogni probabilità già dal 2021; i repentini cambiamenti degli ultimi mesi hanno, però, provocato una certa stanchezza, e gennaio presenta ancora problemi da risolvere. Per fortuna hai un grande coraggio e puoi affrontare anche i momenti più difficili sapendo di poterli superare. Guardiamo già da ora con ottimismo alla primavera, in certi casi sarà facile liberarsi di situazioni che non fruttano più nulla. Quelli che sono stati male, che hanno dovuto affrontare periodi di lunga crisi, devono evitare discussioni in questi giorni; Saturno è ancora opposto, pesa soprattutto dal punto di vista economico; alcune scelte devono essere misurate, e se c'è una causa in corso prima di maggio è difficile avere delle risposte. Alcuni contenziosi restano aperti, quindi, gennaio non è un mese che permette di guadagnare tanto; Mercurio e Saturno in opposizione chiedono prudenza attorno al 4, 5 e 19; insomma si parte al rallentatore ma strada facendo si ritroverà una buona grinta.

 La tua attenzione è rivolta quasi esclusivamente alle questioni di lavoro e di denaro, gennaio è un mese neutro per quanto riguarda i sentimenti. Chi deve iniziare un nuovo amore o recuperare un sentimento, avrà stelle interessanti ma non così appassionate. Se si ha in mente un matrimonio, il consolidamento della propria situazione sentimentale o semplicemente si desidera trovare il partner giusto, adesso sarà meglio prendere tempo, potrebbe esserci una scelta decisiva tra fine primavera ed estate. Gennaio non è il mese più passionale dell'anno e proprio per questo anche tu rischi di farti desiderare se sei single o di non concederti del tutto. Se poi c'è una storia che non convince potresti mettere alla prova chi ti sta a fianco, attenzione nella settimana dal 10 al 16 e ancora di più dal 24 al 30. Resta qualche diverbio aperto in famiglia, insomma le polemiche non mancheranno. Basta mantenere la calma e tutto si risolve, progetti per la casa o per i figli vanno rimandati per cause esterne.

 Cielo davvero agitato, troppe le opposizioni planetarie. Ecco perché chiedo di non strafare, se a livello fisico ci sono difficoltà meglio fermarsi, non è escluso che tu voglia chiedere un piccolo aiuto, se non ti senti in perfetta forma; fai tutte le scelte con calma, non farti prendere la mano dall'eccitazione di fare e non appesantire il fegato con una alimentazione sbagliata.

# Febbraio

Le opposizioni planetarie ci sono e calano le aspettative. Se negli ultimi mesi hai sostituito una persona nell'ambito del lavoro, ora non puoi farla rimpiangere, quindi stai lottando per ottenere il massimo. Gennaio è stato un mese di piccoli e grandi contrasti, febbraio addolcisce la pillola, ma non è il caso di accelerare i tempi. È dall'anno scorso che hai dovuto cambiare bruscamente una tua idea, una collaborazione, o magari anche all'interno di uno stesso ambiente hai sofferto, perché ti aspettavi cose che non sono arrivate; adesso puoi pensare a riscattarti ma sempre in vista della primavera inoltrata. A ogni modo febbraio è interessante per i contatti con altre città; attenzione, non esporti troppo, alcune collaborazioni non funzionano subito e potresti sentirti oggetto di qualche critica immotivata. Visto che sei una persona orgogliosa il rischio del periodo è quello di arrabbiarti con tutti, cerca di non farlo! Se devi presentare il conto di una situazione che non ti piace, sarà meglio aspettare mesi più interessanti come maggio e giugno. Mantieni la calma lunedì 21 e martedì 22, le giornate più conflittuali.

 Non leggo in questo cielo una grande passionalità. Forse devi liberare il tuo cuore da qualche situazione complicata vissuta in passato o adesso desideri mettere alla prova qualcuno. Le relazioni di lunga data sono complicate, forse perché mancano stimoli; ci sarebbero anche questioni tra partner che vanno risolte nel giro di poco, i legami con la famiglia di nascita diventano conflittuali nei lunedì del mese. I più giovani rischiano di vivere amori caotici o addirittura clandestini, di nascosto alla famiglia. È come se ti ritrovassi a fronteggiare ogni giorno un conflitto nuovo, confronti che non ti andrebbe di affrontare ma sei costretto ad approfondire; la polemica nasce soprattutto se hai a che fare con persone che non la pensano come te. In casi estremi si impone una scelta drastica. Le settimane in arrivo non sono così coinvolgenti, quindi per pianificare un trasferimento, un cambiamento di casa o un evento sarà meglio farsi due conti o attendere tempi migliori; le coppie che vogliono un figlio, sposarsi o semplicemente convivere, possono iniziare a fare progetti ma in vista della seconda parte dell'anno!

 Miglioramento psicofisico rispetto a gennaio, ma resta una scarsa concentrazione che si evidenzia in giornate particolari, per esempio lunedì 14 e martedì 15; questo avviene per un'opposizione tra Mercurio e Luna che porta qualche disagio in più. La fatica c'è, Saturno è opposto, ma il coraggio non manca, andrà ancora meglio dal 18. Bene se inizi cure o terapie dal 23 al 25.

Marzo

Il tuo 2022

 In attesa del maggio liberatorio cerca di ingoiare qualche rospo. Lo so che per te è difficile ma la pazienza è la virtù dei forti. Alcuni progetti hanno bisogno di essere verificati, collaudati; è probabile che tu debba mettere in conto anche eventuali ritardi; giornate di agitazione profonda sono possibili in questo momento. Se stai facendo qualcosa che non ti piace, probabile che tu voglia chiudere una partita; sono in ritardo le proposte, potresti pensare di mollare tutto oppure di non rinnovare un contratto o magari vuoi di più in termini di soldi. Preparati a qualche braccio di ferro. A marzo potrebbe sembrarti tutto estremamente più difficile da completare oppure ottenere. Poiché hai un carattere piuttosto irruente, attenzione a non dire cose di cui potresti pentirti; in giornate come quelle del 14 e 15 sarà difficile mantenere la diplomazia. A salvare la situazione arriva la posizione del Sole che dal 20 torna attivo; la primavera porta energia! Da fine mese occasioni per ottenere prestigio, chiedere un posto migliore. Dal 18 cambiano le regole del gioco, il 23 e 24 puoi già iniziare a pensare a qualcosa di nuovo, anche il 31 regala più successo.

 Se ci tieni a una storia d'amore, ora dovresti evitare qualsiasi tipo di intemperanza. Basta poco per far scattare la scintilla della polemica. Come andrà l'amore dipende anche dalle condizioni di base del tuo rapporto. Questo è un cielo che lascia libere varie ipotesi; in casi gravi una separazione, magari un ripensamento, in condizioni migliori momenti di disagio e nulla più. Il consiglio è di non agitare troppo le acque, prudenza nei rapporti a cui tieni. I nuovi legami sentimentali nascono in sordina o con persone non proprio trasparenti; così le questioni legali e dispute tra ex potrebbero portare nuovamente qualche scontro, attenzione anche ai colpi bassi. Prendi tempo, se qualcosa non è chiaro rimanda tutto ad aprile o ancora meglio a maggio. Attento a non desiderare una persona che ha un passato nascosto; lealtà e fiducia, ecco le cose di cui avresti bisogno. In questo mese di marzo qualcosa non va per il verso giusto e dovrai discutere un po' troppo per farti valere, supera una sorta di lontananza fisica o psicologica dalla persona che ami; attenzione nelle domeniche e nei lunedì del mese quando il tuo spirito guerriero sarà al top.

 Fai tutto con calma, con Venere e Marte nonché Saturno opposti ci saranno giornate in cui la fatica si farà sentire: il 14, 15, 21 e 22; sembra che tutto sia un po' più complesso da gestire, un momento di stanchezza il 27 e 28. Un lieve malessere articolare. Meglio fare cure preventive; sei una persona coraggiosa ma evita ogni azzardo nei giorni indicati.

 **Aprile**

 Aprile vede ancora Marte in opposizione ma solo fino al 15. Pare che tu abbia lottato parecchio negli ultimi mesi per riuscire a fare le cose che desideravi. In realtà molti hanno avuto problemi per ansia da prestazione, in particolare coloro che hanno sostituito un capo, un collega o che dall'anno scorso hanno iniziato un nuovo lavoro abbandonando quello fatto per anni o trasformando i propri interessi per necessità. È quindi normale che si stiano cercando nuove gratifiche, o semplicemente un po' di pace! Non bisogna perdere di vista le nuove proposte. Infatti la seconda parte del mese sarà migliore: i rapporti con collaboratori e soci potrebbero finalmente essere ricuciti, dal 15 si parla di un progetto che potrebbe partire già da maggio. Non bisogna avere remore nel prendere decisioni anche drastiche, perché il tuo valore non è stato mai messo in discussione; tuttavia alcune situazioni esterne non ti hanno aiutato a esprimere il meglio di te; se non sopporti un capo o un certo tipo di lavoro da maggio qualcosa cambierà, coraggio, stiamo per arrivare a un punto di svolta.

 L'amore non è ancora così passionale come desideri ma quantomeno dal 5 non avremo più Venere contraria. Con la massima prudenza invito le persone che sono rimaste sole per troppo tempo a darsi da fare, incontri piacevoli in vista di maggio. Un'amicizia può diventare qualcosa di più, ricordo per dovere di cronaca che sarà dal 2 maggio che Venere tornerà favorevole e il mese prossimo anche Giove ti darà una mano a risolvere un problema, ecco perché le novità sono dietro l'angolo. Quando le stelle iniziano a essere più gratificanti diventa più semplice gestire un sentimento. Cause e questioni legali tra ex possono concludersi, accettando un buon compromesso per entrambi; se la tua relazione dopo tanti tormenti è ancora in piedi devo dire che è davvero forte. I single molto presto avranno la sensazione di essere finalmente approdati in una baia riparata dal vento. Dall'1 all'11 incontri e conoscenze spiccano, c'è anche la possibilità per chi si vuole bene di fare progetti lungimiranti.

 Ora c'è più capacità di azione, Sole e Mercurio in aspetto buono garantiscono nelle prime giornate del mese, fino al 10, una maggiore energia; quindi la prima parte di aprile è eccellente anche per iniziare cure e terapie. Se, come credo, nel corso dei primi mesi dell'anno sei stato un po' troppo giù di corda, ora puoi contare su importanti eventi, emozioni, c'è più vitalità e voglia di fare.

Maggio

 Questo mese segna un cambiamento rispetto al passato. Abbiamo stelle promettenti: Venere dal 2 torna attiva, Giove dal 10 inizia un transito interessante per il tuo segno zodiacale, il Sole rafforza i tuoi intenti da sabato 21 e Marte dal 24 porta coraggio e capacità di azione. Se di questi tempi l'anno scorso hai dovuto accettare un compromesso o un cambiamento netto nella tua attività, ora finalmente ti rendi conto di non avere sbagliato. Sei una persona molto competitiva e quindi resta sempre qualche livore o ripensamento, la preoccupazione di non farcela o di essere sottovalutato (anche se dici di non ascoltare le critiche contro di te). Ma per fortuna queste sensazioni negative sono a margine, maggio inizia a dare le prime buone novità. Lo capiranno presto coloro che hanno un'attività in proprio; accetta nuove proposte, riconferma un accordo. Anche dal punto di vista legale e finanziario le baruffe iniziate un paio di anni fa possono avere fine, nonostante con Saturno opposto sia sempre un momento un po' complesso per le finanze. Nuovi accordi positivi.

 Sul piano sentimentale maggio segna un deciso recupero, coloro che sono soli da tanto hanno una grande voglia di recuperare il tempo perduto. Novità possono riguardare anche l'abitazione e il patrimonio famigliare. Le coppie che hanno resistito alle intemperanze dei primi mesi dell'anno si rafforzano. Chi è solo può trovare l'altra metà della mela o iniziare un rapporto divertente. Vero che hai molto da fare in questo periodo per quanto riguarda il lavoro, ma questo non toglierà tempo all'amore; quando ti senti attivo, socialmente vincente, riesci ad amare al meglio, perché ti senti più sicuro. Le buone stelle di maggio aiutano coloro che possono e vogliono avere un figlio o dopo tanti mesi decidono di sposarsi o convivere. Con Venere e Giove favorevoli la seconda metà del mese permette di esercitare un fascino particolare sulle persone che ti circondano, e saranno proprio alcune giornate come quelle del 17, 25 e 26 a portare un po' più di sicurezza nel tuo cuore e un incontro fatale (fatti notare e non giocare in difesa mettendo alla prova chi ti piace). Chi chiude una storia in questo periodo lo fa convinto di quello che desidera e quindi non soffrirà, inoltre potrebbe già avere un nuovo amore in arrivo.

 Ecco il primo mese di recupero dagli inizi dell'anno, Giove comincia un transito valido che permette una ripresa psicofisica notevole; sarà che si parla un po' più di te, sarà che anche per lavoro e amore ci sono meno intolleranze, fatto sta che mentalmente sei più forte; con Marte favorevole dal 24 si possono riprendere le attività sportive, ritrovare una buona tranquillità e prendersi cura di sé.

 **Giugno**

 Giove e Marte in aspetto eccellente, primi indizi di forza, riconferme, accordi possibili. Come al solito gioca un ruolo fondamentale la tua volontà. Chi è rimasto fermo da molti anni può usufruire di qualche novità, compatibilmente con l'età e il proprio raggio di azione. Saturno opposto dà meno fastidio rispetto all'anno scorso, perché alcuni cambiamenti legati al 2021 ormai sono digeriti e accettati. Ti muovi meglio in nuovi settori rispetto al passato. Piove sul bagnato nel caso in cui tu abbia già una carriera avviata e un buon curriculum. Alcune giornate potrebbero portare indizi di fortuna, sono quelle del 9, 10, 13 e 14. In un cielo così importante si legge la possibilità di gratificare la propria ambizione. Le persone che da anni sono in attesa di una chiamata o un miglioramento lavorativo hanno qualcosa di più in termini di speranza. Addirittura, contrariamente alla crisi nel periodo, si guadagnerà qualcosina in più; Giove favorevole aiuta a dipanare la matassa di cause e questioni legali, se hai diritto a un rimborso finalmente si sblocca.

 L'ondata di novità, forza e benessere riguarda le questioni di carattere pratico e lavorativo. In amore invece può tornare qualche attimo di indecisione. Se per paura o diffidenza cerchi di importi, rischi di rovinare un rapporto sentimentale; alcune giornate possono essere più complicate come quelle di sabato 11, domenica 12, venerdì 24 e sabato 25. Non è necessario prevaricare per avere successo in amore, anzi, di solito chi alza la voce mostra solo le proprie fragilità. Basta parlare in modo chiaro, prudente per evitare qualche discussione di troppo; se poi devi fare una scelta fra due storie aspetta la fine del mese prima di decidere. Le giornate successive al 23 facilitano i legami tra innamorati. Anche se non ci sono più le ostilità di inizio anno, i transiti sconsigliano avventure extra che potrebbero portare più confusione; i più giovani vivranno piccole insoddisfazioni dovute più che altro a momenti di forte gelosia o lontananza; sarà importante tentare un recupero se verifichi queste problematiche dopo il 2.

 È un oroscopo di ritrovata energia anche perché con Giove e Marte torna una buona carica. Si rafforza quindi la resistenza fisica, si cura con efficacia ogni problema. Tu, però, non prendere di petto tutto, da qualche tempo ti capita di agitarti troppo, di alzare la voce; rischi di farti del male da solo. L'ultima settimana del mese dovrebbe essere vissuta regalandoti distrazioni e relax, bene lunedì 27 e martedì 28.

Luglio

Il tuo 2022

 Giove continua un transito molto interessante. Tante tue scelte, decisioni e cambiamenti si definiscono in questi giorni. È già da maggio che si sta muovendo qualcosa nell'ambito lavorativo, un'impresa, un'occupazione o un programma, iniziati quasi per gioco o per scommessa l'anno scorso, potranno essere riconfermati. Ecco un mese fatto apposta per accettare incarichi, muoversi, persino fare richieste, sempre con attenzione alle proprie tasche, perché da questo punto di vista ci sono ancora piccole perplessità. Con un oroscopo così importante è difficile non accettare un nuovo ruolo, il coraggio aumenta quando Mercurio sarà nel tuo segno a partire dal 19. L'unica cosa che può fermare l'evoluzione di questo cielo è l'indifferenza, il pessimismo, ma di solito sei noto a tutti per la tua capacità di azione e il tuo ottimismo. C'è qualcosa di buono per chi deve passare un esame. I ragazzi che devono affrontare una prova saranno più forti. Se ti propongono di cambiare sede, ruolo o di trasferirti, pensaci, a volte i cambiamenti portano soddisfazioni impensate e prove di coraggio che rafforzano l'autostima.

 Via libera per le coppie che hanno discusso un po' troppo il mese scorso, con un cielo così è difficile sbagliare. Venere sarà intrigante fino al 18. Nelle coppie in crisi sarà più facile trovare una soluzione a vecchi problemi. Persino una chiusura equivale a una liberazione e non fa stare male. Il calore di vecchi amici è fondamentale per aumentare la fiducia nel tuo fascino. Pensa positivo! Luglio mese dei grandi incontri per chi è solo. È giusto aspettarsi molto dagli altri, ma chiediti anche che cosa puoi dare tu in un legame sentimentale. Non idealizzare troppo l'idea di chi desideri, altrimenti rischi di perdere tempo cercando utopie. Evita di mettere sul piedistallo una persona, come hai fatto in passato, salvo poi pentirti. Le opportunità di fare un incontro emozionante sono numerose nella prima parte di luglio. Agosto, lo anticipo, permette di confermare i sentimenti che nascono in questi giorni; hai bisogno di concretezza, di lealtà; luglio e agosto sono mesi di rinascita. L'amore può nascere all'improvviso nelle situazioni più impensate e anche in ambienti nuovi, bene nelle giornate dell'11, 12 e 19; Mercurio nel segno facilita gli incontri proprio dopo il 19.

 Continua l'ondata di buona energia, le persone che per anni hanno sofferto di un problema staranno meglio, si può imboccare la cura giusta. È dall'anno scorso che stai affrontando trasformazioni radicali, quindi è normale che tu sia un po' spossato, persino a disagio. Consulta esperti se hai problemi; contatti con altre città, dopo il 19 c'è una bella energia, tutta da sfruttare.

# Agosto

 Hai sempre l'impressione che tutto sia molto faticoso e nulla ti venga regalato; per fortuna sei abituato a lottare, agosto è un mese che porta momenti di dubbio poiché Marte e Urano sono tuttora in aspetto conflittuale assieme a Saturno. In realtà c'è un ulteriore cambiamento in corso, già dal 2021 hai dovuto affrontare una sorta di trasformazione totale della tua attività. Questo comporta una lotta che ancora non si è fermata. È possibile l'annuncio di una nuova situazione, che sempre porta con sé tanta serenità ma anche un grande impegno. Attenzione con il denaro perché agosto è un mese che costa qualcosa in più. Se devi fare una scelta tra due situazioni, proposte o imprese aspetta il 22 prima di decidere. Il Sole in transito nel tuo segno regala la grinta giusta per superare piccoli problemi. Chi ha chiuso contratti o collaborazioni per colpa di Saturno opposto negli ultimi mesi, ora potrà contare su eventi nuovi. È incredibile la tua capacità di trasformazione, una metamorfosi continua che alla fine porterà le giuste soddisfazioni; in un quadro del genere il lavoro o lo svolgere attività part-time alla fine porteranno risultati brillanti; una buona idea o notizia potrebbe anche arrivare a Ferragosto.

 Venere sta per entrare nel tuo segno, arriva l'11; nuove occasioni per fare conoscenze speciali. Se già è in corso una storia, è possibile che si rafforzi ancora di più; in un clima così variegato nascono anche relazioni extraconiugali, ma solo se non si è capiti dal partner ufficiale; addirittura c'è chi si sente indeciso tra due storie. Questo non è un momento in cui bisogna restare fermi. Il pianeta della passione porta riscontri immediati a chi sta cercando sul serio l'amore. I nuovi sentimenti che nascono in questo mese promettono una partenza solida e rassicurante. Il consiglio che devo darti è quello di non importi, di non mettere subito alla prova la persona che ti interessa, rischi di spaventarla; quando ti metti di impegno diventi tanto esigente. Molta attenzione ai nuovi incontri! Le giornate migliori del mese sono quelle di domenica 14, lunedì 15 (Ferragosto di fuoco con risveglio dell'eros per i più passionali), bene anche 25 e 26. Addirittura c'è chi avrà l'imbarazzo della scelta, oppure farà un incontro emozionante persino dopo una separazione. Devi esporti alle novità se il cuore è solo da troppo tempo!

 Marte contrario fino al 20 consiglia di non strafare. È vero che questo in generale è un cielo di recupero, ma è probabile che in questi giorni tu debba affrontare troppe situazioni assieme e non solo di lavoro; puoi farcela! Attenzione a non stancarti l'11, il 12 e il 18; la fine del mese promette meglio.

Settembre

Si parte bene, Marte non è più contrario, Venere nel tuo segno zodiacale fino al 5. Progetti recenti e chiamate sono confermate da buone stelle. C'è però tensione per colpa del lavoro, forse per una decisione da prendere, ma alla fine riesci a superare qualsiasi prova; anche se il 2022 fino a oggi si è rivelato un anno faticoso, ciò ti ha giovato! Ora sei una persona più forte, si aprono altre strade perché hai avuto la capacità e il coraggio di accettare nuovi ruoli e prove che altri non sarebbero stati in grado di affrontare. Non saranno pochi i nati Leone che vorranno mettersi in gioco oppure che dovranno spostarsi, se già non l'hanno fatto, per continuare un'attività; sono utili le collaborazioni in altre città, spostamenti favoriti. I più giovani sono più forti, pronti a cogliere le occasioni; forse saranno solamente costretti a cambiare spesso occupazione, gruppo o datore di lavoro, ma non mancherà una certa continuità anche in questo tipo di esperienze part-time perché si susseguiranno. Coloro che stanno attendendo rimborsi, somme di denaro o anticipi dal 23 ci sono possibilità di recupero.

Le storie nate ad agosto possono continuare. Tu cerchi l'ammirazione completa, spesso metti alla prova il partner che deve dimostrarti giornalmente quanto tu sia importante. Non esagerare! Non metterti in competizione con la persona che ami, sarebbe deleterio per entrambi. Piccoli screzi, nulla di cui preoccuparsi, possono capitare in giornate particolari come quella di giovedì 8 e mercoledì 14. Le coppie che da tempo stanno cercando di portare avanti un progetto, un lavoro da fare insieme ora saranno più favorite. Questo è un periodo che ti permette di fare un po' quello che desideri in amore, perché sei di nuovo al centro dell'attenzione e hai un fascino eccezionale; torna la capacità, quindi, di programmare il futuro, con il partner giusto si può fare, anche pensieri concreti riguardanti la casa o i figli tornano di attualità. Sei single? Cerca di dedicare tempo ai sentimenti. No alle polemiche dal 24 al 31, l'unica settimana di ottobre che lascia a desiderare, potresti anche perdere la pazienza e non per colpa tua.

È un mese di risorse, non fosse altro perché Marte non è più contrario. Ecco perché sono propenso a credere che sia di totale recupero anche dal punto di vista fisico. Mercurio offre i suoi servizi portando stimoli nuovi. Le ultime giornate del mese sono più interessanti per risolvere un piccolo problema personale, lunedì 26 o martedì 27 bene prenotare la visita con uno specialista se c'è qualcosa che non va.

# Leone

Ottobre

 A ottobre puoi fare molto per impostare le novità del prossimo anno. Ci sono riconferme in vista, hai la capacità di concludere le iniziative intraprese da qualche mese in maniera positiva; tutti coloro che hanno vissuto un fermo più o meno importante potranno recuperare, ancora di più dal 10. Il risultato finale può essere più o meno valido a seconda delle tue capacità, della tua età e preparazione, ma non si discute il fatto che tu sia tornato in pista e che possa ottenere più di quanto immagini. Sarà opportuno ascoltare le proposte in arrivo e muoversi di conseguenza. Quando il nostro oroscopo è favorevole non bisogna aspettare che le cose cadano dal cielo; giornate in cui si potrebbero definire meglio le strategie sono lunedì 10, venerdì 14, martedì 18 e mercoledì 19. Ancora una volta dovrei parlare di fortuna intesa soprattutto come possibilità di cogliere al volo le occasioni, anche cercandole in altri ambienti, diversi da quelli frequentati fino a oggi.

 È un oroscopo interessante quello di ottobre per l'amore. Venere è ok fino al 23. Ancora incontri favoriti, le storie che nascono adesso sono stuzzicanti. Cuori solitari datevi da fare perché le emozioni cotte e mangiate sono premiate da questo cielo. Se c'è stata una disputa nel passato affrontala, nelle prime tre settimane di ottobre puoi avere ragione o inchiodare qualcuno alle sue responsabilità; restano un pochino ostili invece le ultime giornate del mese, ma questo non vale esclusivamente per l'amore, anche il lavoro e le tue condizioni fisiche in generale potrebbero calare dal 23. Massima cautela nelle giornate del 25 e 26 che secondo le stelle sono leggermente conflittuali persino per le coppie che stanno bene assieme da tempo. Capita, ogni tanto, di perdere la pazienza per motivi banali. Se una storia non ti convince a fine mese metti in chiaro le cose, a te non la si fa! Ma cerca di non arrabbiarti troppo.

 Le stelle di ottobre nel complesso sono valide ma la settimana che va dal 24 al 31 deve essere gestita con un po' di attenzione. Restano piccole polemiche aperte, potresti ritrovarti ad alzare la voce anche non volendo, non esporti a rischi in particolare tra lunedì 24 e giovedì 27. Fai una vita più rilassata e serena, e cerca anche di controllarti a tavola. Qualche disturbo digestivo o di altro genere infastidisce attorno al 26; adotta una dieta leggera e se necessario elimina l'alcol.

Novembre

Il tuo 2022

 Sei tra i segni più favoriti nella corsa al successo anche perché da marzo del prossimo anno Saturno non sarà più contrario. Punta già ora sulle situazioni che ti interessano e se hai la preparazione giusta comincia a pensare a qualcosa di importante per il futuro. Ovviamente non si può pretendere di raggiungere l'impossibile in tempi brevi. Chi inizia adesso a lavorare o a studiare un nuovo progetto o programma, deve dare tempo al tempo. Inoltre fino al 16 novembre ci sarà una sorta di ansia da prestazione; qualche discussione ricorre nei giorni 1, 2, 7 e 8 e forse ti senti troppo stanco. I guadagni sono in fluttuazione. Se vedi che qualcosa non va temporeggia, novembre cambia atteggiamento nei tuoi confronti dopo la prima metà; così dal 16 tornano stelle vincenti con Venere e poi anche Mercurio e il Sole favorevoli. Alcuni rapporti potrebbero arrivare al limite della sopportazione, in casi estremi ti liberi di un peso o vendi, ti disfi di qualcosa che non ti serve più o costa troppo mantenere. L'attività sarà intensa e ci sono buone prospettive in vista: dal 23 al 25 può arrivare una buona notizia se hai fatto richieste nel passato. Le intuizioni valgono oro. Novembre inizia in maniera faticosa ma promette una sorpresa alla fine.

 È un cielo un po' complicato per l'amore, le relazioni sono sottoposte a stress con il picco nel periodo che va da sabato 5 a martedì 8. Le coppie che stanno litigando in continuazione si fermino in tempo, perché in caso di decisioni estreme sarà difficile tornare sui propri passi. Sono stelle che invitano alla prudenza, in casi eccezionali produrranno un dentro o fuori definitivo. È possibile anche lasciare una storia che non funziona a favore di un'altra che diventa di riferimento. Molte situazioni si chiariranno dopo il 16, come per il lavoro anche per l'amore l'oroscopo torna a essere migliore nella seconda parte del mese; può anche darsi che una persona si allontani da te per motivi di lavoro o di altro genere agli inizi di novembre, ma entro la fine di questo mese tutto sarà più chiaro. Meglio evitare, comunque, rapporti con persone complicate o troppo difficili da raggiungere perché vivono in altre città o sono un po' troppo folli per i tuoi gusti. La sessualità è in gran forma dal 16, il mese si chiude in grande stile per coloro che sono soli e vogliono impegnarsi in situazioni part-time.

 Novembre inizia in maniera faticosa, in certi giorni sentirai mancare l'energia, sconsiglio azzardi nella settimana dal 7 al 13. Diversa la situazione della fine di novembre, arriva un elemento di benessere in più segnalato dal transito di Mercurio attivo dal 16, il Sole dal 22 premia. Qualcosa si risolve tra il 24 e il 25, favorite le cure che partono in questi giorni.

Dicembre

 Ci sono buone speranze per il prossimo anno, da marzo 2023 Saturno non sarà più contrario. Hai dovuto cambiare molte cose nella tua vita lavorativa negli ultimi due anni, ma ora dovresti trovarti in una condizione più stabile, interessante e con buone prospettive in vista. La situazione torna vivace ed è possibile dare un importante impulso alle iniziative in comune con altri. Risposte per questioni legali. Entro pochi mesi ci saranno belle novità. È come se nel corso delle ultime settimane si fosse chiuso un capitolo impegnativo ma anche glorioso della tua vita. L'ambizione, la volontà di riuscita sono premiate. Dal punto di vista economico ancora non c'è il benessere che vorresti ma va meglio. La strada del successo è tracciata e, a seconda delle proprie capacità e caratteristiche di base, si potrà avere poco o molto. Bisogna essere tempestivi nelle scelte professionali e fare richieste o proposte agli inizi di dicembre per ottenere qualcosa entro primavera 2023. Quando la situazione si muove in positivo bisogna essere pronti a cogliere al volo le occasioni! Giornate significative per coloro che hanno un'attività in proprio quelle di venerdì 2, sabato 3, mercoledì 7, giovedì 8, lunedì 12. Valide anche per proporti!

 Se nel corso degli ultimi sei mesi non hai avuto incontri, devi chiederti se stai un po' troppo sulle tue. Anche se non se ne rende conto il Leone talvolta sale sul piedistallo e giudica senza mezze misure chi lo circonda; ma se si cerca la perfezione in questo mondo, è difficile trovare qualcuno degno di amarti; sei una persona speciale, ma guai a ritenersi unici o al di sopra di tutti. Gli amori nati alla fine di novembre continuano bene, Venere sarà favorevole fino a sabato 10. Due storie non possono convivere, se hai fatto confusione in passato sarà il caso di decidere da che parte stare! Il disegno del cielo è quello di farti felice, per questo sono possibili emozioni improvvise; e per gli innamorati che hanno affrontato da ottobre due mesi di ritardi nella realizzazione di progetti, matrimoni, nascite o convivenze sono ora programmabili. Le sensazioni che provi a fine 2021 sono positive; hai dovuto lottare, attuare grandi cambiamenti e affrontare sfide eccezionali, ma tutto questo alla fine premia il tuo coraggio!

 Ancora un cielo utile quello di dicembre: a farti coraggio, a darti forza Giove dal 20 torna favorevole. Marte in buon aspetto, entro poche settimane Saturno non sarà più contrario. Fase di rigenerazione, cerca di lasciarti scivolare le cose addosso. Questo aiuta a stare meglio. Natale sottotono ma a Capodanno si recupera. Bene il 3 e 4 se vuoi iniziare qualche cura o terapia volta al benessere.

Ascendenti

Se il tuo ascendente cade in:

♈ **Ariete**: sei pieno di speranza e vitalità perché governato da segni di fuoco. Non perdi mai l'ottimismo e questo è fondamentale; con Giove e Marte favorevoli a giugno si può rilanciare una bella idea! Non dimenticarti dell'amore! Concediti il lusso di vivere qualche emozione importante durante la primavera. A livello economico, però, un po' di prudenza sarà opportuna alla fine di maggio.

♉ **Toro**: devi farti due conti! La colpa non è tanto tua quanto del solito Saturno che dall'anno scorso insidia l'ascendente. Così, il lavoro che hai appena iniziato potrebbe non essere nelle tue corde o rivelarsi meno remunerativo di quanto ti aspettavi. Cura i rapporti di lavoro part-time alla fine di aprile. In amore sollevare un polverone non è la cosa migliore da fare a marzo.

♊ **Gemelli**: Saturno e Giove favorevoli aiutano a recuperare forza tra giugno e luglio. Il nuovo anno rimette in gioco la tua capacità di fare e riprendere contatti che saranno essenziali per il tuo lavoro. C'è da ricostruire e in certi casi ripartire da zero. Per fortuna non ti manca la vitalità, sei una persona molto brillante! Anche l'amore può riservare sorprese a luglio!

♋ **Cancro**: devi tenerti lontano dalle polemiche che possono nascere in maniera spontanea a giugno. Ora non dico che tutte le coppie stiano vivendo difficoltà insormontabili, ma è probabile che in questo nuovo anno ci sia da rivedere qualcosa. Spese eccessive, una casa che costa troppo: penso anche a quelli che sono andati a vivere insieme o stanno per farlo; bisogna farsi aiutare, magari da un parente. Luglio porta più serenità.

♌ **Leone**: l'ottimismo non manca! Certo non è facile accontentarti, torni al centro dell'attenzione delle stelle tra maggio e giugno. Ancora un po' di cautela con le finanze per colpa di Saturno contro. Non è l'anno in cui si diventa ricchi, ma ci saranno le opportunità per fare incontri di un certo peso nei primi giorni di luglio. E se cerchi l'amore, dall'11 agosto Venere diventa complice e foriera di buone novità.

♍ **Vergine**: meglio lasciar passare i primi mesi dell'anno, gennaio e febbraio portano dubbi. Il tuo ascendente regala un'ottima capacità di azione. Ecco perché, anche se ci saranno dei mesi un po' più complicati da gestire a livello economico, come giugno, alla fine si riuscirà a equilibrare entrate e uscite. Se c'è qualcosa che non va, meglio discuterne da maggio in poi quando Giove sarà attivo.

Ascendenti

♎ Bilancia: all'inizio dell'anno Venere contraria all'ascendente porta qualche dubbio al cuore. L'amore potrebbe tornare a essere polemico; il vero problema è stabilire cosa conti di più! Per le coppie che si vogliono bene, da maggio arriva il momento giusto per mettere in atto buoni progetti. Quest'anno potresti pensare di spendere di più per il tuo benessere, un'operazione estetica; un pizzico di vanità non guasta, ci tieni molto ad apparire al meglio!

♏ Scorpione: evita scontri a marzo, il mese più agitato dal punto di vista amoroso. Non riesci a dimenticare le persone che ti hanno fatto del male e questo occupa la mente di pensieri negativi. Il nuovo anno ti propone di fare un grande salto verso il futuro e vivere solo di positività! Andrebbero rivisti alcuni conti; non permettere che le abitudini e un eccesso di critica possano turbare i rapporti con le persone che ami di più.

♐ Sagittario: pare che tu abbia una gran voglia di recuperare il tempo perduto, da questo punto di vista devo dire che giugno sarà davvero interessante. Rispetto all'anno scorso ci sono meno difficoltà in vista, se hai qualche problema da risolvere non avere paura, arrivano soluzioni. In amore possibili novità già dagli inizi dell'estate, hai una grande carica di vitalità.

♑ Capricorno: alcuni nodi in questo nuovo anno arriveranno al pettine; ci sarà chi deve pensare a un nuovo ufficio, a un cambio di residenza. Se cerchi emozioni importanti non escludo che aprile porti qualche sorpresa. Affidati al tuo intuito in amore, ma evita di costruire castelli su infatuazioni passeggere. Sfrutta il tuo ascendente che ti riporta con i piedi per terra. Il Leone ogni tanto perde di vista la realtà dei fatti!

♒ Acquario: marzo sarà agitato, perché Venere e Marte assieme a Saturno toccheranno l'ascendente e si opporranno al Sole natale. Non forzare la mano al destino! Se certi percorsi si interrompono non è un caso, gli inizi della primavera propongono uno stacco con il passato. In realtà dovresti stare attento ed evitare conflitti anche in amore. Giugno mese rivelatore.

♓ Pesci: per le persone che hanno un'attività in proprio tra maggio e giugno è possibile guadagnare di più. Compravendite favorite agli inizi della primavera. C'è chi deve dimenticare un triste trascorso, recuperare un buon equilibrio interiore in amore; un figlio, la casa, la gestione dei soldi, questi i temi dominanti dell'anno. Contrasti da risolvere in famiglia prima dell'estate.

Vergine

Cosa cambia dall'anno scorso

*I*n questo nuovo anno sarebbe opportuno liberarsi di alcuni pesi, anche divertirsi un po', se occorre. So che per te il dovere viene prima di tutto il resto, ed è forse proprio per questo che nel corso degli ultimi due anni non ti sei fermato un attimo, hai dato prova di grande stabilità, nonostante tutto quello che è successo nella tua vita e nel mondo. La tua mente è esausta. Hai raggiunto grandi obiettivi, i più forti hanno avuto anche novità nel lavoro o eventi importanti in famiglia, ma la mente ha bisogno di una pausa! Ricordo spesso quando sono in televisione, giusto per fare un esempio, che quando la Vergine si separa soffre soprattutto perché si lambicca il cervello per mesi nel tentativo di capire il motivo per cui sia finita la storia, non tanto per la perdita del benamato. La riflessione e la logica sono le armi migliori di questo segno ma solo per il lavoro, purtroppo in amore non sempre «due

più due fa quattro». Mercurio domina il segno e porta con sé la necessità di esprimersi, comunicare, parlare a ogni costo, ma in maniera diversa da quella dei Gemelli, anch'essi governati dallo stesso pianeta. Vuoi andare a fondo, capire il perché di tutto e in questo si nota la tua eccezionale capacità critica che, però, non dovrà rappresentare un limite alla tua espansione, non perderti nei particolari. Se ti capiterà di ascoltare qualche pettegolezzo non lo ripeterai ma lo ascolterai volentieri, è noto che la Vergine sa i fatti di tutti ma nessuno o quasi sa i fatti suoi.

La tua ambizione sarà premiata

È molto importante far valere le tue ambizioni, stai bene quando il tuo lavoro funziona, quando quello che fai può essere di aiuto agli altri. Ti sarai accorto che quando una persona ti propone un problema, la logica del ragionamento e la tua sapienza ti permettono di dare subito un buon consiglio. Come se ti trovassi di fronte a una scacchiera e dovessi fare la mossa vincente per arrivare a dichiarare scacco matto. Il 2022 appare, però, lento nel suo inizio e probabilmente anche ripetitivo in ciò che propone. E qui inizieranno i primi musi lunghi, perché se è vero che la reiterazione di un lavoro o delle proprie scelte regala un'apparente sicurezza, in realtà è altrettanto vero che fare sempre le solite cose alla lunga ti stanca. Sei governato da Mercurio, il pianeta della curiosità, del contatto e della comunicazione, questo ti porta a non accontentarti mai, a desiderare sempre nuove emozioni. Ed ecco che Giove in opposizione all'inizio dell'anno potrebbe sollevare un problema importante, una scelta tra ciò che è necessario fare e ciò che vorresti fare: così paradossalmente quello che hai desiderato per anni potrebbe non piacerti più e crescerà, in primavera, una grande voglia di metterti in gioco magari anche in situazioni potenzialmente rischiose, o magari sarà il destino a toglierti un incarico e a portartene uno nuovo entro giugno.

In vena di follie

Le stelle del 2022 riportano alla luce la grande emotività che possiedi ma di frequente tieni chiusa dentro di te, quella che soprattutto gli uomini del segno cercano di non fare trapelare. Questi ultimi infatti troppo spesso si sforzano di essere moderati nelle proprie reazioni, salvo esplodere di rabbia quando raggiungono il colmo dell'insofferenza. La donna del segno è un tipo realista, pensa e pretende di mettere in ordine il mondo, circondandosi, sovente, di persone inaffidabili per destino o addirittura per scelta. Vi sarete chieste più volte: «Come mai mi ritrovo ad avere a che fare con partner che sono il mio esatto contrario?». Secondo l'oroscopo una spiegazione esiste: la Vergine è attratta dal suo opposto al punto di provare sentimenti profondi proprio per persone difficili da frequentare e avventate. La Vergine ama l'ordine ma è attratta dal caos, è pudìca nell'esprimere i propri sentimenti, ma resta inesorabilmente coinvolta da persone molto esplicite anche sotto il profilo sessuale. Forse per redimerle o sbarazzarsi di qualche pregiudizio? Oppure per vivere quello che la Vergine non si concede nella vita? Ah, saperlo! Per i cuori solitari a ogni modo il 2022 porta attrazioni fatali; anche con persone conosciute da poco. C'è da dire che i prossimi dodici mesi non consigliano di lasciare il certo per l'incerto. Quindi, soprattutto per chi è sposato o convivente, prima di buttare tutto all'aria meglio pensarci bene.

Accordi e contratti da rivedere

Un punto importante del 2022 sarà rappresentato dal lavoro: come ho spiegato prima è probabile che, nonostante la grande difficoltà degli ultimi due anni, tu abbia tenuto testa a mille problemi diversi. Adesso sarà indispensabile evitare passi falsi. E non escludo che se hai un'attività in cui ti sei sentito messo da parte, tu possa chiedere il giusto riscatto, a rischio anche di mettere in discussione una tua futura collaborazione. Infatti il 2022 è l'anno dei contratti che potranno essere modificati alla luce di fatti che cambiano le regole del gioco o di particolari esigenze. Proprio tu, infatti, dopo un inizio di anno interessante, a metà del 2022 potresti piantare una grana se certe cose non ti vanno a genio oppure porre un ultimatum: «Se mi volete sono così, se no me ne vado». Un contesto di forte tensione che potrebbe essere accentuata appunto tra la fine di maggio e l'inizio di giugno. È come se il 2022 portasse a termine tutte le situazioni compromettenti, difficili da gestire o inaffidabili: per coloro che lavorano in un ufficio, per esempio, potrebbe verificarsi un cambio di ruolo; per i liberi professionisti la possibilità di lavorare part-time, attraverso incarichi mordi e fuggi e di discutere molto prima di una riconferma a giugno. Gli studenti dovranno prepararsi piuttosto bene onde evitare proble-

Vergine

mi, soprattutto verso la parte centrale dell'anno. D'altro canto sarà possibile nei prossimi dodici mesi approfondire la propria cultura, iniziare a occuparsi di cose diverse rispetto al passato. Per non perdere il proprio equilibrio sarà utile cercare di non favorire accordi finanziari spericolati. Sai bene che quando ci sono pochi soldi oppure non senti di avere le spalle coperte, anche i rapporti attorno a te si deteriorano; questo perché appartieni a un segno di terra e non accetti di vivere nella precarietà. C'è chi pensa che tu sia un pochino troppo parsimonioso, in realtà desideri solo preservare il tuo futuro e quello delle persone che ami. Detesti ogni tipo di spreco. Puoi concederti qualche lusso solo se hai le tasche piene di soldi, e anche in questo caso ogni volta che spenderai per acquistare qualcosa di apparentemente superfluo ti sentirai leggermente in colpa. Una curiosità: tra i Vergine purosangue ci sono i più appassionati difensori della raccolta differenziata ma anche quelli che in casa, a meno che non ci sia qualcuno che lo faccia al posto loro, stanno ore a spazzare, disinfettare e pulire per ottenere il massimo dell'igiene.

No ai passi falsi!

Ribadisco il concetto che soprattutto all'inizio dell'anno non bisognerà agire con fretta, vai avanti per la tua strada anche se un risultato non sarà proprio come te lo aspetti. Se non sei convinto di una cosa non farla, piuttosto che sbagliare è meglio fermarsi. Tornano protagoniste le vicende famigliari, attenzione a qualche parente o ex che potrebbe crearti fastidi, cautela anche per quanto riguarda le questioni legali o dispute che potrebbero nascere per delle collaborazioni lavorative. Il momento più teso è a metà anno come leggerai nelle prossime pagine: alcune sfide saranno inevitabili, così anche una tua scelta sarà necessaria, potresti abbandonare una situazione che non ti piace più o mettere alle corde qualcuno. Una cosa interessante, se hai una persona al tuo fianco con cui è possibile portare avanti un progetto di lavoro, ci sarà l'opportunità per completarlo; infatti le associazioni nuove saranno favorite. Le questioni finanziarie andranno gestite con attenzione, altrimenti si rischierà di perdere soldi. Se devi fare un acquisto prendi bene tutte le informazioni utili nei mesi che ti indicherò nelle prossime pagine, un minimo di cautela sarà necessaria. In casi eccezionali e solo per le coppie che hanno avuto grossi problemi negli ultimi anni, ci sarà uno stop e non si tornerà sui propri passi. Per fortuna avrai sempre una bella energia da sfruttare.

Gennaio

 Non fare azzardi, in questi primi mesi dell'anno sarebbe il caso semplicemente di completare gli impegni già presenti nel 2021, senza fare nulla di nuovo. Anzi, discutere per il rinnovo di alcuni contratti potrebbe essere eccessivamente prematuro, alcuni discorsi saranno ripresi tra maggio e giugno. Certi cambiamenti nella professione erano nell'aria da tempo… per coloro che hanno un'attività fissa, stabile, non ci sono dubbi, gennaio e febbraio porteranno buone capacità tecniche ma anche qualche rallentamento, discussione o nervosismo per colpa di Giove opposto, attenzione verso il 14. Non sperare nell'aiuto degli altri, è probabile che in questo inizio di anno tu in prima persona debba rimboccarti le maniche e fare quasi tutto da solo, ad aiutarti Marte che dal 24 inizia un transito molto bello. Questioni legali si risolveranno ma in vista dell'estate. Qualche dubbio per chi deve organizzare un grande evento a febbraio e probabilmente è un po' sotto pressione.

 Venere è in aspetto interessante, il Sole pure, gennaio aiuta una riconciliazione in amore. È anche un periodo bello per fare incontri! Marte sostiene i sentimenti dalla fine del mese. Le coppie che stanno insieme da tempo devono solo discutere di qualche problema riguardante i figli, la casa, forse un trasferimento o un contratto nuovo di affitto. Quel che ora sembra un po' imbarazzante o difficile da gestire sarà fluido a partire dalla primavera inoltrata. Sei una persona che ama molto la propria privacy, quindi in amore a volte non ti senti di dare subito il massimo e prendi tempo. Per questo dopo una separazione una persona nata sotto il cielo della Vergine ci mette molto per recuperare. Tuttavia questa Venere favorevole, attiva fino al 6 marzo, va sfruttata; a gennaio, essendo in moto retrogrado, potrebbe anche riportare un amore che sembrava chiuso da tanto oppure contenziosi aperti con un ex. Le nuove storie d'amore sono intriganti ma in questo periodo sei più preoccupato per le questioni di lavoro, sembra che solo tu sia responsabile di tutto, impara a delegare, così avrai più tempo per l'amore. I nuovi incontri sono piuttosto promettenti.

 Sul piano dell'emotività, della forza, questo mese di gennaio è interessante. Venere e Sole formano un transito importante che avrà il picco nella parte centrale del mese. Quello sarà anche il periodo migliore per far partire cure, terapie o iniziare a occuparsi di se stessi.

 **Febbraio**

 Devi organizzarti al meglio, l'opposizione di Giove mette in discussione esclusivamente il rinnovo di alcuni accordi, questo non vuol dire che sei fuori da certi giochi, solo che ora non si può parlare di contratti ma devi mettere in pratica quello che hai già deciso l'anno scorso. Le persone che hanno un'attività in proprio e devono affrontare un evento avranno comunque gioco facile e le prime due settimane di febbraio sono valide grazie a molti pianeti favorevoli. Un'attività in proprio può decollare, Venere, Marte e Urano sono in aspetto eccellente; l'unica cosa che non bisogna fare è spendere troppo. Lasciare il certo per l'incerto non è cosa da fare in questo momento. Meglio completare i progetti iniziati l'anno scorso. Chi lavora per più aziende o a provvigione noterà che ora si guadagna di più o ci sono contatti migliori in vista del futuro. Non rimandare le cose che puoi fare subito, interessanti le giornate del 7, 8 e 17. Solo dopo il 18 ci sarà un calo, nulla di grave, forse a causa della stanchezza accumulata nelle giornate precedenti. In questo mese di febbraio ci vuole costanza per portare avanti progetti, ma tu sai di essere incredibilmente determinato quando ti prefiggi di raggiungere uno scopo, essendo un segno di terra, quindi molto costruttivo, sai come fare per risalire la china. Non è tempo per firmare nuovi accordi, se ne riparlerà da fine maggio.

 In amore è un cielo molto intrigante quello che ti coinvolge in questi giorni. Anche se c'è stata una separazione si può andare avanti; Mercurio, Venere, Marte e Urano assieme al lontano Plutone sono lì, pronti a fare il tifo per te. Non bisogna riversare questa tensione nei rapporti famigliari. Nelle coppie in cui c'è una buona intesa questo resta il periodo migliore per fare progetti che riguardano la casa, uno spostamento o un cambiamento, se possibile un acquisto nella seconda parte dell'anno. Le prove d'amore saranno superate. Persino se c'è una storia in crisi puoi prendere le redini del comando e decidere cosa è meglio per entrambi. Chi vive una storia ufficiosa chiederà di ufficializzarla; le avventure vanno bene ma attenzione a non pretendere troppo, non sei il tipo da poter accettare a vita il ruolo di amante. Con Cancro, Bilancia e Ariete potrebbero esserci discussioni, ma non certo per colpa tua.

 La tua forza raddoppia nelle prime due settimane del mese, ma ricorda sempre che questo è un periodo in cui devi dare il meglio di te; quindi ci saranno giornate di calo fisico come giovedì 10 e venerdì 11, in cui dovrai dare prova di essere forte. Consiglio massima attenzione attorno al 24, il rischio è di dire basta, innervosirsi per poi pentirsi di ciò che si è detto o fatto.

Marzo

 Ancora non sembra essere arrivato il momento giusto per discutere di questioni importanti, sarà da maggio che tutto diventerà più chiaro. Adesso per avere successo bisogna impegnarsi il doppio, questo mese può diventare fonte di ispirazione per il futuro. Pesa una certa stanchezza, ti sei dato talmente tanto da fare tra gennaio e febbraio che adesso vivi tutto con un po' di fatica. Fanno eccezione solo le prime sette giornate di marzo che saranno molto produttive; se stai facendo da tempo le solite cose, senti il grande desiderio di cambiare aria. Le proprietà della famiglia sono oggetto di contesa o discussione, e se c'è un ex bisognerà cercare di limitare le sue pretese; per risolvere questioni delicate dal punto di vista legale o amministrativo dovremo attendere ancora un paio di mesi. Giove in opposizione porta lungaggini per chi sta aspettando una risposta di tipo legale, deve firmare o rinnovare un accordo. Anzi, se devi imbarcarti in una richiesta o fare ricorso, verifica di avere ragione onde evitare di perdere tempo e denaro. L'importante è non lasciare il certo per l'incerto e, soprattutto, evitare azzardi come cambiare azienda o situazioni che potrai ponderare con più tranquillità in un immediato futuro. Non fare spese eccessive dal 10, attorno al 23 ci sarà una discussione da tenere sotto controllo.

 Stelle neutrali per i sentimenti, marzo non porta nulla di nuovo nel tuo cuore; per coloro che sono in coppia da anni qualche confronto sarà necessario sui soliti problemi, la casa e le spese. Attenzione ai terzi incomodi, alla gelosia; si dice che il segno della Vergine sia abbastanza lontano da sentimenti passionali o irruenti, ma non è così; le complicazioni in amore devono essere limitate, potresti riscoprirti improvvisamente geloso! Incomprensioni il 16, 17, 23 e 24. Entro la fine dell'estate molte coppie dovranno fare una scelta importante che influenzerà la vita futura. Per chi è ancora solo, invece, anche se le occasioni potrebbero non mancare, il coinvolgimento emotivo sarà parziale; potresti prendere le distanze da chi non ti convince completamente. L'opposizione di Mercurio crea un pochino di sfiducia dal 10, evidentemente stai per mettere alla prova una persona. Il dialogo e la complicità non dovranno mai mancare nelle relazioni più coinvolgenti, torna una buona stabilità a partire dal 28.

 L'agitazione è tanta e in certe giornate dovrai davvero evitare confronti che possono portare disagio fisico, dal 15 al 18 massima attenzione; se è possibile cerca di fare qualche cosa che ti faccia stare bene, che sia una vacanza o una semplice passeggiata. Dopo il 21 devi rimetterti in forma. Il segno della Vergine pensa un po' troppo e questo porta un logorio mentale che può stressare.

# Vergine

Aprile

 Entro il prossimo mese i lavoratori autonomi dovranno decidere se continuare oppure no alcune collaborazioni. Cambiano le condizioni di un accordo, ad aprile è possibile risentire di una certa stanchezza e agitazione per la mancata conclusione di alcuni progetti oppure per ritardi imprevisti. Le persone che hanno un'attività in proprio o che possono trovare un «miglior offerente», forse già da adesso si metteranno sul mercato. Non fare scelte azzardate ora, aspetta maggio quando Giove non sarà più opposto per qualche mese. Chi lavora come dipendente è probabile che abbia già cambiato gruppo, squadra, e un'altra occasione potrebbe arrivare a maggio. Chi lavora part-time entro tre mesi potrà cambiare riferimenti. È un momento in cui devi riscuotere somme, probabile che ci sia un ritardo se ti sei rivolto a persone poco affidabili e dal 15 sarai costretto a battere i pugni sul tavolo, le giornate di lunedì 25 e martedì 26 da questo punto di vista saranno sotto pressione. Doppia prudenza se c'è qualcuno che ti rappresenta o si occupa dei tuoi affari, perché a fine mese potresti discuterci parecchio. Mercurio in buon aspetto aiuta le nuove trattative in vista di maggio. Accordi in ritardo per cavilli e questioni burocratiche così come le compravendite e in generale gli affari.

 I sentimenti sono fermi un «giro». Questo riguarda persino le persone sposate o in coppia da tempo. Ci sono troppe tensioni nell'ambito del lavoro, lo stress maturato nel corso delle ultime settimane ha portato in qualche caso un blocco, in altri un po' di lontananza fisica o psicologica. Dunque in questo mese la prudenza non dovrà essere poca, perché Venere in opposizione può portare turbamenti. C'è da dire che proprio tu potresti diventare estremamente critico, insofferente, tra il 19 e il 20 cerca di non arrabbiarti se qualcosa non funziona. I rapporti tra genitori e figli da questo punto di vista sono un po' conflittuali, nelle ultime giornate di aprile ti chiederai cosa sia più giusto fare, potresti vivere momenti di forte tensione. Nelle nuove storie d'amore nasce un piccolo conflitto, attenzione alle verità nascoste, dal 25 al 30 potresti giudicare con severità il comportamento di qualcuno che sfuggirà alle tue risposte.

 Bene la prima parte del mese ma l'opposizione di Marte dal 15 può provocare qualche disagio. Le giornate più nervose sono il 19, 20, 25 e 26. Dunque aprile è un mese che va preso con le pinze, non stressarti troppo. Sarebbe il caso di scaricare le tensioni facendo qualcosa di divertente; nei giorni segnalati possibili piccole emicranie, fastidi o semplicemente ritardi che fanno innervosire.

Maggio

Il tuo 2022

 Giove toglie l'assedio al tuo segno per un po'. È arrivato il momento per ridiscutere un accordo. Qualche scontro può ancora nascere con il proprio capo o semplicemente ci sono dubbi, in caso di trattative per un rinnovo di lavoro dovrai giocare a braccio di ferro con alcune persone che non capiscono quello che desideri oppure fanno orecchie da mercante alle tue richieste. Tuttavia le soluzioni sono dietro l'angolo già dal 10 e ancora di più dal 24. Se devi rinnovare un accordo avrai tempo per pensarci fino a luglio. È proprio quest'ultimo mese che sarà definitivo per operare una scelta, ci saranno comunque da rivedere molte cose, potresti pretendere di più. Certamente il cielo si impegna a portare cambiamenti, ma le tue proposte potrebbero non essere immediatamente accettate. Se hai lavorato a un programma per tanto tempo, ora ti chiedi se sia giusto rinnovare ancora per la stessa cifra. Le compravendite ripartono, basta non chiedere la luna, una mediazione è più probabile negli ultimi giorni del mese. Se ti senti insoddisfatto è perché sei un perfezionista. Lasciare il certo per l'incerto è l'ultima cosa da fare, ma lo sai bene, visto che appartieni a un segno di terra che vuole sempre avere le spalle coperte.

 Relazioni che hanno vissuto una piccola crisi ad aprile ora ripartono, è sempre il lavoro al centro dei tuoi pensieri. Forse le due cose sono collegate, mi riferisco alle coppie che devono cambiare casa, spendere per la famiglia. È normale che ci si preoccupi per il lavoro, perché servono più quattrini. Maggio e giugno mesi importanti per definire bene lavoro e amore. Se stai cercando una persona da amare, a maggio potresti fare un'amicizia che giugno riconfermerà come passione. Le storie d'amore che nascono adesso sono interessanti. Chi ha deciso di tradire il partner lo fa per gioco, ma deve stare attento a non commettere errori, soprattutto a non farsi scoprire. La passione aumenta. Con queste stelle si può pensare anche alla famiglia, a un figlio, c'è chi in coppia finalmente si sente più progettuale e pronto a rimettersi in gioco. Se c'è voglia di cambiare città, muoversi o traslocare, tra maggio e luglio se ne potrà parlare.

 Torna un po' di stabilità, anche se Marte in opposizione rende ancora un po' pesanti le atmosfere delle giornate del 3, 4, 10, 11 e 17; a volte ti risulta difficile andare d'accordo con gli altri, perché non seguono le tue direttive. I più giovani devono pensare che la collera, le arrabbiature non sono il miglior modo per risolvere i problemi; non perdere le staffe lunedì 30 o martedì 31. Anche tu che sei un tipo che si contiene alla lunga puoi esplodere. Rispolvera il tuo proverbiale self control.

Vergine

Giugno

Ecco un mese buono per accordarsi, iniziare nuovi progetti. C'è l'idea di cambiare squadra, gruppo, andare altrove, ora sembra tutto molto più chiaro rispetto agli inizi dell'anno. È probabile che tu non voglia stravolgere il percorso lavorativo, ma solamente chiedere qualcosa di più a livello finanziario, una garanzia in vista del futuro. C'è qualcosa di buono per tutti coloro che sanno di valere; giornate interessanti quelle di martedì 7 e mercoledì 8, ma anche il 15 e il 16 si potrà avere di più. Tuttavia qualche spesa di troppo permane ed è ancora opportuno evitare di fare passi falsi. Tra gennaio e aprile con Giove contro hai notato che molti soldi sono entrati ma altrettanti sono usciti, una spesa imprevista o magari un acquisto per la casa, un trasloco, dipende dalle singole possibilità. Chi ha una questione legale aperta potrà iniziare ad avere soddisfazione ora che Giove non è contrario. Il lavoro scorre meglio, magari a tempo determinato ma una chiamata segue l'altra; conferme se sei responsabile di qualcosa.

A giugno i sentimenti risplendono con Venere ottima. I rapporti che hanno tenuto sin qui sono più forti! Addirittura potrebbero esserci coppie che iniziano a lavorare insieme, un progetto da valutare come positivo settimana dopo settimana; favoriti i nuovi incontri, la tua voglia di amare raddoppia! E ci saranno fine settimana molto particolari come quello dal 10 al 12; forte attrazione per Toro, Scorpione e Capricorno. Ovviamente in un clima del genere se c'è stata una separazione o un tradimento, sarà più facile superare il problema, rendersi conto di ciò che si desidera per il proprio futuro. Torni a stare bene con te stesso, non devi più rimproverarti di avere detto cose sbagliate o esserti comportato in maniera poco chiara; basta frequentare i luoghi giusti, le migliori opportunità sono dietro l'angolo. Un consiglio se il cuore è ancora solo? Evita di essere troppo scettico nei confronti dei sentimenti! Rischi di scoraggiare un pretendente interessante.

Le stelle di questi giorni sono decisamente di recupero e permettono anche di iniziare cure importanti, non trascurare vecchi fastidi; tutto può essere affrontato con coraggio nella seconda parte del mese. Terapie lunghe possono giovare. Dal 21 ancora meglio; il cielo torna sereno, perché hai le idee più chiare per il tuo futuro. Secondo la tradizione astrologica il segno della Vergine può risentire di problemi all'intestino determinati da malesseri psicosomatici. Se ci sono fastidi è importante consultare un medico.

Luglio

Il tuo 2022

 Le scelte di lavoro sono più facili da gestire, questo grazie anche alla posizione di Marte e Urano, che insieme formeranno una congiunzione molto efficace a cavallo tra fine luglio e agosto. Ora il dado è tratto, in particolare se ti poni il problema di cambiare gruppo o ruolo. Sarà opportuno fare una scelta! Ma è probabile che i più fortunati abbiano già deciso a questo proposito negli ultimi due mesi; certamente ci sarà da chiedere qualcosa di più, un compenso adeguato alle tue capacità. La situazione sembra promettente anche per chi sta cercando un primo impiego, praticamente non ci sono pianeti contrari. Naturalmente la fortuna aiuta gli audaci, ma anche le conoscenze contano; i ragazzi possono partire da zero, le persone che hanno una buona esperienza spiccheranno il volo. Se c'è da pianificare un accordo, stipulare un contratto importante, ora le idee sono più chiare, e questo alimenta un senso di ottimismo nei confronti del futuro. Gli ultimi dieci giorni del mese di luglio sono decisamente fondamentali, attorno al 21 e 22 contatti fortunati. Giornate interessanti anche quelle attorno al 14.

 Sei talmente preso dalle questioni di lavoro che tutto il resto andrà in secondo piano, eppure proprio adesso sarà possibile trovare un'amicizia speciale, una persona sincera con cui relazionarsi; sarebbe importante vivere un amore, soprattutto per coloro che sono rimasti troppo tempo da soli. Le coppie bene assortite non devono preoccuparsi se ci sarà qualche divergenza nelle giornate di lunedì 4 e 11. La gelosia è un'arma a doppio taglio, in certi giorni i comportamenti del partner potrebbero non piacerti, nascerà qualche sospetto. A questo punto conviene leggere l'oroscopo della persona che ti sta a fianco per capire come la pensa, certo è che da parte tua ci sarà massima solidarietà e volontà di recupero in particolare dopo il 18. Avventure piacevoli e senza impegno possono delicatamente colorare questo mese di luglio che funziona meglio nella seconda metà. L'amore in certi casi torna passionale e i nuovi incontri sono intriganti. Sei quindi in partenza per nuove conquiste, nonostante la tua nota prudenza caratteriale; sarà più facile dimenticare una persona negativa o una fase complicata della tua vita che ormai hai superato.

 Le stelle di luglio sono un po' stressanti nei primi cinque giorni, per esempio lunedì 4 la Luna nel tuo segno potrebbe portare piccoli disagi emotivi, fastidio o ritardo che sarà da superare con attenzione. Dal punto di vista psicofisico il recupero è nella seconda parte del mese, Venere protegge dal 18, fissa il 21 o il 22 un incontro con uno specialista che può risolverti un problema.

 **Agosto**

 Stelle interessanti per i lavoratori autonomi, sarà possibile recuperare un rapporto o pensare a un progetto da sviluppare nei prossimi mesi. Questo periodo sarà ancora più impegnativo per quelli che hanno un'attività creativa. È favorita la comunicazione, Mercurio il 4 entra nel segno, il Sole dal 23. Di solito agosto è un mese da dedicare alle vacanze ma per molti nati Vergine quest'anno bisognerà già darsi da fare in vista dei prossimi mesi, l'autunno porterà risposte, il recupero è dietro l'angolo; ci sono alcuni nati Vergine così dediti al lavoro da odiare l'estate perché considerata una perdita di tempo. Si potrebbe fare anche una domanda per accedere a un posto oppure sfruttare le giornate migliori, il 9, 10, 17, 18 e 29, per chiedere qualcosa di importante o semplicemente fare una profonda riflessione su quali siano le priorità nel corso delle prossime settimane; è il momento di allargare il proprio raggio di azione. Alla fine del mese vanno bene prove e colloqui, sarà più facile prendere iniziative che facciano conoscere la tua bravura.

 Per i sentimenti via libera alle passioni, sia pure in qualche modo controllate, misurate come è nel tuo stile. Questo resta un cielo interessante anche per coloro che devono superare una separazione, Mercurio nel segno appassiona e porta nuove conoscenze. Torna la curiosità, il desiderio di mettersi in gioco; se c'è stata una delusione non chiuderti in te stesso, non fare l'errore di pensare che l'amore non esiste, che la persona dei tuoi sogni sia troppo lontana da raggiungere. La parola magica di questo periodo è «espansione»; ecco perché avrai più voglia di comunicare, fare nuove esperienze, e dal 4 al 26 tutto sembra più facile. Per le coppie che hanno avuto difficoltà, agosto rappresenta una sorta di liberazione, in amore non si gioca più a tira e molla; favoriti i cambiamenti di casa, le scelte importanti per il futuro, gli acquisti che favoriscono la relazione. Chi si divide tra due storie, tra passato e presente, o sta vivendo una relazione ufficiosa, dovrà fare una scelta rilevante e chiarire la situazione al più presto.

 Agosto è di recupero, ci saranno solo pochi giorni di agitazione: per esempio domenica 7, 14 e 21 sarà meglio evitare ogni genere di stress. In generale, però, sei più forte, perché alcune buone notizie ricevute nel corso del mese ti hanno fatto diventare ottimista per il futuro. Cerca però di non spaccare il capello in quattro! Ogni tanto ti occupi più degli altri che di te stesso e alla lunga questo può rivelarsi un errore!

Settembre

Il tuo 2022

 L'unico neo di settembre potrebbe essere l'ansia con cui affronti i nuovi percorsi di lavoro o la paura di non farcela finanziariamente; a sottolineare questa tensione Marte dissonante che formerà una quadratura con Venere attorno al 17. Questo potrebbe rappresentare spese di troppo, nulla che possa fermare l'evoluzione del tuo futuro professionale, ma lo sai come sei fatto, se le cose non sono perfette e non senti di avere le spalle coperte inizi ad agitarti. Chi cerca una nuova occupazione potrebbe rimandare la scelta, c'è tanto stress da eliminare. Le collaborazioni sono promettenti, alla fine le cose andranno per il verso giusto. Non dimenticare, infatti, che Venere entra nel tuo segno il 5, fino al 29 supporta le tue risorse mentali, creative e il tuo fascino! Presentarsi al meglio aiuta nel lavoro. Marte contrario potrebbe presentare difficoltà nell'andare d'accordo con alcune persone nell'ambito del lavoro; nemici più o meno visibili che potrebbero limitare il tuo raggio d'azione, ma tu sei superiore. Ora che Giove non è più opposto si può pensare, con l'arrivo del prossimo anno, di cambiare squadra o fare qualcosa in più, non ti accontenti mai. Forse questo è un bene, cerchi sempre la perfezione. Favoriti accordi part-time.

 Venere nel segno porta la voglia di legalizzare un'unione, le storie che iniziano adesso impegnano molto; nascono soprattutto per un'attrazione di tipo mentale, il fisico passa in secondo piano. Come tutti anche tu ami le belle forme, ma ancora di più le menti brillanti! Quando ti trovi a discutere con una persona che stimola le tue idee, ti accorgi di amarla sempre di più e di non poter fare a meno di lei; le amicizie che nascono a settembre potrebbero diventare qualcosa di bello nel giro di poche settimane. Via libera ai desideri! L'insofferenza alle vecchie divergenze può essere minore, mentre resta qualche problema in famiglia. Infatti la dissonanza di Marte può rappresentare un fastidio da superare in casa, una preoccupazione che riguarda un parente stretto, ci vorrà pazienza da parte tua in giornate come sabato 10, venerdì 16, sabato 17. Se ci sono stati tradimenti è facile immaginare che qualcuno torni all'ovile, d'altronde questo è un oroscopo che invita alla prudenza e alla comprensione. Settembre può essere il mese dell'amore ritrovato, attenzione alla gelosia, i tradimenti sono poco consigliati perché questo periodo non protegge le verità nascoste.

 Le stelle portano un po' di agitazione, Marte contrario rivela giornate stressanti, per esempio i primi due fine settimana di settembre sono un po' sottotono, forse porti a casa qualche problema di troppo. Devi recuperare energia nella seconda parte del mese. Dopo il 20, tutto porta speranza e serenità.

Vergine

Ottobre

Ancora Marte contrario: sai di valere ma ultimamente è accaduto qualcosa nell'ambito del lavoro che non ti aspettavi, potresti aver perso una protezione oppure discusso con qualche invidioso tornato in scena dopo un periodo di silenzio. Va sottolineato che questo è un momento che ti trova forte e vincente, quindi non devi dare peso alle provocazioni passeggere, anzi le situazioni che si sono bloccate agli inizi dell'anno adesso ripartono. Dunque cerca di domare l'ansia che ogni tanto sentirai crescere dentro di te, non limitare il tuo raggio di azione. Se devi discutere un accordo o un contratto saranno interessanti le giornate attorno al 17. Recupero importante per coloro che erano in attesa di una chiamata già da agosto. I rapporti di collaborazione e le associazioni di affari registrano un miglioramento che sarà ancora più visibile in vista della fine dell'anno, resta la voglia di innovare, fare qualcosa di diverso dal solito, è normale perché a fare le solite cose ti annoi in fretta. Favoriti coloro che lavorano in proprio, insegnanti, educatori. Per i più giovani chiamate dirette, occasioni per fare pratica presso uno studio. Gli studenti che negli ultimi mesi non hanno concluso molto possono riprendere quota e gli esami si possono superare con preparazione e un pizzico di fortuna.

Il clima è un po' agitato nei rapporti d'amore. Nulla di grave, non ci sono stelle contrarie, solo qualche piccolo compromesso da accettare, non dare peso alle provocazioni attorno al 7. In coppia prudenza nei rapporti con la famiglia di uno dei due, parenti o genitori potrebbero mettersi in mezzo a discussioni che vanno risolte in famiglia. Se ci sono questioni di proprietà o denaro doppia prudenza. La tua attenzione è mirata sul lavoro, questo può creare disagi soprattutto nei fine settimana di ottobre. In certe giornate sembrerai assente o potresti essere accusato di avere la testa tra le nuvole. A parte disagi di questo genere facilmente risolvibili, non posso dire che sia un mese no per i sentimenti, evita con diplomazia discussioni inutili, tutto qui. Nuove opportunità per coloro che cercano qualcosa di bello da vivere, magari anche un'amicizia amorosa. Quelli che si sono separati, infatti, più che cercare l'amore per la vita, ora desiderano una compagnia intima, qualcosa di intrigante per passare in maniera lieta una serata oppure un fine settimana, una persona con cui condividere tempo e aspirazioni, nulla di più. Una delle giornate più interessanti nel cielo dell'amore sarà quella del 26, dal 23 al 31 la passione raddoppia.

Ottobre richiede ancora prudenza, per colpa della quadratura di Marte che si farà sentire un po' di più tra giovedì 13 e sabato 15.

Novembre

Il tuo 2022

 Tra novembre e dicembre bisognerà accettare un piccolo compromesso. Torna l'opposizione di Giove anche se è limitata nel tempo, fino al 20 dicembre è meglio non agitare troppo le acque. Anche chi ha cambiato gruppo o lavoro da poco potrebbe sentirsi improvvisamente fuori gioco. Ti sei stancato eccessivamente, non fare le cose di corsa. Lo dico soprattutto guardando le stelle: dal 16 in poi ci saranno momenti in cui potresti anche arrabbiarti se attorno a te non c'è la giusta comprensione; non fare scelte frettolose, le giornate attorno al 23 potrebbero portare piccole baruffe o situazioni di forte tensione. Non si tratta di un fermo, ma solo di una fase di calo che mette a rischio la concentrazione. Sono convinto che arriveranno buone risposte in futuro, ma novembre, soprattutto sul finire, non permette di fare azzardi; puoi portare avanti progetti già impostati ma prima di lanciarti in un'iniziativa rischiosa, pensaci due volte. Dal 22 al 30 attenzione alle polemiche e alle spese di troppo, ci sarà qualche intralcio. Attenzione se devi acquistare qualcosa di importante, potrebbe slittare un accordo e stai attento alle fregature. Fatti consigliare da un esperto.

 Dal punto di vista sentimentale la prima parte del mese è migliore della seconda, le coppie che si sono formate da poco dovranno risolvere alcune questioni economiche e cercare di non discutere dal 16 in poi. In certe giornate si farà sentire una forte tensione, attorno al 24 bisognerà stare attenti alle provocazioni. Se c'è da fare una scelta in amore aspetta, alla fine del mese affronterai un momento dal punto di vista fisico o psicologico un po' pesante. I sentimenti contano ma la ragione ancora di più, così la logica ti aiuterà a superare un problema. Se una storia è nata da poco, alla fine del mese potresti ripensarci oppure vorrai mettere alla prova la persona amata. Le emozioni che nascono a novembre sembrano leggere, forse anche superficiali, bisogna evitare gli abbagli. La tua attenzione sarà rivolta alle questioni di carattere pratico ed economico, sei distratto, svagato e alla fine del mese persino irritabile. Attenzione soprattutto se ci sono ex che ancora rivendicano qualcosa!

 Novembre inizia in modo interessante, ma dal 16 tutto diventa un po' difficile da gestire, la stanchezza aumenta. Momento di verifica attorno al 24. La fatica fisica si fa sentire, il sonno è disturbato forse perché devi pensare a tutto quello che c'è da fare nelle settimane future; con un minimo di prudenza e oculatezza si potrà superare anche questa fase di disagio. Grazie alla tua capacità logica e razionale riesci a risolvere i problemi con metodo e precisione. Come se la vita fosse una partita a scacchi!

Dicembre

 La fine di novembre non è stata proprio vivace e così dicembre fino al 10 non regala soddisfazioni particolari. I nuovi progetti, per ora in embrione o appena decollati, avranno modo di essere spinti meglio nel 2023, comunque già dal 12 ci saranno notizie in più. Marte dissonante mantiene uno stato di ansia che riguarda il lavoro o le collaborazioni che non funzionano; spero che tu non abbia compiuto azzardi negli ultimi due mesi. Potresti anche decidere di fare un passo indietro, è in corso un ripensamento. La seconda parte di dicembre funziona meglio e regala più sicurezza. Se hai dei soci o dei collaboratori oppure addirittura lavori con un parente, bisognerà rivedere i singoli ruoli. Studiare nuove strategie è importante, hai avuto la netta sensazione di aver dato più di quello che hai ricevuto. Sarà bene concludere le iniziative già in atto e mettersi nella disposizione d'animo più fiduciosa possibile, è tempo di innovare e la fine dell'anno è promettente. Bisogna, però, ricordarsi che tanti soldi sono entrati ma altrettanti sono usciti. Attenzione alle speculazioni sbagliate. Se devi firmare un accordo o un contratto, pensaci e aspetta comunque la fine dell'anno. Se devi acquistare un bene importante, rimanda tutto a gennaio.

 L'amore ha accusato qualche contraccolpo alla fine di novembre ma dicembre porta dal 10 un buon recupero generale. Le coppie ritrovano l'equilibrio, gli incontri della seconda parte del mese sono interessanti per i cuori ancora soli. Coloro che stanno cercando l'altra metà della mela, ora avranno più possibilità di farsi notare. La vigilia di Natale nasce con Luna e Sole favorevoli, aumenta una grande voglia di famiglia e intimità, e per le coppie forti il desiderio, se non ci sono limitazioni, di avere figli. I nuovi amori sono più facili, si potrà anche recuperare quel disagio che c'è stato alla fine del mese scorso. Chi desidera l'avventura pura e semplice, senza ulteriori coinvolgimenti, avrà soddisfazione. Favoriti gli incontri virtuali, sui social; la fine di dicembre permette di ritrovare l'amore, si può anche perdonare una svista, un tradimento o in certi casi ripartire da zero.

 Rispetto a novembre dicembre è un mese interessante, più forte soprattutto dopo il 10. Chi ha avuto un problema psicosomatico alla fine di novembre o è stato male, ora si sente meglio; le buone prospettive di recupero a breve termine non mancheranno, le feste saranno da passare in armonia. Il 23 e 24 sono giornate che premiano; Natale in armonia ma a Capodanno non vorrai stare in mezzo al caos, ti sentirai fuori gioco.

Ascendenti

Se il tuo ascendente cade in:

♈ **Ariete**: con Giove che toccherà l'ascendente da maggio è possibile pensare a nuove acquisizioni, un miglioramento generale della situazione. Nelle storie in cui c'è stata una separazione, una chiusura sarà più facile recuperare. I single potrebbero essere attratti da persone più grandi, di altre città. La creatività è al massimo, giugno mese importante per le relazioni.

♉ **Toro**: è probabile che ci sia un cambiamento di lavoro. Tutto l'anno dovrà essere gestito con prudenza per quanto riguarda le finanze. Le opportunità migliori per i sentimenti a giugno, quando Venere sarà favorevole al segno e all'ascendente, meglio impostare le cose più importanti nei primi sei mesi. Con queste stelle in amore si può fare un progetto a lunga scadenza.

♊ **Gemelli**: tra metà aprile e metà maggio la dissonanza di Marte al segno e all'ascendente porterà tagli, cambiamenti, dovrai dimenticare qualcuno o qualcosa. In amore anche chi ha vissuto una separazione potrebbe trovare nella seconda parte dell'anno qualcosa di più. Resta un cielo fertile per i figli, novità entro giugno.

♋ **Cancro**: si parte un po' frastornati. Da maggio attenzione a piccole delusioni. Per esempio le coppie che hanno vissuto una crisi d'amore oppure i cuori solitari che non trovano il sentimento giusto, proprio poco prima dell'estate potrebbero sentirsi un po' giù di corda. È importante impostare la seconda parte dell'anno tenendo a mente che sarà favorevole e di recupero.

♌ **Leone**: Giove interessante all'ascendente già da tarda primavera. C'è anche chi avrà modo di portare avanti cambiamenti, è l'anno giusto per realizzare progetti. Le coppie in crisi dovranno fare attenzione durante l'estate, infatti agosto sarà un mese in cui potrebbero nascere piccole dispute anche a livello sentimentale. Quindi evitare frasi di troppo e terzi incomodi.

♍ **Vergine**: è importante affrontare l'opposizione di Giove agli inizi dell'anno con filosofia, altrimenti rischi di arrabbiarti per tutto. Alcuni equilibri di lavoro cambieranno. Si sistemano molte cose nella seconda parte del 2022. Alla fine di agosto, però, il consiglio è quello di non strafare e non stancarsi troppo, tensioni in vista.

Vergine — Ascendenti

♎ **Bilancia**: agosto può essere un mese rivelatore nel corso del 2022. L'anno comincia con qualche ostilità da combattere. Prudenza con i soldi, mi raccomando a marzo. Ottobre vedrà il transito di Venere sull'ascendente e questo sarà di buon auspicio, se bisogna fare delle scelte che riguardano il lavoro oppure la vita di coppia.

♏ **Scorpione**: Giove favorevole all'ascendente aiuta a recuperare terreno all'inizio dell'anno. Per quanto riguarda le finanze, chi può cercherà di guadagnare meglio e le novità più interessanti partiranno da metà maggio. Anche all'interno della stessa ditta sarà possibile iniziare percorsi diversi o comunque cercare qualche alternativa; bene l'amore alla fine di ottobre.

♐ **Sagittario**: ci sono stati ritardi, probabilmente non tutto arriverà agli inizi dell'anno, svolte a partire da giugno. Una delle fasi migliori del 2022 sarà quella centrale, un periodo da segnare in rosso, pieno di eventi significativi, ma anche ottobre potrà portare maggiori vantaggi per quanto riguarda contatti e amori.

♑ **Capricorno**: ci saranno momenti di agitazione in amore, è difficile che tu voglia portare avanti relazioni in cui non credi più già dall'anno scorso. Il 2022 spinge a eliminare tutto quello che non ti piace o non ti soddisfa, attenzione con Cancro e Bilancia. Sarai drastico e in certi casi giudicato spietato. In realtà vuoi rimuovere dalla tua vita parecchi seccatori!

♒ **Acquario**: la spinta di Giove da primavera sarà notevole. Chi cerca casa può ottenere ciò che desidera o comunque ci sarà una sistemazione che riguarda l'ufficio, un nuovo progetto da far partire entro l'estate. Le storie d'amore nate nella prima parte dell'anno andranno verificate soprattutto con Toro e Scorpione; finanze da tenere sotto controllo.

♓ **Pesci**: da metà giugno a metà luglio ci sarà un momento di sosta per i sentimenti e di profonda riflessione; andranno avanti solo le storie più forti. Quest'anno recuperi una buona stabilità emotiva da agosto. Se sei reduce da una separazione chiudi l'anno con un magnifico amore o un'infatuazione. Sul lavoro alternerai momenti di grande lucidità ad altri di totale apatia. Tra fine agosto e ottobre dirai spesso: «Basta!».

Bilancia

Cosa cambia dall'anno scorso

È un cielo importante quello del 2022 per il segno della Bilancia, ci sono aspetti interessanti che si prolungano nel tempo. Le prospettive nel complesso sono buone. Intorno alla metà del 2022 molti dovranno risolvere piccoli problemi legali o burocratici nati nel biennio 2019-20, comunque le occasioni per farsi largo nella vita saranno molte. La Bilancia, che spesso cerca di evitare polemiche e discussioni per non agitare il proprio animo, nel corso di questo nuovo anno lotterà per un ideale che ritiene giusto e sarà persino capace di scalare le montagne. Quindi, anche non volendo, si ritroverà spesso a combattere per l'affermazione delle proprie idee. Alcuni nati nel segno mostrano il loro bisogno di equilibrio cercando punti fermi nella vita, il matrimonio, un lavoro fisso. E in effetti con Saturno, pianeta della grande determinazione, in aspetto buono, il 2022 sarà un anno in cui molti cercheranno una sistemazione oppure lasceranno situazioni insoddisfacenti pur di stare meglio. Un anno di crescita per chi aspetta di concludere un

 Bilancia

accordo o magari di ricevere una promozione. Ovviamente in questo caso contano sempre le capacità personali, l'età eccetera. I consensi non mancheranno ma ogni tanto bisognerà lottare!

Cerca emozioni nuove

Alla Bilancia piace il bello ed è molto attenta alla propria immagine. Conosco persone Bilancia che ritengono talmente importante l'aspetto esteriore da rivolgersi a chirurghi plastici appena c'è qualche ruga di troppo o intraprendere diete stressanti; se poi non si sentono a proprio agio con il fisico possono persino mettersi da parte, sentirsi insicuri. Ovviamente questo è un errore! La perfezione non è di questo mondo... Purtroppo la Bilancia non trova una sua sicurezza, la propria identità, qualcosa di profondo in cui credere, ma sempre qualcosa da rivedere del proprio aspetto. La rabbia e l'ostilità non sono sentimenti che la Bilancia espone con piacere, quindi ci sono parecchie ritrosie nel rivelare le proprie sensazioni più profonde. Tendenzialmente evita di mettersi in lotta con il mondo! A meno che non sia attaccata, in quel caso reagisce, è evidente, ma quasi mai alzando le mani e quasi sempre mettendosi nelle mani di un buon avvocato: «Ne parleremo in tribunale o nelle sedi opportune!», tipica frase di una Bilancia offesa. A ogni modo se una Bilancia sbotta vuol dire che ha raggiunto davvero il massimo dell'insofferenza. Attenzione perché Saturno, quest'anno, invita a manifestare le proprie emozioni in modo diretto, soprattutto durante l'estate non sarà facile mantenere la calma. La tua natura idealistica si scontrerà con un mondo sempre più cinico e calcolatore.

Ascolta il tuo cuore

Quando stai vivendo un'emozione profonda la prima cosa che fai è verificare le tue sensazioni con gli altri, puoi farlo in diversi modi, per esempio in amore paragonando la tua storia con quella dei tuoi amici oppure parlando direttamente dei tuoi problemi a tutti quelli che conosci; è bello esternare le proprie emozioni ma non esagerare, il rischio è quello di fare affidamento sul giudizio altrui e rimanerne influenzato, in certe occasioni questo potrebbe anche portare perdita di potere e forza. Per esempio se hai una bella idea, che ti sembra giusta, portala avanti anche se qualcuno non è d'accordo o cerca di influenzarti negativamente, evita di farti soggiogare. Per amore del quieto vivere è capitato spesso in passato che tu abbia accettato ruoli o situazioni che non ti piacevano. Anche nel lavoro, se sentirai di avere le mani legate, potresti arrabbiarti o decidere di cambiare nella parte centrale dell'anno. Lo sforzo che ti chiede il 2022 è proprio quello di considerare gli altri non come specchio delle tue emozioni ma semplicemente come spettatori dei tuoi progetti. Elabora i tuoi pensieri parlandone ma solo per migliorarli. Una buona idea resta tale a prescindere dai commenti degli altri. Ricordo infatti che questo nuovo anno porta intuizioni importanti e mesi come quelli primaverili, in cui una proposta o un cambiamento dovranno essere portati avanti anche se costeranno un minimo di sacrificio o rischio.

La tua gentilezza può essere travisata

Un punto di forza del segno della Bilancia, che però può diventare anche di debolezza, è un atteggiamento molto cordiale, disponibile e soprattutto gentile nei confronti delle persone che lo circondano. Persino i Bilancia più spigolosi e determinati (penso a coloro che hanno ascendente o Luna in Ariete o Scorpione) cercano di intavolare discorsi dall'apparenza logica e di trovare una mediazione prima di passare all'attacco. Esprimi i tuoi complimenti alle persone che ti interessano ma solo se sono sinceri e non per cercare approvazione. Questo nuovo anno aumenta il tuo desiderio di ordine, rigore, farà crescere la tua determinazione interiore. Un 2022 spinto da aspetti planetari di grande forza, soprattutto attorno a giugno, genera uno stato di intolleranza che dovrai sfogare a ogni costo. È chiaro che le relazioni d'amore più fragili, i rapporti di lavoro dove ti sei sentito schiacciato per anni, potrebbero vivere un momento di crisi, ma sarà comunque importante cercare di spingere la propria risolutezza al massimo, onde liberarsi definitivamente di pensieri negativi o addirittura di persone e situazioni che non ti interessano più.

Nuovi orizzonti da esplorare

Anche in amore sarà importante dare spazio alle pulsioni più autentiche, potremmo definirlo l'anno della verità, determinante per tutti coloro che vogliono liberarsi di qualche vecchio peso. Le coppie in crisi da molto tempo

a metà anno saranno protagoniste di un dentro o fuori definitivo. In generale i primi due mesi dell'anno potrebbero portare ancora polemiche o discussioni nelle coppie e bisognerà correre ai ripari, trovare una soluzione per evitare incomprensioni troppo profonde. Dopo il 6 marzo, infatti, ci sarà una sorta di revisione di tutti i rapporti. Per i cuori solitari un momento interessante a fine giugno, quando Venere porterà emozioni particolari a tutti coloro che desidereranno fare scelte speciali, sia in amore sia nel lavoro. E a proposito di professione, non escludo che a giugno tu possa vivere una disillusione o un momento di grande stanchezza che potrebbe portarti a pensare di cambiare lavoro, di chiedere al tuo datore di lavoro rassicurazioni in vista del futuro o, se sei in proprio, di modificare le strategie della tua azienda. Ti spiegherò tutto nelle prossime pagine.

Giove opposto chiede attenzione

*D*all'11 maggio al 28 ottobre Giove entrerà in opposizione, ecco perché ritengo che questo sia un anno di definizione di tutti i rapporti. In quel lasso di tempo potresti pensare a grandi cambiamenti, proposte audaci, tutto sommato sarai piuttosto protetto e per fortuna non ci saranno grossi squilibri. Saturno si contrappone alla forza polemica di Giove, ti aiuta a ritardare le scelte, a prendere tempo soprattutto se c'è da fare un grande passo. Dovrai approfondire alcuni punti della tua vita, trovare un compromesso che ti avvantaggi, senza incorrere in inutili rischi. Nel 2022 più che mai ci sarà da pensare a te stesso con tutte le probabilità, gli imprevisti ma anche le novità che si potranno presentare giorno dopo giorno. Non ti nascondo che sarà un anno in certi momenti stressante, durante l'estate prenditi cura del tuo organismo, rafforza il tuo fisico, cerca sensazioni positive che possano stabilizzare la tua vita anche sotto il profilo psichico ed emotivo. I compromessi non mancheranno e la moderazione sarà da ricercare, arrivano mesi che porteranno a ottenere un buon successo, ma che invitano anche a difendersi da attacchi da parte di persone invidiose o troppo lontane dal tuo punto di vista. Questioni legali o burocratiche potrebbero essere fonte di qualche disagio a metà anno, soprattutto nel fatidico mese di giugno di cui parlerò nel dettaglio nelle prossime pagine. Dovrai far valere i tuoi diritti e ottobre, con il Sole nel segno, sarà molto importante per ottenere risultati.*

Gennaio

 Saturno resta attivo per tutto l'anno, tuttavia ci sono alcune questioni che vanno risolte al più presto, entro aprile al massimo. Questo riguarda tutti coloro che hanno un contratto in scadenza oppure non si sentono a proprio agio nel posto di lavoro. In alcune giornate bisognerà mettere le cose in chiaro, per esempio il 10, 17 e 24. Gli ultimi dieci giorni di gennaio saranno un po' confusi sotto questo punto di vista. A essere un po' affannati sono anche coloro che nella primavera del 2021 hanno dovuto affrontare un cambiamento di lavoro pesante; gli studenti che non affrontano gli impegni con la dovuta applicazione potrebbero risentire, a fine mese, di uno stato di sfiducia e malinconia da sconfiggere. Il 2022, quindi, sembra un altro anno di profondi cambiamenti. C'è addirittura chi desidera cambiare casa, ristrutturarla, oppure entro maggio discutere per un affitto o una vendita. Un po' di confusione resta, inutile nasconderlo, ma senza lasciarsi prendere dalle ansie molte cose si potranno risolvere.

 L'amore si risveglia a gennaio, però Venere contraria potrebbe causare qualche discussione in più. D'altronde quando non si sta bene per questioni di lavoro oppure ci sono troppi punti da mettere in chiaro, è inevitabile tornare a casa un pochino nervosi. Ora dipende dalla persona che sta al tuo fianco, ci sono complicazioni che riguardano la famiglia, un legame precedente blocca l'evoluzione di un amore. Ma Venere contraria scatena in te da una parte la voglia di liberarti dai pesi, dall'altra scontri con chi ti circonda; la situazione può complicarsi se ci sono terzi incomodi. Lunedì 17 e lunedì 24 probabile che tu sia un po' sotto pressione. L'interferenza di parenti o persone esterne alla famiglia potrebbe creare qualche dubbio in più. In circostanze come queste di solito ti metti da parte, cerchi di evitare complicazioni rimanendo in silenzio. Ma questa non è una buona soluzione. Non dico che tu debba scagliarti contro qualcuno, ma se c'è qualcosa che non va, parla, altrimenti i silenzi possono rovinare il rapporto.

 Alti e bassi a gennaio, i fine settimana sono da prendere con le pinze. Fai tutto con calma e avrai modo di non sbagliare. Va curata la forma in un mese che potrebbe comportare troppo stress. Non trascurare i vecchi fastidi di salute, ricordo che la schiena potrebbe essere il tuo punto debole. Inoltre i Bilancia che non bevono abbastanza acqua, prima o poi potrebbero dover fare i conti con qualche calcoletto. In ogni caso state attenti e iniziate una cura depurativa.

 A febbraio la pazienza dovrà essere doppia. Sei supportato da un bell'aspetto di Saturno, quindi non pensare che questo sia un anno di incertezze, tuttavia ci saranno giornate in cui per forza di cose dovrai battere i pugni sul tavolo. Attenzione per esempio a venerdì 4 e sabato 5, 12 e 19. Pare che già da gennaio i weekend siano costellati di qualche pensiero di troppo. Uno sblocco arriva comunque dal 14, vista la buona posizione di Mercurio. Tuttavia ci sono ancora piccoli disagi nell'ambito del lavoro: chi l'anno scorso ha iniziato un'attività è probabile che ora debba studiare nuove strategie per farla andare avanti; nelle prime due settimane del mese potrebbero nascere anche piccole problematiche per fatture non pagate. Tempo al tempo, se devi chiarire una questione di lavoro o fare una proposta, conta sulle giornate di giovedì 10 e 24. Sai come fare a vincere ogni tipo di sfida, con un briciolo di equilibrio e sana diplomazia. Ovviamente con un cielo del genere è molto importante evitare spese di troppo nelle prime due settimane di questo particolare febbraio.

 Spero che i sentimenti non abbiano vissuto nell'ultima parte di gennaio qualche momento di stop, non è detto che ci sia una forza contraria nel legame, però alcune questioni andrebbero chiarite al più presto, soprattutto se c'è un ex che ancora non ha capito come deve comportarsi con te. Per quelli che non riescono da tempo ad andare d'accordo con il partner ora le polemiche raddoppiano. Adesso ti è chiaro che devi prendere del tempo per te stesso, ma se ci sono figli o parenti è inevitabile che tu debba interessartene un po' di più, avranno bisogno di te! Comunque con un po' di accortezza si potrà superare una polemica; ancora una volta i fine settimana come è accaduto a gennaio sono i momenti più critici. In casi eccezionali ci si potrebbe trovare in un posto e desiderare di stare altrove. Se poi non ti senti in perfetta forma oppure hai tanti pensieri per la testa, ma il rapporto è ancora sano, cerca di evitare confusione. Attenzione a non desiderare situazioni impossibili o molto difficili da gestire. Sei una persona leale, pretendi schiettezza, ma ultimamente ti è sembrato di avere a che fare con qualche bugia di troppo.

 Abbiamo visto che l'inizio dell'anno è un po' faticoso, a febbraio le prime due settimane mettono in guardia da qualsiasi tipo di strapazzo. Come ho già spiegato i weekend sembrano più irruenti, ma potresti sentire, in generale, qualche disagio in più crescere dentro di te. Se il malumore prende il sopravvento cerca di distrarti, hai bisogno di fare cose nuove, vivere sensazioni positive, circondarti di persone che ti regalano serenità.

Marzo

 Marzo e aprile sono mesi importanti per la situazione lavorativa. Dopo il 6 ci sarà una sorta di revisione di tutti i rapporti. Innanzitutto ci sono meno dissonanze planetarie, poi in particolare dal 7, avremo anche Venere e Marte favorevoli. Qualsiasi dubbio tu abbia in mente o proposta voglia fare, cerca di muoverti il 9, 10, 18 e 28. A ogni modo tornerà una bella fase creativa. Invito a non perdere di vista le buone occasioni perché, al più tardi entro fine aprile, sarà indispensabile chiarire situazioni in sospeso. Resta sempre il consiglio di investire i soldi solo se davvero si è certi di poter portare a termine un impegno. Tra gennaio e febbraio ci sono state anche uscite impreviste, per qualcuno multe, soldi non arrivati che hanno comportato problemi. Valuta nuove iniziative; non escludo anche la possibilità di un cambiamento o trasferimento. Conflitti nel lavoro con il capo o un collega potranno essere risolti… a modo tuo! Quando desideri chiudere un rapporto sai bene come fare.

 Le stelle di marzo aiutano l'amore. Qui bisogna capire da dove si parte, perché se tra gennaio e febbraio un rapporto è andato in crisi o hai avuto difficoltà, ci sarà qualcosa da definire. I cuori solitari o comunque coloro che vogliono vivere avventure trasgressive saranno più fortunati. Al contrario di quello che è accaduto tra gennaio e febbraio, a marzo i fine settimana tornano a essere interessanti. Solo sabato 12 farà eccezione. Venere è formidabile in concomitanza a Marte e Saturno attivi. C'è anche la possibilità di programmare un evento per le coppie che si vogliono bene e hanno superato qualche piccola baruffa. Un accordo sentimentale o una convivenza sono più fattibili, i prossimi due mesi aiutano anche chi è in conflitto legale con un ex, con soluzioni o magari semplicemente un accomodamento che aiuta. E le nuove relazioni d'amore partono bene con Venere attiva. Lasciati andare! Erotismo accentuato.

 Marzo prevede un recupero dal punto di vista della forma, cerca di fare una vita più rilassata e serena. Piano piano si sta recuperando, ma per qualcuno sono stati mesi di fatica ed emozioni non sempre facili da gestire. Solo in alcune giornate, quelle di inizio marzo, ti consiglio di stare attento alle distrazioni, in particolare venerdì 4 e sabato 5. Cure favorite da sabato 19, un respiro di sollievo segnalato dai pianeti veloci che tornano attivi. I nati sotto il segno della Bilancia dovrebbero bere acqua per la corrispondenza, secondo la previsione astrologica, di questo segno con i reni.

# Bilancia

Aprile

 Ci vorrebbe più tranquillità anche a livello economico. Le prime due giornate di aprile nascondono qualche insidia dal punto di vista dei conteggi. È chiaro che ognuno ha la sua storia lavorativa, in certi casi bisogna salvare il salvabile. Tra venerdì 1 e sabato 2 la pazienza non sarà altissima. Dall'11 riparte una buona fiducia nell'attività. Ricordo che da maggio tutto quello che è inutile andrà eliminato. Per fortuna sei sempre sorretto da Saturno! Quindi qui non si parla di chiusure definitive ma di revisione di alcune attività. Comunque se possibile cerca di ottenere conferme, prima che, dal prossimo mese, Giove opposto comporti qualche ritardo. Controlla bene carte e spese in sospeso, perché da maggio ci sarà qualche conto da sanare. Nei contratti, negli accordi di affitto o nelle compravendite è fondamentale mettere tutto nero su bianco, chiedere maggiori garanzie. Tra venerdì 22 e giovedì 28 avrai modo di fare una scelta importante che riguarda proprio l'attività.

 Sentimenti protetti in questo mese di aprile. Quest'anno è iniziato in maniera un po' pesante, ma ora è più facile superare insoddisfazione o stanchezza, dedicarsi ai sentimenti con piacere; se non vuoi vivere un amore per la vita questo periodo porta quantomeno relazioni part-time, incontri o amicizie amorose. Diverso il discorso di chi ha vissuto una separazione, rientrare in certi schemi non è più possibile, così i nuovi rapporti sentimentali saranno inizialmente vissuti quasi per gioco e senza impegno. Se uno dei due nella coppia sta vivendo un problema di lavoro, sarà bene non insistere su questo, evitando complicazioni ma soprattutto competizioni spiacevoli da gestire. Nuovi incontri intriganti, la seconda parte del mese è migliore della prima. Se vivi un legame da lunga data che ha buone basi, sarà più facile riaprire le porte della passione. E tra l'altro Marte favorevole aiuta anche a ritrovare una complicità sotto il profilo erotico.

 In questo mese la forza torna, abbiamo ancora un oroscopo interessante. Per fortuna quest'anno Saturno, pianeta che incide sulla situazione e sull'andamento generale, è sempre attivo, quindi anche se, come abbiamo visto, ci sono momenti di stallo, di apparente caduta, riesci e riuscirai sempre a recuperare all'ultimo minuto, non male! Sottotono venerdì 1 e sabato 2, ma c'è una grande forza in più dall'11 e buona risposta fisica attorno al 19. In qualche modo la fine di aprile riporta speranze, anche perché il Sole non è più opposto, e questo è decisamente un elemento di vantaggio!

Maggio

Il tuo 2022

Si dice che prima o poi i nodi arrivano al pettine, ed è proprio quello che accadrà a maggio. Fermo restando che dal punto di vista lavorativo hai sempre Saturno favorevole, quindi non ci saranno chiusure definitive, è importante sapere che da maggio alcune cose dovranno essere ridiscusse. L'ipotesi più probabile è che un accordo volga al termine, che ci sia la necessità di sottoscriverne un altro e a questo punto sarai tu a sollevare alcune pretese. Se già l'anno scorso hai cambiato gruppo o ti sei sentito messo da parte, il tuo livore, la tua ansia potrebbero crescere in proporzione. In realtà, ancora una volta dovrebbe entrare in gioco la tua diplomazia, non affrettarti a decidere. Giornate come giovedì 12, venerdì 13, giovedì 19 e venerdì 20 mi sembrano un po' su di giri. Stai facendo valere le tue ragioni ma non esagerare. Se ci sono trattative con alleati o soci, ti sembra di aver ricevuto meno degli altri. Per quanto riguarda la famiglia, se devi parlare con i parenti per una questione di soldi, per un atto da definire, sarebbe meglio chiarire tutto con calma, altrimenti ci sarà qualche problema per capirsi. Dall'11 maggio al 28 ottobre Giove in opposizione rimette in discussione alcune collaborazioni oppure dovrai reagire contro un ente che ti chiede soldi, ricorsi in vista. Per fortuna hai sempre una buona dose di ottimismo. Discussioni con esperti, conti in sospeso non devono farti perdere il buon umore. Attenzione a ex soci o compagni che possono alzare il tiro. Nelle dispute legali ci vuole pazienza. Se intendi aprire una vertenza o iniziare una causa, verifica bene le tue ragioni, l'impresa deve valere la spesa!

Le storie con buone fondamenta non devono temere, ma ritengo che a maggio ci sarà un piccolo disagio da superare. Nella migliore delle ipotesi tu o il tuo partner vi sentirete talmente affannati per questioni di lavoro o personali che in certi giorni sembrerà mancare feeling e intimità. Le nuove relazioni nascono per gioco, i Bilancia che hanno sofferto tanto per amore ora si accontentano di un amico piacevole da conquistare, con cui condividere anche l'intimità. Quella che mi piace meno è la situazione delle coppie profondamente in crisi da tempo, qui si arriva ai ferri corti! Maggio e giugno non permettono ad amori trascurati e trasandati di continuare. Le storie con persone già legate o lontane vanno gestite con prudenza, si rischia di perdere pazienza e speranze.

Sei sotto pressione, in certe giornate come il 13 e il 19 anche distratto. Il logorio della mente porta stress al fisico e se in certi fine settimana di maggio ti sentirai pigro e svogliato, non sarà un caso. Lunedì 23 e martedì 24 no alle esagerazioni. Chi tende a ingrassare provi a seguire una dieta sotto controllo medico.

 **Giugno**

 Le guerriglie in ambito professionale non sono finite. Qualche tribolazione in corso per coloro che devono risolvere una questione contrattuale, sarà complicato definire un contratto, ma anche stipularne uno nuovo perché giustamente sei diventato esigente. È come se cercassi un risarcimento che dall'anno scorso ritieni giusto ottenere. Saturno protegge, come al solito, quindi prima o poi sarà possibile trovare soluzioni. Meglio essere cauti, proprio tu che ami l'equilibrio, che detesti litigare, in alcune giornate di giugno ti sentirai più bellicoso. Non è nel tuo stile alzare la voce ma potresti essere preso tra due fuochi il 9, 10, 21 e 22. In casi eccezionali potresti anche pensare di cambiare gruppo. Non curarti dei nemici che pensano di avere del potere su di te, in particolare degli invidiosi. A giugno ti invito a risolvere o definire tutti i rapporti non attendibili. Dal 23 piccole soluzioni, lunedì 27 giornata per qualcuno decisiva.

 Stelle migliori in questo mese di giugno, anche Venere torna favorevole a partire dal 23. Nelle coppie si parla di questioni riguardanti casa, proprietà, società. Se ti propongono un progetto consultati con un esperto; per esempio chi deve acquistare una casa, controlli bene le carte perché potrebbe esserci un ritardo per mettere a posto pratiche catastali o altri fastidi. Se vivi due storie contemporaneamente già dal mese scorso devi fare i conti con una certa agitazione. La Bilancia solitamente è fedele, ci tiene al matrimonio e alla convivenza. Però non bisogna dimenticare che questo è un segno di aria, quindi ogni tanto ha bisogno di spaziare, vivere qualche trasgressione. A fine mese emozioni più semplici da vivere e gestire, dal 27 al 30 l'amore recupera così come l'ardore. Consiglio coloro che sono soli di puntare su luglio per fare incontri. Le storie d'amore che hanno subìto un contraccolpo nel mese di maggio devono essere recuperate, nei limiti del possibile. Alcuni rapporti sembrano più difficili, per esempio con il Cancro e il Capricorno. Per amore di giustizia vorrai parlare, esprimere i tuoi risentimenti. Cerca di ripristinare un confronto senza silenzi, e soprattutto supera i timori. Le questioni che riguardano le proprietà vanno affidate a persone competenti, non escludo discussioni anche sul patrimonio di famiglia.

 Marte opposto amplifica la sensazione, in certi giorni, di non farcela. Prudenza il 18 e 19; se poi sei a contatto con persone che proprio non sopporti, allora c'è anche il rischio di alzare la voce o agitare troppo l'animo. Ogni tanto la fiacca non ti permette di dare il massimo, lo stomaco resta un punto debole. Fase di miglioramento dal 17. Evita distrazioni il 15 e il 22.

Luglio

 Luglio rivela un clima più generoso per le vicende professionali, anche se alcuni nodi non sono stati del tutto sciolti, quindi chi ha aperto una vertenza o aspetta un rimborso probabilmente per ora deve mettersi l'anima in pace, sarà la fine dell'anno che porterà qualche soluzione. Posso pensare che la maggioranza dei nati Bilancia non stia facendo proprio quello che desidera fare; essendo usciti da mesi piuttosto concitati, è normale che molti cerchino un po' di tranquillità. Purtroppo non sempre si è potuto scegliere. Ecco perché si può valutare l'idea di iniziare un nuovo progetto che magari all'inizio sarà un po' faticoso, ma che nel giro di pochi mesi avrà più fortuna. Luglio chiede costanza. I transiti dei pianeti veloci sono attivi fino al 18, le richieste e gli incontri sono più interessanti il 6, 7, 11 e 12. Le tensioni sembrano minori anche se c'è ancora qualcosa da dire o da ribadire. In questo periodo si spende per la casa ma bisognerà anche risparmiare.

 Le relazioni sentimentali vanno gestite al meglio, la prima parte del mese è migliore della seconda. Le coppie che hanno resistito fino a qui vuol dire che hanno buone fondamenta. Tuttavia restano sempre dubbi, chi ha cambiato casa da poco o magari ha speso troppo deve recuperare. In casi eccezionali, per chi può permetterselo, grazie a una vendita si riescono a compensare spese del passato. I Bilancia che avevano delle proprietà è probabile che le abbiano vendute o stiano cercando di liberarsene per evitare spese e tasse superflue. Venere in alcune giornate sarà più passionale, interessanti venerdì 15 e sabato 16. Non bisogna tenersi lontano dalle relazioni occasionali, perché nel tempo possono diventare qualcosa di più. Bisogna ricordare che spesso i nati Bilancia sono un po' schivi in amore oppure prima di concedersi hanno bisogno di maggiori garanzie rispetto ad altri segni zodiacali. Sarebbe il caso di vivere alla giornata, senza porsi troppi dilemmi, le storie più importanti spesso nascono all'improvviso, da un incontro occasionale, persino da una semplice amicizia.

 Stelle favorevoli per la forma fisica, se poi avrai la fortuna di andare in vacanza già a luglio meglio, così sarà possibile rilassarsi. Piccole perplessità possono nascere solo nelle giornate più agitate, per esempio da lunedì 25 a mercoledì 27 qualcosa non va. Approfitta, comunque, di luglio per curare di più il tuo fisico, il recupero avverrà in tempi brevi.

# Bilancia

Agosto

 Prendersi una bella pausa di relax sarebbe necessario! Soprattutto se questo Giove in opposizione da maggio ha creato qualche incertezza nel lavoro. Infatti sappiamo che i rapporti di collaborazione sono stati agitati, e ci sono dei Bilancia che hanno rimesso in discussione tutto. Continua la resa dei conti! Tempo di austerity, bisogna risparmiare anche per concedersi un po' di più in vacanza; se non sei costretto a lavorare anche ad agosto, ritagliati una pausa di relax, ti farà bene anche per studiare al meglio tutto quello che ci sarà da fare in vista del futuro. Gli accordi sono favoriti ma non bisogna esporsi troppo nel fare i debiti. Così anche se stai vendendo qualcosa è probabile che tu non riceva proprio quello che vuoi, è meglio accordarsi. Non vuoi più avere debiti, vuoi liberarti di ogni tipo di peso. I giovani devono andare avanti, sarà un periodo di lavori part-time.

 L'amore ad agosto si risveglia dall'11. Prima di questa data in giornate come quelle del 2, 3, 8 e 9 potrebbero ancora nascere complicazioni. Ma come al solito molto dipende dal tipo di rapporto che stai vivendo, se la storia è in crisi profonda già da un paio di mesi, ci sono parecchie precisazioni da fare nella prima settimana di agosto. La Bilancia prima di chiudere o mollare un rapporto ci pensa molto bene, quindi mi auguro che questo sia solo un periodo di piccole divergenze che si risolveranno già dalla metà del mese. Litigare può diventare anche divertente se non ci si affligge troppo la vita. Agosto permette incontri, si potrebbero persino rivalutare vecchi amori. Se vai in vacanza con Venere favorevole e Marte attivo dal 20 è meglio. Mercurio entrando nel segno da venerdì 26 può essere artefice di incontri speciali. Cerca di mettere al bando la timidezza e l'eccesso di prudenza che ogni tanto nella tua vita rovinano tutto. Non devi vergognarti di mostrare il tuo lato romantico! Al tempo stesso, però, cautelati e cerca di non cadere vittima del colpo di fulmine. Non fermarti alle apparenze! Già nel passato ti è capitato di innamorarti di persone tanto belle fuori quanto vuote dentro! Il tuo «dannato» senso dell'estetica è da ridimensionare!

 Forza fisica in recupero ad agosto, bene nella seconda metà. Certo è che di stress ne hai accumulato tanto. Quando soffri di tachicardia o agitazione vuol dire che c'è qualcosa che non va dentro di te, quieta il tuo animo agitato. Anche se alcuni giorni sembrano più pesanti come 9, 10 e 15, è vero che dal 18 torna una buona forza, per esempio il 25 potresti già fare un incontro con un esperto per liberarti di un problema.

Settembre

Il tuo 2022

 Marte è in aspetto buono, Saturno promette bene. Il solito Giove opposto non permette di risolvere subito contenziosi legali o finanziari, vertenze, ma si va avanti lo stesso, dovresti esserci abituato. Ricordo quello che ho scritto qualche mese fa, chi ha aperto una vertenza prima del prossimo anno non avrà quello che vuole. Le stelle di settembre aiutano gli incerti, ora si sa da che parte andare e a chi rivolgersi. Se entrano soldi saranno spesi rapidamente. Ma anticipo che dal 10 ottobre qualcosa cambia. Andiamo con ordine! Settembre permette di parlare con il capo, con alcuni colleghi e trovare un compromesso. Se ti sei sentito molto contrariato in passato oppure hai dovuto, tuo malgrado, cambiare gruppo o società, ora sei più ottimista. Una buona notizia potrebbe capitare in concomitanza con l'ingresso del Sole nel tuo segno zodiacale da venerdì 23; se ti propongono qualcosa di nuovo non temere, si potranno vedere i frutti del tuo impegno. Gli studenti che devono affrontare delle prove saranno più favoriti, ancora meglio a ottobre quando Mercurio nel segno porterà maggiore capacità di concentrazione.

 Settembre trova una Venere neutrale che diventerà amica il 29. Le storie nate adesso possono avere un grande sviluppo a ottobre. Diciamo che l'amore torna prepotente nella tua vita a meno che non ci sia stata una separazione, in questo caso forse prenderai tempo prima di lasciarti andare a una nuova passione! È talmente tanta la voglia di trovare affetto e comprensione che non te ne starai in un angolo ad aspettare che le cose capitino. Ora puoi determinarle! Molto bene gli ultimi dieci giorni del mese, la Luna nel tuo segno zodiacale tra domenica 25 e lunedì 26 porta un'agitazione speciale che fa bene alle relazioni. Fine del mese, quindi, molto sensuale e possibilità di incontri e rappacificazioni. Per te è importante vivere in un ambiente famigliare sereno. Questo desiderio di pace a volte ti porta, però, a tenerti tutto dentro per non scatenare discussioni. Il problema è che se le incomprensioni si sommano poi è difficile venirne fuori! Settembre ti invita a vuotare il sacco se necessario!

 Settembre è un mese di recupero, ancora di più quando il Sole sarà nel tuo segno, quindi l'ultima settimana sembra più forte. Nuove energie sono in arrivo complice il buon aspetto tra Sole, Marte e Saturno. Devi solo combattere con l'umore che sarà un po' ballerino. Molto dipende anche dalle persone che frequenti. Con un po' di accortezza si supereranno le piccole preoccupazioni. Dal 26 successo per le cure mirate al benessere o per interventi estetici, desidererai cambiare look e sentirti meglio con te stesso.

Ottobre

Ecco un cielo che si riempie di buone occasioni: ottobre porta il transito di Venere nel tuo segno fino al 23. Anche questo aiuta! Infatti il modo in cui ti poni con le persone che incontri nell'ambito del lavoro è più produttivo, può esserci una bella novità dopo il 14. Raccomando agli studenti e alle persone che devono completare un progetto di darsi da fare, nonostante la residuale opposizione di Giove che può portare ogni tanto qualche dubbio in merito ai quattrini. In realtà questo è un mese interessante soprattutto per i creativi e tutti coloro che lavorano in proprio o possono fare progetti per i prossimi mesi. Chi lavora grazie a commissioni, ordini e incarichi già dal mese scorso, ma ancora di più in ottobre, ottiene vantaggi. Se lavori a provvigione puoi intascare qualcosa attorno al 25, peccato che le spese siano sempre superiori ai guadagni.

Anche l'amore si risveglia in questo periodo: interessante la buona posizione di Venere che, oltretutto, si troverà proprio nel tuo segno zodiacale. Questo significa che le relazioni, le storie e le amicizie che nascono adesso possono decollare e dare più sprint alla tua vita. Incontri piacevoli e domeniche favorevoli, liberati solo di qualche inutile seccatore; avere un cielo propizio non significa che tutti quelli che incontri vanno bene, ma che da parte tua ci sarà più giudizio nel fare scelte giuste; questo periodo può creare nuovi presupposti per quelle coppie che sono in dubbio ma hanno voglia di ripartire da zero. Coloro che hanno subìto una separazione in passato sono pronti a recuperare, adesso è più facile vivere emozioni nonostante una residua diffidenza che, in fondo, è anche comprensibile. Chi ha figli a carico discute di più, gli uomini sono troppo presi dal lavoro e pensano meno a tutto il resto. Quando senti di non essere certo della tua attività, di non avere i soldi che servono per andare avanti, tutto diventa più difficile. Vivi con troppa ansia e questa agitazione non può che essere riversata anche in amore. Attenzione, quindi, a non rovinare il cielo di ottobre che promette bene.

Ecco un cielo più facile: solo Giove in opposizione può portare, nelle giornate del 9 e 10, qualche piccolo conflitto emotivo o personale; l'unico punto debole è la tendenza a essere un po' troppo incerti, ora devi farti coraggio. Marte e Saturno sono favorevoli per tutto il mese, incontri positivi con esperti per risolvere un eventuale problema il 24. Una cura anche solo a base di acqua potrebbe essere utile per depurare il tuo organismo, mangia sano e non saltare i pasti. Tensioni in aumento dopo il 23.

Novembre

Il tuo 2022

Novembre ha diversi pianeti a favore, primo tra tutti il passaggio di Marte in un segno amico in trigono a Saturno; gli incontri ma anche le possibilità di ottenere incarichi importanti sono diversi. Anche se il solito stress maturato negli ultimi mesi ci mette lo zampino e rallenta le decisioni, novembre aiuta e in generale si può parlare di un oroscopo protetto. Non spendere troppo. Cerca di farti garantire qualcosa in più. Se sei in lotta o non ti trovi bene in un ambiente di lavoro, sappi che tra novembre e dicembre si giocherà tutto. In casi eccezionali potresti anche cambiare aria con gli inizi del prossimo anno. Evidentemente cerchi approdi più sicuri. La situazione economica impensierisce i liberi professionisti, tuttavia dopo il 16 con Venere e Mercurio favorevoli possono nascere buone opportunità, le giornate del 23 e del 24 possono fare la differenza: organizza un incontro o fai il punto della situazione.

Novembre permette di fare passi avanti, l'amore avrà più peso nella tua vita dopo il 16. Superate le ostilità degli ultimi mesi (che nei casi più gravi sono state fonte di discussione accesa), adesso si può recuperare un rapporto ma anche vivere qualcosa di nuovo. Chi è solo e aveva ormai perduto la fiducia nel riuscire a colmare un vuoto, potrà contare su emozioni nuove: per esempio il 19 la Luna sarà nel segno, buoni incontri. Le relazioni ora nascono in maniera passionale, ma attenzione a non impelagarsi in un rapporto extraconiugale. Novembre crea in qualche caso relazioni clandestine, ufficiose, ma non riesce a tenere nascoste le cose. Se la tua unione è ormai impossibile da portare avanti, non ci sarà altro da fare che chiarire ogni malinteso, dal 23 al 30 non mancherà l'occasione. Le persone che si sono separate oppure hanno una questione legale in ballo che riguarda la famiglia o proprietà, dovranno cercare un armistizio, un accomodamento. Chi apre una vertenza con un ex in questi giorni deve sapere che potrebbe durare anche più di un anno, quindi da questo punto di vista meglio andare avanti solo se davvero ne vale la pena.

La prima parte del mese può essere piuttosto faticosa, per esempio sabato 5 e domenica 6 sarai un po' fuori gioco. Una cura depurativa potrebbe aiutarti, qualche piccolo disturbo di origine reumatica dovuto a colpi di aria. Sabato 26 attenzione e così anche domenica 27.

 **Dicembre**

 Se c'è qualcosa da dire, parla entro il 10. Attenzione a non portare eventuali contrasti famigliari e personali nell'attività, perché se vai al lavoro con il muso lungo ci sono problemi; cerca anche di tollerare una persona che potrebbe comportarsi con te in maniera sbagliata. Chi ha una causa in corso dovrà aspettare per avere ragione, considerando l'opposizione di Giove dal 20 di questo mese, forse converrebbe mettersi d'accordo. Quest'anno avrai voglia di passare le feste in maniera tranquilla, lontano da preoccupazioni del lavoro. Resta un po' di fatica: Mercurio dissonante parla di una riunione di famiglia per decidere questioni di soldi. Prudenza nei rapporti con Bilancia, Cancro e Capricorno. Il lavoro dipendente è sottoposto a turni pesanti, hai una grande voglia di cambiare gruppo, ruolo, se ne riparla l'anno prossimo.

 I primi giorni di dicembre non sono conflittuali. Tuttavia alcuni fine settimana potrebbero portare disagi, attenzione il 10, 11, 17 e 18. Questo mese riporta alla luce certe differenze e difficoltà nel rapporto come dimostrano alcune giornate particolari, ma tu resti il più forte nella coppia. Se ci sono problematiche inerenti a proprietà, questioni di famiglia irrisolte, bisognerà mettersi d'accordo. In realtà eventuali cause, questioni legali dovranno essere gestite con attenzione, meglio non impelagarsi in situazioni che potrebbero diventare difficili da gestire in vista del 2023. I sentimenti saranno da vivere alla giornata, se sei reduce da esperienze negative sarà più difficile che, almeno per ora, tu conceda fiducia a un'eventuale spasimante. Chi ha chiuso di recente una storia dovrà avere un po' di pazienza e forzare la mano al destino. L'anno si chiude con qualche dubbio per le coppie già in crisi e sarà necessaria una revisione del rapporto. Giove come già accennato, torna in opposizione a fine mese e questo può ledere i rapporti che sono da tempo in agitazione. Cause e questioni legali possono tornare in primo piano.

 Dicembre va vissuto con prudenza soprattutto nella seconda metà; cerca di non rubare tempo al sonno, per te è molto importante curare l'aspetto esteriore, svegliarti al mattino e vederti già stanco allo specchio può influire sul tuo umore. No alle esagerazioni dal 21 al 31. Quest'anno meglio trascorrere le feste in serenità e con poche persone fidate attorno, senza strapazzi o rischi. Non stancarti troppo in questo mese, ricorda che dal prossimo avremo Giove in opposizione. Questo significa che dovrai misurare le tue forze e soprattutto evitare di strafare. Probabile che tu abbia voglia anche di cancellare impegni che non sono più importanti, ritrovare il tempo per te stesso e serenità interiore!

Ascendenti

Se il tuo ascendente cade in:

♈ **Ariete**: Giove e Marte opposti all'ascendente a giugno spostano l'interesse su questioni rilevanti: contratti da rivedere, un accordo messo in discussione. Attenzione alle uscite, una compravendita è in ritardo; c'è chi deve cambiare casa o si rimetterà in gioco in un altro settore o luogo. Luglio mese buono per le nuove relazioni.

♉ **Toro**: le buone opportunità non mancano ma resta la dissonanza di Saturno all'ascendente, alcuni problemi riguardanti la casa saranno da affrontare a maggio. Solo le coppie profondamente in crisi dovranno evitare dispute. Grande cielo per chi vuole fare qualcosa di più nell'ambito del lavoro, Marte tocca l'ascendente dal 5 luglio, un mese di buone risorse.

♊ **Gemelli**: non conviene fare molto fino a metà maggio, poi si parte con Giove in ottimo aspetto all'ascendente. Ci sono più risorse da sfruttare, bella la situazione tra settembre e ottobre, e alla fine di quest'ultimo un progetto torna vincente; per i giovanissimi un'amicizia nata per gioco a luglio potrà diventare qualcosa di più entro la fine dell'estate.

♋ **Cancro**: Giove e Marte formano un aspetto conflittuale attorno a giugno; attenzione perché sarà un momento in cui potresti rivedere tutta la tua vita, facendo scelte drastiche, persino allontanando persone che pensi non siano più importanti. Alla fine dell'anno c'è il riscatto che giustamente attendi e anche una bella sorpresa durante le festività.

♌ **Leone**: bisogna agire al più presto, sfruttando le buone stelle della primavera; un po' di vanità non guasta, il tuo fascino raddoppia da fine giugno. Evita di acquistare qualcosa di troppo costoso o comunque tieni sotto controllo le spese. Questioni legali da affrontare entro primavera, meglio mediare.

♍ **Vergine**: Giove non sarà più opposto all'ascendente dal 10 maggio, quando ti sembrerà di esserti tolto un peso di dosso. Gli ultimi mesi del 2021 hanno portato spese per la casa e bisogna ritrovare tranquillità. Si registra un momento di recupero, per quanto riguarda i sentimenti bene la seconda parte di luglio.

Ascendenti

♎ **Bilancia**: non si può sempre sorridere a denti stretti, ecco perché se hai qualcosa da dire è il momento di parlare in modo esplicito, lo dicono chiaramente i mesi di maggio e giugno. Per chi vuole sposarsi o convivere è un cielo che porta qualche ritardo all'inizio, ma alla fine dell'anno sarà più attivo. Cielo fertile per le coppie che vogliono e possono avere un figlio.

♏ **Scorpione**: bisogna curare maggiormente la forma fisica, in particolare quando Marte sarà opposto all'ascendente, nel mese di luglio. Molti degli eventi più importanti capiteranno a metà anno, anche per quanto riguarda l'amore, una passione potrebbe nascere per gioco alla fine di luglio. Nel complesso un 2022 che porterà cambiamenti interessanti!

♐ **Sagittario**: riguadagnare terreno e fiducia nell'ambito del lavoro non sarà difficile, maggio e giugno sono mesi importanti. Il cielo del 2022 è meno ostile e addirittura si prevede una ripresa entro ottobre o novembre. Si chiude l'anno in bellezza e chi vuole può fare incontri speciali, anche chi è rimasto solo può recuperare.

♑ **Capricorno**: probabili cambiamenti che riguardano la casa ma anche il lavoro, se un legame professionale non soddisfa, potresti andartene. Chi vuole sposarsi o convivere potrà contare sui mesi successivi a luglio ma attenzione, bisogna tenere sotto controllo le spese, il punto dolente di questo 2022.

♒ **Acquario**: le combinazioni dell'anno spingono verso la libertà, anche perché Saturno continua un transito sul tuo ascendente. Ad agosto alcune storie d'amore saranno sottoposte a discreto stress, non ci sarà un grande recupero in autunno. In generale, però, bisognerà evitare sforzi e riposare di più. Stanchezza in eccesso.

♓ **Pesci**: l'inizio dell'anno non è così tonico sotto il profilo finanziario, fate molta attenzione alle spese. Traslochi, trasferimenti, è probabile che ci sia da discutere riguardo un cambiamento importante durante il periodo estivo. Anno di novità sul fronte dei sentimenti, sarà possibile fare un incontro speciale tra agosto e settembre.

Scorpione

Cosa cambia dall'anno scorso

Giove inizia con un transito interessante che cerca di rallentare l'effetto contrastante di Saturno e Urano, pianeti che nel 2021 ti hanno reso insofferente. La diffidenza che Saturno e Urano impongono nei rapporti di lavoro è evidente, ma c'è anche una certa stanchezza nel fare sempre le solite cose; il problema è che le occasioni che arrivano agli inizi dell'anno non sembrano durature, necessità fa virtù e bisogna stringere i denti. Quello che hai cominciato nell'ambito del lavoro nell'autunno del 2021 potrebbe cambiare entro primavera 2022. Resta una certa scontentezza, almeno agli inizi dell'anno vorresti avere più garanzie, non sei certo il tipo che può vivere sereno alla giornata. Lo Scorpione talvolta contraddice se stesso: per una vita cerca situazioni stabili salvo poi liberarsene perché si sente soffocare; però, poiché senza lottare e con le mani in mano non sa stare, dopo un periodo di apparente vagabondaggio, ricerca di nuovo la lotta e qualche complicazione, così la storia si ripete. Il 2022 è un anno di trasformazione e

# Scorpione

cambiamento che porterà spesso variazioni di umore e prospettive. Ci sarà anche chi all'interno della stessa azienda dovrà o vorrà trovare una nuova collocazione, freelance che cambieranno società, organizzazioni e collaborazioni. Così tutti i nati del segno avranno modo di mettersi alla prova e questo alla fine darà i suoi frutti. Già marzo potrebbe essere un mese in cui le sorprese non mancheranno, lo vedremo insieme.

I sentimenti sono importanti

La contrarietà di alcuni pianeti negli ultimi due anni ha provocato in casi estremi una separazione o disagi con i famigliari, persino chi vive una storia di lunga data, anche se non è arrivato a troncare, ha perso sintonia con il proprio partner con cui sarebbe il momento di riaccendere la passione. Non mancheranno le occasioni per fare ciò che ti piace, proprio per questo motivo sarà importante cogliere al volo le opportunità previste già durante la primavera. Visto che non è un anno di completa e duratura stabilità ma di continui cambiamenti e in qualche modo adattamenti, sarà fondamentale da parte tua mantenere un atteggiamento duttile e al tempo stesso equilibrato. Modificare la percezione del futuro senza arrabbiarsi se qualcosa non sarà immediatamente raggiungibile, mediare, trovare accomodamenti sarà più utile che ostinarsi. Non è un anno ricco, ma ci sarà l'opportunità di risolvere alcune questioni economiche rimaste in sospeso in passato. In realtà i soldi che entreranno verranno spesi immediatamente. Non escludo, però, che qualche spesa sia da sostenere per un famigliare che avrà bisogno di te. La famiglia conta molto quest'anno.

Un anno di intuizioni

Tra le note favorevoli del 2022, un aspetto importante tra Giove e Nettuno: questi pianeti aiutano a trovare la giusta direzione della vita regalando esperienze particolari a febbraio, ma soprattutto tra fine marzo e aprile. In certi casi, addirittura, potrebbero portare un ritrovato amore per il misticismo, il desiderio di approfondimenti psicologici o spirituali e in qualche caso, visto che lo Scorpione è un segno esoterico, intuizioni se non addirittura premonizioni. In alcuni mesi dell'anno, di cui parlerò nelle prossime pagine, queste illuminazioni potranno essere eccezionali. Si potrà lavorare per ottimizzare la propria condizione, contare, in certe settimane, su un pizzico di fortuna. Migliora comunque la conoscenza di sé! I rapporti con gli altri ritornano al centro della vita, le relazioni superflue sono state già chiuse negli ultimi due anni, nel 2022 sarà basilare dare spazio solo alle cose e alle persone vere! Un'altra indicazione utile riguarda la famiglia che torna fondamentale; i separati, le persone che non possono più contare su di un «nido» in cui rifugiarsi, cercheranno di ritrovarsi in un ambiente favorevole, accanto ad amici e persone care. Fedele al motto «meglio pochi ma buoni», non vorrai avere attorno a te tante persone, ma solo quelle che riconosci più importanti. Sono convinto che tu stesso oggi ti chiedi come sia stato possibile frequentare certa gente così a lungo! L'era della liberazione è iniziata, nel 2022 ti sentirai più libero anche nel dire cose che fino a qualche tempo fa, per pudore o paura di sbagliare, avresti tenuto dentro di te.

In amore contano le emozioni vere!

La gelosia è un'arma a doppio taglio, non è detto che si esprima solo in amore. Lo Scorpione, infatti, è possessivo anche nei confronti degli amici, delle sue cose. In questo assomiglia molto al suo opposto, il Toro, che è considerato un segno molto materiale. Lo Scorpione quando ama trasmette spiritualità, ma ci mette tempo prima di aprirsi. Conosco persone che sono da anni con un Scorpione e hanno l'impressione di non conoscerlo del tutto. Lo Scorpione quando si concede rivela i propri segreti e pretende massima riservatezza. Guai a raccontare i suoi fatti in giro. È raggelato all'idea che le sue emozioni più private o qualche segreto intimo venga rivelato in giro. Dal momento che gli sfuggono ben poche cose sarà molto difficile farla franca se si è poco sinceri. Le conseguenze da pagare in caso di «infedeltà» sono pesanti. Il modo di condurre le relazioni di uno Scorpione è sempre profondo, forse anche troppo dal momento che quando non sente di ottenere ciò che desidera si chiude in se stesso, diventa spigoloso e permaloso. Il rovescio della medaglia è che chi si concede a una persona di questo segno potrà contare su un amore profondo e duraturo, purché si comporti bene e lo Scorpione abbia l'idea di controllare la situazione. In amore lo Scorpione ama le persone combattive, mette fuori dalla porta tutti quelli che non reagiscono e sono apatici. È attratto dalla fragilità ma per sanarla, e quando si trova ad avere a che fare con persone che approfittano della sua energia per nulla, si arrabbia e chiude definitivamente.

# Scorpione

Devi essere felice, ottimista e molto lungimirante!

Non dico che il 2022 riesca a farti rilassare totalmente, Saturno resta dissonante, imponendo sterzate improvvise anche per quanto riguarda la tua attività, cambiamenti decisi da te o dal destino. Nonostante ciò il 2022 rappresenta il periodo perfetto per fare uno sforzo in più, andare avanti e iniziare una nuova vita. I più giovani, per esempio, è dall'anno scorso che stanno facendo praticantato oppure cambiano spesso lavoro o collaborazioni. Ma c'è un premio dall'autunno di quest'anno e ancora di più dal 2023! Quindi non bisogna perdersi d'animo. E lo dico a ragion veduta perché in certi mesi avrai sensazioni speciali: un'indicazione particolare riguarda il periodo dal 14 gennaio al 3 febbraio, lì si giocherà un punto cruciale del tuo destino, è probabile che proprio il primo mese del 2022, come leggerai più avanti, possa improvvisamente causarti qualche ansia con la sensazione di non essere nel posto giusto. Fai attenzione con le parole, non reagire impulsivamente nelle discussioni. In certe giornate particolari, che descriverò nelle prossime pagine, avrai l'opportunità di aprire nuovi orizzonti; è probabile che alcune persone si oppongano a quello che desideri davvero, in certi momenti avrai l'impressione di avere tutti contro o di essere circondato dall'invidia. Fatti scivolare le cose addosso, anziché ostinarti nel cercare inutili rivalse o polemiche, aspetta che il tempo faccia il suo corso. I compromessi quest'anno renderanno la vita più facile.

La fine dell'anno sarà decisiva

Si parte dal 23 ottobre con un transito particolare di Venere, seguito dal 29 ottobre anche da Mercurio. Non voglio anticiparti nulla, perché sarà una sorpresa quando inizierò a parlarti dell'autunno. In generale posso però dirti che si preparerà una situazione di grande fermento, il tuo pensiero sarà rapido, l'adattabilità migliore e anche per merito del destino inizierai a spingere in maniera più importante tutti i tuoi progetti. Anche se c'è in ballo un acquisto, una vendita, l'autunno del 2022 porterà più tranquillità. Non dimentichiamo che dal 7 marzo 2023, il pianeta che ha rallentato la tua vita inizierà a essere favorevole: sto parlando di Saturno. Ecco perché molti progetti che nascono alla fine del 2022 diverranno importantissimi nel 2023. Il 2022 sarà un anno faticoso, a volte impegnativo, di ricostruzione, ma non mancheranno momenti di successo, anche se dovrai iniziare un nuovo percorso di lavoro o personale.

Gennaio

Il tuo 2022

Giove, pianeta della fortuna e delle grandi occasioni, può agire liberamente in questo primo mese dell'anno, con buone premesse per tutti coloro che hanno già effettuato un cambiamento di lavoro o personale negli ultimi mesi; solo dal punto di vista economico ancora non ci sono grandi garanzie: una ristrutturazione può costare più del previsto oppure c'è da iniziare un nuovo percorso che darà frutti tra un po' di tempo. Da metà gennaio fino agli inizi di febbraio ci saranno molti pianeti attivi, questo porterà una profonda riflessione sulle cose più importanti da realizzare e inevitabilmente qualche incertezza. La situazione è più pressante per tutti coloro che hanno avuto il coraggio di cambiare gruppo o ruolo, insomma non fanno più le stesse cose di prima. Se ancora sei nella stessa situazione dell'anno scorso, scalpiti, vuoi fare altro. Spese per ristrutturazioni, un negozio, un locale, dipende. L'ottimo aspetto di Giove protegge un po' di più e permette di trovare qualche aiuto. Lunedì 31 fai una richiesta. Non consiglio investimenti azzardati. Attenzione agli acquisti, meglio valutare bene con chi si ha a che fare.

Le vicende amorose dei nati Scorpione sono caratterizzate da parecchi alti e bassi. C'è anche chi ha dovuto chiudere un rapporto l'anno scorso o più filosoficamente ha deciso di farsi scivolare le cose addosso per non discutere in continuazione. Inoltre i cuori solitari si sono concessi con mille dubbi a relazioni part-time. Ora sono facilitate le conoscenze, ma attenzione a ripescaggi nel passato, lo dico perché Venere a gennaio avrà un moto retrogrado, questo può indicare la necessità di dover discutere con un ex o ripensare al passato. In realtà avresti bisogno di sicurezze, l'importante è sentirti ancora innamorato e desideroso di stare insieme a una persona; gli incontri della fine di gennaio sono più validi in vista di febbraio, mese che nelle prime due settimane avrà molto da dire in amore. Anzi, è possibile immaginare che ci saranno esperienze particolari, in condizioni diverse rispetto al passato, a contatto con persone nuove. Il tema del trasferimento o cambiamento di vita è già in corso da molti mesi. I più giovani potrebbero pensare di trasferirsi o avere nuove esperienze. C'è voglia di investire nelle emozioni d'amore.

Gennaio risulta frenetico ma non complesso; il fatto che soprattutto alla fine del mese ci siano molti pianeti in sestile, cioè in aspetto buono, porta qualcosa di più, le nuove cure sono efficaci per chi soffre di disturbi alle ossa (frequenti per i nati nel segno). Risultano un po' più agitate le giornate dell'11 e 19.

 **Febbraio**

 Mese interessante, soprattutto nelle prime due settimane. Ancora Giove favorevole, conviene sfruttarlo entro la fine di aprile, quindi se per quanto riguarda il tuo lavoro devi avanzare richieste, è meglio parlare subito, mentre se un programma si è chiuso, pensa a qualcosa di nuovo. A febbraio vanno bene il 3, 4, 21 e 22. Domande fatte in passato possono essere accettate; il settore dei contatti, dello studio e dei progetti è pieno di transiti attivi. Gli unici aspetti contrari di Sole e Saturno rappresentano più che altro condizioni professionali che sarà difficile cambiare, in particolare se lavori in un'azienda che non riesce a darti il giusto risalto. Addirittura qualcuno potrebbe pensare di avere un nemico da combattere; un momento di recupero dal 18 con il Sole favorevole. Le nuove iniziative costano fatica, ma conviene andare avanti. Anche se non possiamo contare su stravolgimenti pazzeschi o colpi di fortuna che sistemano per la vita (Saturno è accigliato), si può comunque portare avanti una buona idea. L'importante è ritrovare la sensazione della libertà, quella speciale emozione che da tempo ti manca per le tante responsabilità che hai assunto e per la situazione esterna. Novità a fine mese.

 La vita sentimentale è protetta da Venere favorevole; bello questo cielo di febbraio non solo perché Venere transita in aspetto di sestile, ma anche perché Giove è attivo. Chi vuole cambiare partner o fare incontri speciali si deve rimboccare le maniche senza, però, dare spazio a retaggi del passato; lo Scorpione, infatti, è un segno di acqua, e difficilmente dimentica il proprio amore, ma se ci sono livori o desiderio di vendetta per torti subiti, il buon transito di Venere favorevole andrebbe sprecato! Meglio concedersi a qualcuno che vale la pena frequentare; segui questo nuovo cammino interiore che Giove e Venere tracciano, bene per chi cerca un nuovo sentimento bizzarro o travolgente, anche part-time. Le coppie di lunga data devono risolvere fastidi economici. Se c'è una causa in corso, prima del 10 marzo è difficile che arrivino notizie; i figli riservano sorprese inaspettate che possono regalare momenti di grande gioia ai genitori. Intrighi d'amore, incontri: il cielo propone, poi saremo noi a dover fare le scelte giuste!

 Un recupero generale è previsto da queste stelle in particolare dopo il 18. Se ti trovi in un ambiente di lavoro o famigliare che pensi sia ostile alle tue esigenze, devi cercare di staccare la mente; gli ultimi giorni del mese sono interessanti anche per iniziare cure oppure lavorare a progetti che portano nuove prospettive e ti fanno sentire meglio.

Marzo

Il tuo 2022

Il cielo si rasserena e le sorprese non mancheranno ora che Giove è ancora attivo e porta cambiamenti. Nettuno protegge e il Sole regala buone dritte. In più questo mese avrà favorevole anche Mercurio che dal 10 al 27 potrebbe aiutarti a risolvere qualche contenzioso legale o problema economico. Un periodo buono per fare richieste, le giornate di venerdì 11 nonché lunedì 21 potrebbero essere ideali in questo senso; mantieni le tue convinzioni e difendi il tuo operato mostrando di saperci fare. Avere il Sole favorevole fino al 20 non è poco e risolleva il morale! Anche se è difficile recuperare tutti i soldi persi e mettere sotto controllo le spese, marzo è più tranquillo dal punto di vista economico, anche grazie a un aiuto che potresti richiedere direttamente. Nonostante tutto costi fatica, bisogna andare avanti. Se hai un progetto cerca di farlo partire prima di maggio. Visto che in amore potrebbe esserci qualche indecisione, come vedremo, sarà proprio la situazione lavorativa a darti maggiori soddisfazioni e a permetterti di spaziare in diversi settori, puoi realizzare un progetto o fare una richiesta importante. Il tema dell'amicizia è basilare, una storia nata per gioco potrà diventare qualcosa di più: osserva quello che accade alla fine del mese.

Marzo comincia in modo abbastanza interessante, ma da domenica 6 Venere e Marte iniziano un transito stridente; tutte le relazioni che hanno già avuto problemi in passato potrebbero entrare in crisi e anche tu potresti sentirti estremamente drastico nei giudizi; chiederai una promessa, un impegno preciso a chi non ritieni «serio» o attendibile. Rinuncia a qualche battaglia non necessaria e cerca di evitare tensioni; un momento di lotta potrebbe tornare con i parenti se ci sono questioni riguardanti le proprietà; il 14, 15, 21 e 22 sono le giornate più pesanti da questo punto di vista. Ci sarà da sciogliere un nodo in famiglia: resta una buona energia, ma una piccola preoccupazione concernente i parenti capita proprio nella parte centrale del mese. Marzo non aiuta gli incontri passionali, anzi, forse sarebbe il caso di vivere tutto carpe diem. Poiché punti parecchio sull'amore e di conseguenza dai molto, in certi giorni del mese ti renderai conto di non essere stato ricambiato a dovere. Se sei rimasto vittima di una dolorosa separazione, potresti inconsciamente allontanarti da storie possibili, lasciandoti intrigare da quelle impossibili per paura di soffrire ancora.

Una certa agitazione torna, Marte è in aspetto contrario fino al 15 aprile. Non strapazzate il fisico e attenti all'alimentazione, evitate i cibi piccanti; piccole infiammazioni, fastidi i lunedì e i martedì del mese; dormi di più. Cura la pelle, non agitarti domenica 27 e lunedì 28.

 **Aprile**

 Il mese parte bene e ricordo che Giove sarà attivo fino al 10 maggio. Dato che, come abbiamo visto, con Giove e Nettuno in trigono, poi la situazione affettiva non è comunque completamente tranquilla, il consiglio in questo periodo è quello di evitare di riversare sul lavoro le tensioni che nascono altrove. C'è chi sta avendo ancora troppe spese per colpa di Saturno contrario. Il tema della casa è ricorrente nel corso di quest'anno, probabilmente ci saranno anche uscite impreviste. Se alcune richieste non sono state esaudite, potresti arrabbiarti parecchio. Sono gli inizi delle settimane di aprile a essere più controversi. Giornate un po' particolari nel rapporto con gli altri, con capi e colleghi non c'è il massimo della compatibilità oppure da pochi mesi hai iniziato un nuovo lavoro e devi ancora ambientarti. Decidi quello che devi fare entro e non oltre la metà del prossimo mese. Questo è un periodo «fluttuante» per la vita professionale, e può indirizzare su più percorsi senza che si abbia la certezza di intraprendere quello giusto. Ci vuole tempo per accettare i cambiamenti che sono partiti già da tempo. È fondamentale poter contare su di un'autonomia economica, ma non tutti i nati sotto questo segno sono tranquilli da questo punto di vista.

 I sentimenti sono più forti dopo il 5. Mi chiedo cosa sia rimasto in piedi, perché marzo è stato un mese tumultuoso per l'amore. Le coppie che, già dall'anno scorso, hanno qualche problema potrebbero tornare a più miti consigli per fortuna; venerdì 8 e sabato 9 le giornate da sfruttare. Certo che questo Saturno conflittuale può portare, ma solo nei casi in cui il rapporto sia davvero arrivato alla frutta, a un'eventuale separazione. Dopo la baraonda del mese scorso, adesso un'eventuale disputa sarà più facile da accettare, diverso il discorso di chi ha deciso di fare un figlio, cambiare casa; le incertezze arrivano dal rapporto con il partner soprattutto se è lontano o ha qualche problema di suo. Per i cuori solitari c'è una grande voglia di riscatto. Sconsiglio storie con persone che viaggiano o lontane o ancora di età o stile di vita diversi. Se cerchi a ogni costo la soluzione più originale in amore rischi di affaticarti e non concludere nulla. Piccole preoccupazioni per una persona di casa attorno al 10.

 Nelle prime due settimane del mese è possibile qualche piccola défaillance. Non sprecare troppe energie nella giornata di domenica 3, così anche domenica 10 fai tutto con molta calma. Meglio evitare crisi di intolleranza globale, sai che quando ti arrabbi alla fine fai del male a te stesso, perché finita la sfuriata ti tormenti per diversi giorni, non dimentichi facilmente.

Maggio

 Giove sarà attivo fino al 10, per fortuna dopo non andrà in aspetto contrario. Spero che tu abbia fatto alcune richieste nei primi mesi dell'anno. Se è così sarà più facile avere una buona risposta. Devi sapere che eventuali ostacoli e contrasti con un superiore possono essere risolti, poi se cerchi proprio un nuovo modo di lavorare o altri colleghi, è probabile che entro due mesi ci sia una novità o proposta importante per cambiare azienda o ufficio. Con questo Saturno «contro» i nati Scorpione vorrebbero fare altro ma poi, alla fine, pur di portare a casa lo stipendio, sono costretti ad accettare situazioni che vorrebbero evitare oppure fanno un lavoro che non regala tranquillità per vari motivi. Certo, la sensazione di essere messi da parte o non essere considerati potrà capitare anche perché, come ho già spiegato precedentemente, sei una persona particolarmente suscettibile. Inoltre quando lavori dai il meglio di te e se questo non viene riconosciuto ti arrabbi ancora di più. Saltare nel buio o fare azzardi non è consigliato, almeno per ora. Non escludo che tu possa tornare a fare quello che avevi abbandonato qualche mese fa, necessità fa virtù.

 Le storie d'amore nate negli ultimi mesi non ricevono contraccolpi con il cielo di maggio; Marte, anzi, favorisce la sensualità fino al 24. E ci sarà anche qualche giornata intrigante, giovedì 5, venerdì 6, domenica 15 e lunedì 16. Se hai un amore nato da poco, forse non sei totalmente convinto di quello che stai facendo oppure resti un po' spiazzato dagli atteggiamenti del partner; dubbi in più se frequenti Pesci, Gemelli o Sagittario. Qualunque sia la tua storia personale, che tu abbia chiuso un rapporto che ti faceva soffrire o che abbia voglia di iniziare uno splendido viaggio nel pianeta dell'amore, cerca di trovare sintonia con te stesso; un giorno penserai che un rapporto va bene e il giorno dopo il contrario. Vorresti sovvertire le regole e vivere anche qualche trasgressione, ma se ti lasci andare a una relazione avventurosa, penserai di avere a che fare con una persona che ti frequenta solo per interesse o per attrazione fisica; quante indecisioni! Così si rischia di non essere mai contenti.

 Maggio è un mese con alti e bassi, quindi potresti avvertire una certa stanchezza domenica 1 e 15, sabato 21 e domenica 22; si potrebbe verificare un'esagerata collera nei confronti dell'ambiente circostante, probabilmente anche in famiglia! D'altronde abbiamo detto che questo è un anno che prevede parecchi alti e bassi. Gli ultimi dieci giorni del mese sono da tenere sotto controllo, da sabato 28 al 31 non avrai modo di recuperare energie rapidamente come sei solito fare.

 **Giugno**

 Giugno porta qualche speranza in vista del futuro, c'è una visione dei prossimi sei mesi più ottimista. Dal punto di vista finanziario attenzione fino al 13, poi va meglio; le richieste fatte in passato si possono sbloccare. Chi lavora di anno in anno e deve rinnovare un contratto, mediando potrà ottenere quello che desidera o quasi. Meglio accontentarsi per ora, Saturno tornerà valido solo l'anno prossimo! Questo è un periodo favorevole per farti le ossa o se sei all'inizio di una collaborazione. Saturno contro non è un aspetto tale da bloccare la tua evoluzione, ma comporta già da diversi mesi il doppio della fatica nel fare tutto, cambi continui, questioni burocratiche. Alcuni si sono sospesi dal lavoro oppure hanno mantenuto un atteggiamento fatalista, facendo il minimo sindacale. Se c'è una questione legale in ballo da tempo, devi trovare una mediazione. Per coloro che hanno perso soldi in passato non posso dire che tutto sarà recuperato in breve tempo. I rapporti con i figli funzionano meglio rispetto ai mesi agitati come marzo, se si gestisce un'attività tutti insieme si trova un accordo. Conta sulla posizione del Sole che dal 21 torna favorevole. Per chi vuole trasferirsi o cambiare vita un po' di prudenza è necessaria; ci sono state spese per la casa o in ufficio negli ultimi mesi, si potrebbero valutare idee come un trasferimento, una compravendita o un nuovo contratto di affitto.

 L'amore torna pensieroso a giugno. Più pesanti le dispute con gli ex, attenzione se c'è un contenzioso ancora aperto, discussioni per assegni. In realtà sembrano preoccupati coloro che negli ultimi mesi hanno iniziato una convivenza oppure avuto un figlio. La paura di non riuscire ad affrontare le tante responsabilità è forte; Venere in opposizione potrebbe renderti più emotivo e suggestionabile del solito. L'agitazione è presente per un avvenimento esterno da affrontare con calma, consiglio una valutazione ampia della situazione che stai vivendo; attenzione ai conflitti che possono nascere nei primi tre fine settimana del mese anche nei rapporti con i parenti o tra genitori e figli. Se c'è comprensione e affetto si va avanti, altrimenti scatta la rabbia, soprattutto se pensi che una persona non ti dia sufficienti garanzie. Il cielo si libera dopo il 23 e se ci sono problemi, devi organizzare un incontro d'amore dal 28 al 30 quando Sole e Luna saranno favorevoli.

 Giugno mette alla prova la tua pazienza, la seconda parte dell'anno porterà opportunità maggiori, ma riuscire a mantenere la calma è più difficile in particolare il 4, 5, 17 e 24. Le prime dieci giornate del mese sono più pesanti, poi torna uno stato di buona energia, ancora di più dal 21 al 30.

Luglio

Il tuo 2022

 Un mese attivo per i contatti, i progetti, in particolare dal 5 al 19, incontri produttivi venerdì 8 e mercoledì 13. Possono essere conclusi accordi interessanti. Pur ricordando che questo è un anno di preparazione a un 2023 di grande forza, posso dire che qualcosa si sta muovendo già da ora. Bisogna combattere l'ansia che potrebbe ostacolare l'andamento dei rapporti con le persone che contano, in effetti è probabile che tu possa ritrovarti a discutere con un capo o una persona che non capisce le tue reali capacità. Un momento di stanchezza in più dal 22; i giovani possono anche accettare di avere diverse collaborazioni, il che, però, comporta stanchezza, ma la possibilità di lavorare con più imprese aiuterà a farsi conoscere in diversi ambienti. Chi ha aperto un'attività nel corso degli ultimi anni deve decidere se mantenere tutto o lasciar perdere. È un periodo importante per gli studenti, anche per chi deve fare una scelta per il proprio futuro. Favorevoli le giornate attorno a metà mese. Ci sono innovazioni che conviene seguire anche nelle collaborazioni e nelle società di affari, proposte in arrivo magari non così succulente ma sempre meglio di nulla.

 I sentimenti sono decisamente più sereni rispetto a giugno. Nelle coppie in cui c'è un progetto importante torna un po' di tranquillità; fondamentale in questo periodo è cercare di non ritrovarsi contro, la complicità è importante se ci sono idee legate alla casa o ai figli. Il transito del Sole favorevole, fino al 22, è di buon auspicio anche per le nuove storie. Nelle prime due settimane le amicizie sono favorite grazie a Venere, dal 18 luglio un incontro occasionale può diventare amore o passione; infatti nelle ultime due settimane del mese torni al centro dell'attenzione, difficilmente passerai inosservato, anche perché Venere ti regala una dolcezza eccezionale esaltando la tua sensualità. Possibili colpi di fulmine e passioni, ma cerca di essere un po' meno scettico sull'argomento, in particolare se sei reduce da una separazione; non chiedere garanzie a vita, i nuovi incontri vanno vissuti per quello che sono. Se poi c'è una persona che proprio non ti capisce, dopo tanta attesa e tolleranza puoi troncare con una discussione definitiva nelle giornate tra giovedì 28 e sabato 30, gli ultimi quattro giorni del mese sono da prendere con le pinze.

 Marte in opposizione dal 5 invita a curare le infiammazioni; stomaco e intestino sono i tuoi punti deboli, forse per colpa delle troppe cose da fare e dello stress che è sempre presente nel cielo di luglio. Le discussioni di lavoro, le decisioni in merito al futuro, a un trasferimento o a una spesa importante, devono essere gestite senza foga. Non strafare dal 28 al 31, le giornate più stancanti.

 **Agosto**

 Agosto parte con insofferenza. Hai due soluzioni: metterti a discutere dalla mattina alla sera per cercare di avere ragione su tutto quello che ritieni importante, oppure cercare di andartene in vacanza al più presto e staccare la spina. Infatti se, per esempio, lavori anche in questo periodo, è probabile che tu debba affrontare personaggi non proprio simpatici, un momento di collera in più potrebbe salire attorno a venerdì 5; anche lunedì 8 e giovedì 11 sembri un po' fuori gioco. In realtà nessuno può fermare la tua evoluzione, ma in questo momento è meglio fare solo le cose in cui credi. Sul piano finanziario, anche se non possiamo immaginare grandi guadagni (il solito blocco di Saturno), si può sperare, grazie a queste buone stelle, che qualcosa si muova, in particolare dopo il 23. Sarai preso da troppe cose contemporaneamente. Per esempio chi doveva risolvere un problema, una causa partita negli ultimi mesi, adesso è meglio che non scalpiti, ci vuole tempo per rimettersi in gioco. Evita di fare passi falsi lanciandoti in iniziative rischiose. Se ci sono più rapporti di lavoro in ballo, qualcuno salterà, e alla fine non sarà sbagliato concedersi un po' di libertà, anche se mantenere l'equilibrio non sarà facile così come reggere a qualche provocazione; le società di affari, le imprese in comune sono sottoposte agli influssi instabili di Marte e Saturno con il rischio di mettere in discussione tutto.

 Le prime giornate del mese sono piuttosto tranquille, dal 12 può scatenarsi di tutto. A questo punto sarai proprio tu a pretendere chiarezza da una persona che giudichi troppo distratta. Se qualcosa non va per il verso giusto, il 17 potresti dare sfogo all'agitazione e a una certa aggressività verbale. Se hai la fortuna di andare in vacanza, valuta bene con chi e dove, sarà più facile rilassarsi. Non ce la fai più a portare avanti relazioni che non ti soddisfano. È bene saperlo: il 2022 porta alla chiusura solo le relazioni molto in crisi. I più prudenti possono lasciarsi andare a nuovi amori senza promettere passione eterna. Le giovani coppie alla ricerca di una casa potrebbero trovare qualche impiccio o ritardo, cautela nelle spese; non è un mese di blocco ma di piccole arrabbiature. Attorno al 25 sarai pronto a chiarire tutto quello che non va in una storia, e non escludo discussioni polemiche con figli o ex che vogliono sempre di più, parenti anziani in disaccordo con le tue scelte. Sai come cavartela, l'indifferenza sarà la tua arma migliore per non coinvolgerti in situazioni poco chiare.

 Il cielo di agosto invita al relax, meglio non strafare visto che Marte e dall'11 anche Venere sono agitati. Stiamo per arrivare a una fine dell'anno migliore, è probabile che questo sia un periodo in cui devi lasciare ciò che porta agitazione.

Settembre

 Chi deve decidere per un nuovo lavoro oppure sottoscrivere un accordo, sarà più protetto, solo i primi cinque giorni di settembre sono ancora sottotono. È un mese particolare che può fornire le giuste indicazioni anche a coloro che stanno cercando un nuovo indirizzo professionale. In questo periodo si possono sperimentare situazioni innovative; chi non ha ricevuto risposte si sente un pochino messo da parte, ma conto sul fatto che più ci avviciniamo alla fine dell'anno e maggiore sarà la possibilità di un recupero. Anzi se devi fare una proposta o iniziare un progetto, muoviti entro aprile del prossimo anno, poi potrebbe essere tardi. Se la tensione si accentua in alcune giornate particolari come quelle di giovedì 8, mercoledì 14 o giovedì 15, cerca di non lasciarti coinvolgere troppo dalle emozioni negative. Forse fai un lavoro che ti mette un po' a rischio e non ti senti a tuo agio, a volte hai dovuto persino affrontare veri e propri attacchi. Sale ancora di più la voglia di cambiare tutto, meglio mantenere la calma, il mese si chiude con la Luna nel segno che porta buone iniziative.

 Venere aiuta, dopo un agosto piuttosto conflittuale si può recuperare qualcosa di più. Non dimentichi gli affronti, quindi anche tu dovrai fare un piccolo sforzo per porgere la mano a chi eventualmente ti ha creato problemi nelle ultime settimane. Il consiglio sarebbe quello di lasciare che le cose seguano il loro corso, tuttavia non sempre sarà facile mantenere la calma. Il tuo cuore si emoziona, comunque malgrado tutto, ritornano fiducia e slancio nei rapporti nuovi; forse sarai un poco diffidente, il passato ti ha insegnato che non è bene concedersi senza mantenere qualche dubbio. Ovvio che esci da settimane un po' conflittuali, quindi le storie d'amore nate in maniera occasionale nel mese di agosto potrebbero rivelarsi discontinue. Non è il caso di mettersi contro i genitori oppure i figli, problemi nei rapporti famigliari; tutto diventa più impegnativo sempre per questioni economiche, perché da qualche tempo si spende troppo e si guadagna poco.

 Un mese certamente di recupero rispetto ad agosto, conviene comunque moderare l'agitazione, anche una certa aggressività verbale che finisce solo per farti stare male, per esempio il 7, 8, 14 e 21. La stanchezza è tanta e tutto sommato, guardando le settimane passate, non è che tu abbia trascorso vacanze gratificanti; non affaticarti eccessivamente a fine mese. Il mio consiglio è quello di non prendere le cose troppo di petto! Quante volte ti è capitato di arrabbiarti e poi faticare per ritrovare un po' di equilibrio interiore. Allontana i seccatori!

 **Ottobre**

 A ottobre ti conviene passare all'azione, i progetti più importanti dovranno essere ratificati e presentati entro la fine di aprile, quindi è probabile che entro la primavera del prossimo anno tu debba affrontare un cambiamento di ruolo o ufficio voluto da te oppure dal destino. Le collaborazioni sono da rivedere e le discussioni più accese avvengono come al solito per motivi di soldi; Saturno e Urano contrari parlano di spese di troppo, forse anche di qualche affare che andrà rivisto. Chi lavora per più gruppi o aziende farà una scelta, mentre chi è in attesa di un'attività più stabile dovrà per il momento accontentarsi. La fine del mese sarà caratterizzata da buone notizie e soprattutto dall'ingresso del Sole nel tuo segno zodiacale a partire da domenica 23. Coloro che hanno perso da poco un'azienda o un'attività commerciale devono costantemente spendere soldi, e questo potrebbe essere un problema. Venere entra nel segno alla fine del mese. La sospirata conclusione di una disputa alleggerisce molto la vita lavorativa e non escludo che entro gli inizi del prossimo anno si possa concludere a tuo vantaggio un'annosa disputa legale.

 Le arrabbiature, le tensioni, le piccole o grandi delusioni che qualcuno ha vissuto possono essere mitigate da questo cielo di ottobre; per le coppie in crisi lieve sarà un mese migliore. Va detto, però, che tutti coloro che sono riusciti a superare i problemi e le avversità non torneranno sui propri passi, tuttavia si sentiranno decisamente più liberi. Il momento migliore quando da domenica 23 Sole e Venere, in contemporanea, entrano nel tuo segno zodiacale; non mancano quindi, alla fine del mese, relazioni piacevoli o anche la possibilità di dimenticare tristi trascorsi. Allenta il rancore nei confronti di una persona che ti ha fatto del male in passato; l'amore torna in primo piano, cancellando l'inquietudine che ogni tanto anche in questo mese pervade i tuoi pensieri. I nuovi amori sono da verificare ma devono essere comunque vissuti senza limitazioni. Un particolare colpo di scena può capitare dal 24 al 31, segnalo comunque che le giornate di martedì 25 e mercoledì 26 nasceranno con Sole, Luna e Venere nel tuo segno. Saranno giornate di grande importanza per chiarire una volta per tutte come stanno le cose in amore.

 La fatica si fa sentire ma soprattutto sono da evitare le distrazioni. Gli ultimi sette giorni del mese ti trovano un pochino sottotono, non vorrei che dal 24 in poi vivessi piccoli disagi, per una distrazione rischi di farti male. Evita qualsiasi tipo di azzardo. Venere transitando nel tuo segno mette l'accento sulla necessità di fare cure per la pelle.

Novembre

Saturno ancora dissonante indica difficoltà nel lavoro, forse sei stato oggetto di qualche critica. In certi momenti hai avuto sentore che molte persone fossero contro di te. Novembre rimette in gioco sensazioni positive, ti rende più dinamico e attento alle occasioni da cogliere al volo, in questo senso i venerdì del mese potrebbero essere dinamici e interessanti per fare incontri o proposte. Cerchiamo di evitare atteggiamenti troppo polemici il 15 e il 16, un comportamento cauto è quello che ci vuole. In particolare se desideri cambiare lavoro oppure da qualche mese frequenti un nuovo gruppo, è importante mantenere i nervi saldi. In casi eccezionali potresti tornare a fare quello che l'anno scorso di questi tempi hai bloccato, spesso i nati Scorpione vivono corsi e ricorsi storici. Nella giornata di lunedì 14 si presentano stelle più generose. I problemi economici, però, non sono del tutto risolti e riguardano la casa, la gestione del patrimonio famigliare, immobili compresi.

Molti pianeti transitano nel tuo segno zodiacale in questo mese di novembre. Rinasce il desiderio, in alcune giornate come quelle di sabato 12 e domenica 13. I rapporti sentimentali possono diventare più importanti. C'è chi mette in dubbio il tuo amore? Darai le prove del tuo affetto. Ma ovviamente pretenderai anche tanta dedizione! Interessanti i rapporti che continuano o nascono in queste settimane. Ancora pesano le incomprensioni di agosto, pur se sono passati tanti mesi. L'importante è ritrovare vigore, desiderio di amare, gli incontri di novembre sono notevoli, persino un pizzico trasgressivi. Da bravo avventuriero quale sei, condurrai in porto la tua missione a qualsiasi costo, superando le avversità. L'amore che finora è sembrato una nave in balia di venti capricciosi, a novembre ritrova un certo equilibrio, ma sarai sempre tu a scegliere cosa è più giusto fare. La capacità di cambiare l'assetto di una relazione è un tuo grande talento. Alla fine dei giochi sei sempre tu a decidere. Incontri piacevoli soprattutto nelle prime due settimane del mese.

Saturno e Urano saranno dissonanti ai pianeti che viaggiano nel tuo segno zodiacale. Questo significa che l'energia mentale e nervosa va e viene. Ci saranno momenti un pochino delicati, per esempio il 15, 16, 28 e 29. Cerca di limitare le arrabbiature, rischi di perdere tempo e soprattutto di stare male. Delicato l'apparato digerente.

 **Dicembre**

 Questo cielo porta garanzie almeno fino alla fine di aprile. Se ti capita in questi giorni di rinnovare un accordo per tutto il prossimo anno, non esitare. Ovvio che le indicazioni riguardanti la professione variano a seconda della propria età: per esempio i giovanissimi entro la primavera del 2023 avranno un'occasione da sfruttare; le persone più adulte, con un passato importante, potranno farsi valere e chiedere al più presto un miglioramento. La situazione economica non si sblocca facilmente, probabile ci siano debiti legati al passato oppure negli ultimi due anni c'è stato un evento che ti ha spiazzato. Con un cielo del genere è d'obbligo evitare compravendite, se non si è più che convinti di ciò che si desidera, meglio non fidarsi e aprire gli occhi. Un'occasione può nascere comunque verso il 15. Le possibilità di avanzare ci sono, non ti conviene però dare troppo spazio all'agitazione e all'aggressività nella parte centrale del mese; la tua grande energia mentale deve essere sfruttata per rendere solida la tua posizione nell'ambiente del lavoro.

 Troppi alti e bassi che, dall'estate a oggi, hanno messo in discussione molte delle tue emozioni; ma è bene ricordare che da sabato 10 Venere ritorna favorevole. Con il Capricorno o il Pesci puoi avere una buona complicità; se il cuore è solo da tempo, però, hai ancora paura di cadere in una trappola sentimentale, non avere timore di farti male! È difficile cadere due volte con la tua intelligenza; queste stelle di dicembre magari non promettono incontri per tutta la vita, ma l'entusiasmo e la passione non mancheranno. Organizza al meglio le feste, domenica 25 potresti essere preso da un po' di noia, sarà un Natale sottotono oppure un pochino monotono, mentre Capodanno viaggia più sereno. I rapporti che non ti danno più nulla possono essere spazzati via, ora più che mai detesti le situazioni ambigue. Il 2022 ti saluta regalandoti una grande forza interiore e la certezza che sei diventato più forte, forse anche più maturo; prediligi i rapporti tranquilli. È vero che, come sosteneva Pierre Corneille, drammaturgo francese, «a vincere senza pericolo si trionfa senza gloria»; ma in amore è tempo di sotterrare l'ascia di guerra. Hai bisogno di serenità e non di dispute continue!

 La parte centrale del mese è importante per ritrovare tranquillità, tuttavia cerca di amministrare bene le tue energie dal 21 al 31. Quest'anno potresti considerare le feste noiose, le giornate tra il 24 e il 26 potrebbero non soddisfare le tue aspettative, limita gli sforzi. Recupero a fine anno, ritrova l'ottimismo per affrontare il nuovo anno con una grande carica di coraggio ed energia positiva.

Ascendenti

Se il tuo ascendente cade in:

♈ **Ariete**: la tensione è positiva, Giove tocca l'ascendente e questo valorizza le tue capacità da metà maggio. Non solo sono favoriti i cambiamenti, ma finalmente dopo tanto tempo sarà possibile ritrovare un nuovo percorso di lavoro interessante e speriamo anche redditizio. Capiterà qualcosa di significativo entro metà anno, per i sentimenti agosto la farà da padrone.

♉ **Toro**: non manca la voglia di fare, ma in certi mesi potresti sentirti estremamente stanco, agitato, attenzione tra metà luglio e metà agosto. È l'anno decisivo per recuperare soldi, sarà necessario però mettere in ordine alcuni conti e soprattutto redarguire una persona di famiglia. Questioni con i parenti per sistemare le proprietà.

♊ **Gemelli**: Saturno in buono aspetto regala allegria, anche Giove collabora alla tua serenità formando un aspetto molto intrigante soprattutto a metà anno. Alcune amicizie diventano qualcosa di più; se aspetti una proposta di lavoro oppure vuoi portare avanti un tuo progetto, ascolta quello che le stelle hanno da dirti ad aprile.

♋ **Cancro**: se una storia ha fatto il suo tempo, è probabile che ci sia uno stop o comunque da ridefinire qualcosa. Attenzione nei rapporti sentimentali in crisi e nei lavori che non piacciono più. In realtà la dissonanza di Giove all'ascendente porterà voglia di cambiamenti radicali. Inizia a fare ciò che ti piace di più e allontana le persone che non ti meritano.

♌ **Leone**: chi deve impostare questioni lavorative importanti, sottoscrivere un accordo, un patto potrà contare sul transito di Mercurio interessante nella prima parte di aprile. Sul lavoro non tutto va come vorresti, qualcosa si interrompe oppure sei tu a dire stop. La fine dell'anno può portare un vantaggio, ma attenzione perché il 2022 ti invita a fare scelte comunque caute.

♍ **Vergine**: il cielo è migliore subito dopo aprile. C'è chi dovrà guardare un po' di più al portafoglio, le spese sono state troppe e non per colpa tua, in particolare se hai una famiglia. I ragazzi potrebbero cambiare corso di studi oppure laurearsi entro l'estate. Un cielo comunque importante con Saturno che resta attivo al settore del lavoro, dunque si può consolidare un progetto.

Ascendenti

♎ **Bilancia**: non sarà facile mantenere la calma, perché nonostante il tuo ascendente predisponga all'equilibrio, alla saggezza, il tuo segno zodiacale è sempre pronto a rimettersi in discussione. Bisogna andare avanti con coraggio; per le coppie che vogliono sposarsi può essere di aiuto il transito di Giove nel settore delle relazioni, la primavera porterà contratti e accordi per i lavoratori autonomi.

♏ **Scorpione**: è un anno in cui bisogna lasciar perdere il passato soprattutto se è stato fonte di disagio. Avendo ascendente e Sole nel segno dello Scorpione purtroppo non dimentichi. Non perdere altro tempo nel cercare di farla pagare a qualcuno, pensa a te stesso! L'amore può diventare un traguardo più facile da raggiungere nella seconda metà di luglio.

♐ **Sagittario**: il cielo è favorevole soprattutto per coloro i quali si sono sentiti messi da parte nell'ambito del lavoro. Per chi vuole cambiare ruolo e può farlo, questo è l'anno decisivo ma non all'inizio; infatti gennaio e febbraio restano ancora mesi piuttosto indecisi. Tutto cambia grazie alla tua volontà, ma le stelle possono metterci una buona parola già da maggio.

♑ **Capricorno**: ogni tanto nel corso di quest'anno sentirai crescere un po' di agitazione, giugno troverà Giove e Marte dissonanti al tuo ascendente. Le divergenze non mancano, se le indecisioni aumentano in amore, c'è il rischio che la primavera possa diventare un banco di prova per molte coppie. C'è chi, però, sta già cambiando percorso e si allontana da ciò che non ama più.

♒ **Acquario**: sei diventato più saggio! Il merito è di Saturno che tocca il tuo ascendente. Per quanto riguarda la casa è probabile che ci siano cambiamenti, i più giovani potrebbero anche pensare di trasferirsi e andare a lavorare in un'altra città; un anno piuttosto movimentato. In amore non bene a giugno, mentre grande recupero tra metà luglio e agosto.

♓ **Pesci**: chi vuole legalizzare un'unione potrà contare anche sui primi mesi dell'anno quando Giove resterà a contatto con l'ascendente. Soluzioni importanti si possono adottare per cercare di risolvere problemi legati al passato; con Venere favorevole sia al segno sia all'ascendente aprile potrà stupire in amore, incontri molto piacevoli.

Sagittario

Cosa cambia dall'anno scorso

Quest'anno parte con qualche dubbio di troppo, è probabile che alcune riconferme non siano arrivate, potresti notare dei ritardi principalmente se lavori a contatto con il pubblico. Molti cambieranno o hanno già cambiato ruolo, gruppo di lavoro, e si chiederanno quale sia il proprio futuro nel 2022. Per fortuna il Sagittario anche quando deve ripartire da zero non si perde mai d'animo, anzi, cerca sempre di trasformare le ansie in qualcosa di positivo. La prima cosa da fare per recuperare tono è iniziare a muoversi di più, anche fisicamente, e combattere le proprie insicurezze causate dagli ostacoli che potrebbero bloccare i tuoi progetti. Ricordiamo che il Sagittario è raffigurato dall'arciere che scaglia la propria freccia verso un bersaglio, dimostrando da una parte ardore e coraggio, ma dall'altra anche una forte insicurezza, determinata dalla paura di non fare centro. Ed è proprio questa emozione, di reale incertezza, che si segnala all'inizio del 2022. Chi lavora con un'azienda, un gruppo, potrebbe persino essersi sentito ingiustamente messo da parte.

Punta verso nuovi obiettivi

Se è vero che il 2022 inizia in maniera un po' turbolenta, è altrettanto vero che porterà belle sorprese mese dopo mese. Ma andiamo con ordine... Durante la primavera, in particolare a marzo, alcune idee potrebbero essere rimesse in gioco e ci saranno i primi contatti utili per iniziare nuovi progetti. L'amore sarà comunque preda di molti ripensamenti, e questo potrebbe essere un problema per coloro che stanno vivendo una storia difficile dall'anno scorso. Non è vero che il Sagittario sia un traditore a tutti i costi, diventa farfallone quando in casa trova una minestra riscaldata al posto della passione. Non ci dimentichiamo, infatti, che il Sagittario è un segno di fuoco, come tale vuole sempre essere al centro dell'attenzione. Inoltre l'amante ideale per il Sagittario non è colui o colei che si concede completamente, ma la persona che lascia qualcosa da scoprire. Nella mente di un Sagittario alberga il mito del viaggiatore, non solo perché di solito è pronto a fare le valigie e a partire, ma anche perché non smette mai di volare con la propria fantasia, desidera costantemente avere a che fare con realtà diverse. È normale quindi, quando non ci sono più stimoli in un rapporto, che questa ricerca di emozioni diventi concreta e possa scatenarsi in possibili tradimenti. Alcuni Sagittario sanno benissimo come sono fatti e per evitare incidenti di percorso vivono svariate relazioni che considerano aperte, puntando spesso anche su amori a distanza; chi è sposato non dovrà mai avere la sensazione di sentirsi in trappola. Può essere controproducente ricordare al Sagittario i suoi doveri, visto che si sentirebbe molto a disagio e farebbe ancora di più marcia indietro, allontanandosi senza ascoltare. A uno spirito libero non si comanda nulla, tantomeno nei prossimi dodici mesi!

Da primavera si riparte

Un punto di svolta nel cielo del Sagittario, come leggerete nelle mie indicazioni mese per mese, avverrà dal 10 maggio, data in cui Giove inizierà un transito importante, accenno di una situazione più coinvolgente che avrà inizio dal 20 dicembre. Non si potrà pretendere tutto e subito quindi, anche perché il viaggio esaltante del Sagittario proprio nel mese delle rose sarà solo all'inizio. Ecco, però, che ripartono le sfide nel lavoro, ci sarà anche una grande voglia di amare. Agosto porterà al Sagittario una forte incoscienza, sarà ancora più evidente un atteggiamento molto libero verso tutto e tutti. Non mi meraviglierei se qualcuno a metà anno decidesse anche di accettare una proposta di lavoro un po' fuori di testa o di partire per un'avventura lontano da tutti! A essere più favoriti saranno i nati tra fine novembre e gli inizi di dicembre, ma lentamente tutti i Sagittario, entro la fine dell'anno e soprattutto nel 2023, avranno una grande possibilità da sfruttare; si sta preparando un territorio completamente nuovo in cui lavorare, gestire la propria vita. Alcuni addirittura venderanno un'attività pur di non avere obblighi, i più giovani faranno ricerche fuori dalla propria città. Il 2022 rappresenta una parte del viaggio fisico e mentale che si completerà nel 2023. E se questo viaggio riguarda anche l'amore non bisognerà negarsi nuove esperienze. Eccitante questo cielo per tutti i ragazzi che vogliono convivere, sposarsi, ma anche per coloro che nel 2021, magari a fatica, con qualche ritardo hanno iniziato un progetto di coppia. Possiamo parlare di un cielo fertile, per oltre due anni. Chi incontrerà la tua energia soprattutto in estate non potrà fare a meno di rimanere incantato dalla tua voglia di vivere e progettualità.

Torna il desiderio di credere in qualcosa

La spiritualità è un punto importante nella vita del Sagittario. Sai benissimo che hai bisogno di credere in qualcosa per stare bene, che sia un progetto, uno stile di vita, raramente una persona, a meno che tu non sia follemente innamorato cosa che accade soprattutto all'inizio di un rapporto. Non ti affidi totalmente agli altri per trovare equilibrio, credi solo in te stesso. Non sei una persona amante della vita domestica, ma ciò non significa che tu non voglia formare una famiglia o avere una bella casa. Tuttavia la maggioranza delle tue migliori esperienze avverrà all'esterno delle pareti domestiche. Nel 2022 proprio da maggio rifiuterai ogni tipo di compromesso e condizionamento. Ti sentirai più idealista, il fatto di rivelare agli altri e a te stesso di essere un sognatore ti renderà affascinante e capace di catturare l'attenzione di tante persone. Ai cuori solitari del Sagittario: se siete soli fatevi ancora più belli poiché questo potrebbe essere l'anno del grande amore o di una serie di esperienze molto importanti per la vostra vita sentimentale. E in famiglia? Qualche discussione con i fratelli o i parenti per questioni di proprietà potrebbero nascere soprattutto all'inizio dell'anno, consiglio chi vuole intraprendere una causa, una rivalsa, di pensarci bene, bisognerà avere ben chiara l'idea che il 2022 non è l'anno delle soluzioni immediate. Lo sarà il 2023. Quindi va bene scendere in campo e guerreggiare, ma solo se vale la pena di aspettare, il gioco deve valere la candela.

La routine va cancellata

Tutti usciamo da anni difficili, ma bisogna ricordare che la chiusura al Sagittario non piace; c'è chi si adegua, chi fa buon viso a cattivo gioco quando deve restare troppo tempo in casa, il Sagittario no. Per questo segno la vita è un enorme campo di battaglia ma anche di gioco, non si può portare avanti una partita restando in panchina. L'idea di scendere in campo sarà ancora più forte durante le stagioni migliori, primavera ed estate. Non arrabbiarti, perché quando perdi le staffe diventi aggressivo, anche un po' plateale; nel corso di una furibonda litigata potresti rompere qualcosa, gridare, salvo poi, dopo qualche ora, scordarti di tutto. Ci saranno momenti di tensione, lo vedrai nel dettaglio nelle prossime pagine, ma sappi che ogni reazione negativa o ribelle, sarà alla fine fruttuosa, perché ti aiuterà a cancellare dalla tua vita quello che non ti interessa più, soprattutto nel lavoro. Lo so che ti danno fastidio i raccomandati e le persone che vanno avanti senza merito. Sono convinto che se sei un lavoratore dipendente, hai pensato che proprio nel corso degli ultimi mesi una persona abbia giocato sporco con te. Ma visto che sei governato da Giove, pianeta della giustizia, sai anche che prima o poi arriverà una punizione per il malfattore, e un riscatto per te. Giove in astrologia è una protezione, ti darà modo di ottenere una sorta di rimborso morale nella seconda parte dell'anno e nel 2023, anche se sei stato male e stai cercando di recuperare benessere e voglia di fare.

Attenzione ai tradimenti

L'uomo spesso si lega a una persona materna, protettiva, salvo poi, arrabbiarsi perché la ritiene oppressiva. La donna vuole sentirsi libera, persino se lavora a stretto contatto con il partner vuole mantenere la propria indipendenza; stranamente pur amando gli intellettuali e gli animi liberi, spesso è attratta da persone ripetitive, che danno sicurezza, razionali; forse sapendo di essere uno spirito anarchico cerca protezione in chi è più conservatore. Anche in questo caso, però, i nodi arrivano al pettine e lo scontro tra due personalità diverse può diventare pesante, soprattutto nel 2022. Chiudersi tra le pareti domestiche sarà il miglior modo per desiderare la trasgressione e il tradimento. Per evitare malumori o discussioni, in questo nuovo anno cerca persone interessanti ed eccitanti, muoviti, lavora a varie cose, non fermare la tua mente e compi la missione che senti più tua, cioè accogliere, riunire gli amici, ispirare.

Gennaio

Il tuo 2022

 Il nuovo anno parte con Marte in transito nel tuo segno zodiacale. Gli inizi dell'anno sono ancora velati da qualche ansia oppure dal desiderio di rivendicare i tuoi diritti sul lavoro; non sono stati pochi i Sagittario che di recente si sono sentiti vittima di un'ingiustizia, vedendo passare avanti persone prive di valore. Inoltre umore e tono fisico in ribasso hanno condizionato gli eventi e forse anche la volontà di azione; l'anno scorso conclusi il libro scrivendo riguardo a qualche preoccupazione per un accordo o un esame in vista del 2022. Questi primi mesi, quindi, sono di preparazione e riscatto: tra gennaio e maggio bisogna studiare bene le proprie mosse, probabilmente anche dimenticare qualche triste trascorso. Poi a primavera inoltrata ci sarà una rivincita, ma andiamo con ordine. Non manca la voglia di fare, di rimetterti in gioco, però alcune circostanze non sono ancora dalla tua. Non escludo che tu stia aspettando il rinnovo di un contratto o un vantaggio che prima di qualche mese non arriverà. Bisogna programmare al meglio e fin da adesso la seconda metà dell'anno che sarà importantissima! Giornate interessanti il 18, 19 e 24.

 Le responsabilità in famiglia pesano, le coppie che si sono sposate l'anno scorso iniziano il 2022 con qualche fardello in più, anche di tipo economico; sarà un anno comunque importante e il periodo da maggio in poi più rivoluzionario per i separati e per chi deve fare una scelta in amore. In un clima così bisogna cercare di limitare l'insofferenza che in alcune giornate sarà più presente, per esempio il 13 e il 14. È in corso una sorta di taglio con il passato, in questo senso devo dire che le coppie separate potrebbero ancora lottare quattro mesi, prima di arrivare a un accordo definitivo; chi non è sposato, non ha ancora confermato un'unione, cercherà a tutti i costi di rimandare un sì definitivo. Una buona sensualità torna dopo il 20, se c'è qualcosa da chiarire meglio farlo entro maggio. A gennaio un amore potrebbe nascere nella vita dei single, anche se si tratterà di un'amicizia amorosa, le passioni più grandi le troveremo a marzo, per ora vanno solo coltivate.

 Non è un cielo difficile ma ci sono momenti di forte stanchezza determinati dal transito di Marte nel segno. L'opposizione tra Marte e Luna nelle giornate del 13 e 14 può provocare qualche disagio, attenzione alle distrazioni. Molti ricorderanno nei primi venti giorni di marzo 2021 un problema, c'è chi da allora sta cercando di recuperare. Cure estetiche riuscite, ma bisogna tenere sotto controllo il nervosismo soprattutto attorno al 21.

 Non fare passi falsi! Febbraio inizia a dare qualche buon riferimento dopo il 14; se attendi il rinnovo di un contratto, però, se ne parlerà tra fine maggio e giugno. Anche quelli che sono fermi da tempo stanno aspettando con ansia qualcosa di nuovo. Per questo bisogna dare un indirizzo diverso anche alle attività indipendenti e a quelle commerciali; chi lavora in proprio è a caccia di nuovi contratti e accordi, non tutto è stato confermato. E poi c'è sempre questa strana sensazione di essere stati superati da persone più raccomandate che valide. Le attività in proprio hanno subìto diversi contraccolpi e Giove, ancora contrario, chiede di non fare il passo più lungo della gamba, eventuali contenziosi legali o questioni economiche in sospeso subiranno un cambiamento in meglio, ma non prima di tre mesi. Discussioni con fratelli o parenti per questioni di proprietà. Non bisogna scoprire le proprie carte subito, sarà meglio aspettare tempi migliori. I creativi sono più forti, sappiamo che il Sagittario da questo punto di vista è davvero ineguagliabile! Può reinventarsi una vita lavorativa anche dopo un periodo di crisi.

 Le storie d'amore che nascono in questo periodo sono sotto osservazione. Anche quelli che, l'anno scorso, hanno fatto una scelta drastica o hanno chiuso con il passato, non si concedono completamente. È un cielo fertile per chi può avere un figlio, ricordo infatti che Giove, pianeta della fertilità e del successo, sarà più attivo da maggio. Con la complicità del partner si possono fare scelte per la vita, e i prossimi tre mesi saranno importanti. Chi per motivi economici sta cercando una nuova soluzione abitativa, dovrà però aspettare; se ci sono contratti di affitto in scadenza, probabilmente bisognerà discutere per rinnovarli, alla fine sarai tu ad avere ragione o a trovare una soluzione alternativa. Chi è ancora innamorato del coniuge deve cercare a tutti i costi di non inasprire il rapporto. Per i separati c'è un'ancora di salvezza, ma anche qui attenzione a dispute su questioni pratiche o economiche; sta per avvicinarsi un marzo molto intrigante. Leone e Acquario i segni che possono interessarti di più. Nelle coppie in cui ci sono buone fondamenta a breve sarà più facile dimenticare un problema!

 Nonostante la dissonanza di Giove, febbraio resta un mese energico. Certo, non manca lo stress, anche perché stai cercando di fare tante cose assieme. Regna la confusione il 10, 11, 17 e 18. Cerca di mantenere tutti gli impegni e soprattutto non stancarti. Le ansie vanno messe da parte perché fonte di fastidi. Le articolazioni sono il tuo punto debole. Non appesantire il fegato.

Marzo

 Marzo segnala l'arrivo della primavera e i primi buoni risvegli nel tuo cielo. Alcune idee potranno essere rimesse in gioco. Proprio di questi tempi l'anno scorso segnalai nel capitolo della forma fisica un problema nelle prime tre settimane, a oggi dovresti avere superato le problematiche più grandi, anche a livello fisico e psicologico. Sempre nel 2021 ci sono state le prime avvisaglie di una condizione lavorativa che avrebbe portato contestazioni o stanchezza. Spero che tu abbia una visione più ottimistica della situazione, sappi che se qualcuno ha cercato di metterti da parte o se desideri risalire la china, da marzo e specialmente da maggio molte cose cambieranno in meglio. Arrivano proposte, dal 20 ancora di più; i progetti di lavoro così come quelli legati all'attività indipendente sono in miglioramento anche in vista dei prossimi mesi. Voci di corridoio arrivano, qualcosa si muove, chi ha cercato di metterti in un angolo sarà trasferito; un passo in avanti si registra dal 23. Anche se ogni tanto le ansie aumentano e qualche giornata si rivela più faticosa (prudenza il 17), devi andare avanti convinto che prima o poi la buona sorte tornerà dalla tua parte.

 Anche chi aveva detto basta a un amore, adesso può ritrovarsi a vivere qualcosa di intrigante. Alcune coppie, se l'anno scorso hanno iniziato una convivenza, devono lottare contro ostilità provenienti dalla famiglia di uno dei due. Con Venere e Marte favorevoli si può vivere una bella emozione se si è single. Un periodo di passaggio verso una seconda metà dell'anno che impegna in maniera eccellente la vita sentimentale; in amore vuoi vivere emozioni in maniera diretta, ma nel corso degli ultimi mesi hai accettato, in un'ipotetica partita del cuore, il ruolo di difensore più che di attaccante. Gli incontri di marzo sono interessanti, se inverti i ruoli e ti dai da fare. Venere è attiva. Molti desidereranno legalizzare un'unione oppure fare un figlio, con Giove da maggio più interessante tutto si può fare. Le coppie che hanno vissuto divergenze nel passato possono tentare di risolverle, entro un paio di mesi anche i separati trovano un accordo economico. Bene i progetti di vita a due, svolte importanti in tempi brevi. È bene non chiudersi in se stessi, le stelle predispongono ma siamo noi che ci dobbiamo offrire all'amore, giorni favorevoli il 14, 15, 23 e 24!

 Ottimo cielo che aiuta il recupero. Finalmente si riparte, non sono pochi quelli che da un anno stanno cercando di risolvere un problema fisico, nel 2021 ci sono state troppe distrazioni e qualche incidente di percorso, dal 20 inizia la ripresa. Utile una cura disintossicante, visto che sta per arrivare la primavera, naturalmente sotto controllo medico.

# Sagittario

Aprile

 La prima parte di aprile inizia a suggerire qualche mossa vincente, chi ha chiuso un lavoro l'anno scorso avrà una nuova occasione. Chi aspetta di vendicarsi di un torto subìto avrà un'opportunità entro il prossimo mese. Anche la creatività raddoppia: c'è nell'atmosfera qualcosa di nuovo e sono interessanti alcuni pianeti: Sole, Mercurio e Marte proteggono fino al 15. Rinnovi contrattuali, accordi, aumenti se non arrivano ora, potranno essere confermati entro due mesi. Purtroppo non abbiamo ancora tranquillità sul piano economico, ma solo perché nel corso degli ultimi due anni le spese hanno superato le entrate. Per fortuna sei una persona che recupera facilmente terreno, speranza e ottimismo. La concorrenza agguerrita è sbaragliata e c'è anche chi firmerà un contratto speciale, rinnoverà la propria azienda, percorrerà una strada più agevole se dipendente. Si potrà concludere un affare a metà mese. Se sei stato estromesso da un certo lavoro nei prossimi due mesi avrai giustizia. Se hai avuto un capo ostile, questi potrebbe essere trasferito o tu potresti avere delle carte in più da giocare. Solo la fine del mese determina un momento di difficoltà emotiva, lunedì 25, martedì 26 e mercoledì 27 saranno giornate sottotono.

 Dal punto di vista sentimentale aprile non è un mese che porta grandi vantaggi d'amore, ma questo non significa che tu non sia disponibile a innamorarti! Forse sei un po' troppo preoccupato per le questioni di carattere pratico ed economico. Se c'è stata una separazione di recente, bisogna mettere a punto alcuni dettagli; nei rapporti tra genitori e figli le polemiche possono iniziare dal 15. Aprile porta qualche contrasto nelle coppie di vecchia data. I nuovi amori partono in sordina, probabilmente il partner ti farà notare che a volte sei assente, lontano con i pensieri; in realtà hai un grande bisogno di evasione, e questo atteggiamento non si addice alla vita di coppia che pretende assiduità e ascolto. Eventuali tradimenti dovranno essere vissuti con molta attenzione, con Venere dissonante il diavolo fa le pentole ma non i coperchi, potresti essere scoperto o scoprire proprio tu qualcosa che non va nel rapporto. Nelle separazioni in corso non bisogna tornare su vecchi problemi già affrontati, la fine del mese è più pensierosa attorno al 26.

 Via via che ci avviciniamo a maggio ci sono buone opportunità da sfruttare. Bisogna ricordare, però, che da qualche tempo non ti sta bene nulla. L'ultima settimana del mese è più impegnativa, ecco perché non si escludono momenti di fatica, emicranie. Non recuperi energie in fretta come sei abituato a fare. Non distrarti e non sentirti troppo sicuro di te, soprattutto il 25 e 26.

Maggio

 Ho parlato di una seconda metà dell'anno importante, già maggio porta una bella novità, dal 10 infatti Giove torna favorevole. In realtà questo momento rappresenta una sorta di «trailer» del 2023, quando Giove inviterà all'azione e Saturno taglierà i rami secchi. Processo di pulizia che potresti cominciare fin da adesso! Già da ora si iniziano a fare progetti per il futuro, sarà meno complicato ottenere consensi. Spero davvero che entro poco tu possa confermare un accordo di lavoro che coinvolga anche il prossimo anno; ecco il momento di rivalsa per quelli che si sono sentiti emarginati oppure poco appagati nel corso degli ultimi mesi. I più arrabbiati potrebbero anche aprire una vertenza; una richiesta di risarcimento, se ben gestita, potrebbe dare soddisfazione entro il prossimo anno. Hai una bella carica di vitalità, ti presenti bene ai colloqui. Penso anche ai ragazzi che devono rimettersi in pista per quanto riguarda alcuni esami, è decisamente un cielo favorevole. Probabile che qualche tensione arrivi però direttamente dalla famiglia, reduci da un aprile pesante ci vorrà un po' di sforzo per migliorare. Mese di recupero con il picco attorno al 24 e al 25, Marte a fine mese infatti permette di fare molto di più.

 I sentimenti possono tornare in primo piano. È un bel cielo quello che arriva soprattutto alla fine del mese quando Marte e Giove saranno favorevoli. Se c'è una crisi d'amore in corso non è colpa di maggio, evidentemente era presente nella tua vita da tempo. C'è chi reclama l'assenza del partner oppure recrimina in continuazione; con queste stelle si può fare un discorso franco, si avrà la possibilità di fare presente le proprie ragioni. Compito dell'astrologia è indicare i momenti più interessanti per gestire i sentimenti in maniera più passionale. Chi vuole separarsi parli chiaro, perché non ci sarà sofferenza ma solo un senso di liberazione in caso di stop. Speriamo siano pochi, però, i nati del segno che vogliono troncare i legami. Chi desidera vivere un grande amore ha un cielo di tutto rispetto. Maggio porta chiarezza con Venere positiva; le coppie motivate e forti continuano a fare grandi progetti, non solo per se stessi ma anche per la casa, i figli.

 Un mese importante che permette di superare qualche piccolo disturbo; le cure che iniziano ora possono avere successo via via che passano i mesi. Con un cielo così interessante si possono scoprire eventuali problemi; ci saranno anche giornate sottotono come il 23, 24, 30 e 31. Disturbi digestivi o stanchezza eccessiva. Nel complesso sei forte.

Giugno

 Giove e Marte favorevoli. È tempo di firmare un accordo o tornare a fare le cose che avevi bloccato tempo fa. Un trasferimento, un cambiamento, una nuova attività, non bisogna avere paura di azzardare. In casi eccezionali si potrebbe anche chiudere un'attività o rinnovare tutto ripartendo da zero. In particolare tutti quelli che sono rimasti fermi, che hanno avuto problematiche nelle trattative ora vanno avanti meglio. C'è però da spendere per un evento che riguarda un figlio o la casa, probabilmente dopo il 13. Riunioni di famiglia o discussioni domenica 19 o lunedì 20. Le trattative rimaste ferme sono in recupero. Chi ogni anno deve rinnovare un contratto può contare su stelle interessanti. Alcuni addirittura potrebbero accettare un incarico importante in vista del prossimo anno! Per i più giovani è tempo di fare praticantato, anche se all'inizio non si guadagnerà un granché, imparare un mestiere è sempre utile nella vita; spese di troppo dal 26 al 30.

 Chi ha vissuto ambiguità tra due rapporti fa chiarezza; ma la cosa più importante è notare come in questo periodo si ritrova una grande voglia di amare, di rimettersi in gioco; è un cielo molto interessante per i cuori solitari che già da maggio hanno vissuto una bella emozione. Giugno, però, porta qualche problematica di tipo economico. Una spesa imprevista per la casa oppure un mancato incasso che potrebbe spiazzare lunedì 20 o 27; spero che questo problema non incida sulle coppie che si vogliono bene. Amori facili, voglia di matrimonio o di regolarizzare la propria vita; gli innamorati faranno progetti per i prossimi mesi. Chi vuole tentare amori nuovi deve iniziare fin da adesso a pensare ai prossimi mesi con entusiasmo; se una storia non vale, dal 23 al 30 potrebbe vacillare. Nelle coppie in cui, però, è proprio impossibile trovare un'intesa, meglio chiudere, ora si ha la forza per fare tutto quello che desideri, senza stare male. E anche questo alla fine tornerà positivo.

 Giugno inizia bene ma mostra la corda dal 23, infatti a fine mese ci saranno alcune opposizioni planetarie, per fortuna schermate da Giove favorevole. Tuttavia qualche fastidio è possibile attorno a domenica 26. Per qualcuno disturbi di origine reumatica dovuti a colpi di aria o problemi digestivi provocati da un'accentuata emotività. Meglio essere cauti.

Luglio

Il tuo 2022

 È un periodo interessante, un nuovo inizio, in cui è possibile rimettersi in gioco in vista dell'anno prossimo; chi ha la possibilità di ottenere maggiori consensi, trattare o innovare, non sarà bloccato come in passato; meglio sfruttare il buon passaggio di Giove in un segno amico, attivo fino alla fine di ottobre per poi tornare stabile da gennaio 2023. Quelli che da anni stanno cercando una conferma o vogliono iniziare progetti per il futuro devono darsi da fare. Ovvio che bisogna fare i conti con le proprie reali risorse. Chi lavora in proprio avrà occasioni, da settembre si riparte. Dovrebbe notarsi una grande differenza con questo stesso periodo dell'anno scorso, quando non c'erano molte certezze, mentre ora si aprono prospettive. È un periodo ricco di nuove attività che vanno seguite con costanza; bello questo cielo che in certi casi porta incontri interessanti; alcune giornate spiccano nella prima settimana del mese. Poi quando Mercurio tornerà attivo dal 19 saranno valide anche quelle del 28 e 29. Consensi del pubblico per chi si rivolge alle platee o ha desiderio di conferme. Potremmo definirlo un ritorno in scena. C'è buona positività anche nel settore delle finanze, è possibile ottenere una piccola svolta in vista del futuro.

 In tutte le storie d'amore sono vietate le ambiguità. Il passato è passato, il presente è ciò che conta davvero! Luglio rimette in discussione seriamente un rapporto solo se è molto logoro; chi da mesi pensa di essersi liberato di un ex coniuge improvvisamente lo ritroverà sulla propria strada, magari con una richiesta di revisione dell'assegno famigliare. L'insoddisfazione è dietro l'angolo. Attenzione nella settimana dall'11 al 17. Giove scherma le problematiche più grandi, quindi penso che si tratti solo di affrontare qualche passeggero fraintendimento. Comunque se qualcosa non va, sarà certamente più facile superare le ambiguità dopo il 18. Non alzare polveroni nelle prime due settimane del mese. Ogni cambiamento deve essere valutato con cura; persino le coppie che si vogliono bene si scontreranno su problemi legati al quotidiano. Difficile non vivere una piccola crisi, o un momento di noia. I tradimenti non sono l'arma migliore per risolvere i problemi, recupero dal 22.

 Luglio porta qualche piccolo disagio nelle prime due settimane; bisogna curare un fastidio. Con un cielo così nervoso chi soffre di problemi rilevanti dovrà stare attento, però, almeno fino al 18, un medico o un esperto suggerirà le mosse giuste. Poi recupero, dal 22 al 31 va meglio, anzi, le giornate del 28 e 29 sono interessanti per chi vuole prendere un appuntamento con uno specialista per risolvere un problema, anche solo di tipo estetico.

# Sagittario — Agosto

 Ad agosto Venere tornerà favorevole incontrando Giove in uno splendido trigono attorno a venerdì 19. A distanza di tempo si può vincere una sfida o lanciare un'idea importante, da giovedì 11 ancora di più; l'immagine professionale è libera da ostacoli e, se pensi di aver subìto un'ingiustizia, qualcosa si sblocca; in alcuni casi si faranno adesso progetti e programmi di cambiamento per il 2023. Un'attività non rende più? Si può vendere. Evoluzioni in corso, molti rinnovano una licenza o un permesso. Tutto viene portato avanti in maniera più semplice. Non posso dire che tu abbia recuperato tutto il denaro che hai speso, Mercurio dal 4 al 26 infatti indica ancora spese piuttosto pesanti, tuttavia sei speranzoso. A ogni modo una revisione dei conti sarà necessaria tra venerdì 19 e domenica 21. Studio in recupero da fine mese; meglio eliminare l'insofferenza che può aumentare se da troppo tempo fai le stesse cose. Le giornate più nervose sono il 27 e 28, ma si tratterà più che altro di tensioni relative a nuovi incarichi. I progetti in arrivo sono importanti e necessitano di attenzione.

 In amore torna una buona vitalità. Devi superare le tue preoccupazioni; rifà capolino la passionalità e per i single il desiderio di avventure sentimentali. Chi è solo non deve perdere tempo. Agosto è un mese che favorisce le emozioni del cuore, rinnova la voglia di amare. Venere da giovedì 11 inizia un transito importante che avrà il culmine attorno al 25. Fai quello che desideri; anche una relazione part-time può interessare con questo oroscopo. Le separazioni in questo periodo sono benefiche perché rendono liberi, non riesci più a fingere emozioni che non provi. È tempo di fare progetti per i giovani sposi, rendere più solida la situazione famigliare; tanto più che Giove sarà ancora più attivo l'anno prossimo. E quindi c'è tutto il tempo per programmare una convivenza, iniziare a pensare a un futuro insieme. Incontri favoriti per tutto il mese anche in altre città.

 Momenti di agitazione per colpa di Mercurio contrario ce ne saranno, si tratta di fastidi fisici; non ti stancare troppo negli ultimi tre fine settimana del mese. Attenzione sabato 27 e domenica 28, quando potresti persino stentare a prendere sonno. La tua natura è portata ad attraversare la vita con leggerezza e ironia; ritrova il gusto di prendere le cose con ottimismo, dote che tutti ti invidiano!

Settembre

Il tuo 2022

 Attenzione ai passi falsi, nascono complicazioni nel lavoro venerdì 9, sabato 10, venerdì 16, sabato 17 e soprattutto venerdì 23 e sabato 24. In questo momento devi evitare qualsiasi tipo di stress. Se stai per iniziare un nuovo progetto o programma sei comunque favorito da Marte in buon aspetto, ci saranno contrarietà ma potrai superarle. In particolare coloro che lavorano in politica, a contatto con il pubblico, nello spettacolo o che svolgono un'attività creativa avranno ripensamenti o dovranno discutere per affermarsi; se hai un profilo social cerca di evitare confronti con i cosiddetti «leoni da tastiera». I ragazzi, alle prime armi o usciti appena adesso dallo studio, con la giusta preparazione e positività potranno ricevere una chiamata oppure iniziare un progetto in vista del prossimo anno. Se pensi di non essere valutato per quanto vali, imponiti! Ora hai la forza per farlo. Tutti quelli che, di recente, hanno vissuto un problema economico o sono stati afflitti da una questione legale devono armarsi di santa pazienza. Ci sarà qualche ritardo negli incassi, bisogna essere razionali e consapevoli delle proprie capacità e puntare diretti sul 2023.

 Le stelle di settembre non promettono bene, ma non significa che le coppie formate da tempo debbano per forza litigare o separarsi. Un atteggiamento provocatorio, anche non volendo, rischia di dominare i fine settimana. Evita l'aggressività verbale, anche se senti che una persona è ostile; il tuo governatore Giove si ricorda di te anche a settembre e cerca di cavarti d'impaccio. Allontanamenti da persone care. Quando le stelle sono contrarie è meglio non iniziare conversazioni che possono finire male. Il tuo spirito d'avventura è più spinto in questo periodo, ma se stai accanto a una persona da anni, non desiderare trasgressioni che potrebbero rivelarsi un rimedio sbagliato alla noia maturata nel tempo. Allo stesso tempo se pensi che il partner non sia fedele, non escludo che tu abbia un moto di ribellione e voglia vederci chiaro; i fine settimana del mese sono più complessi, attorno al 24 la resa dei conti. Per i single è meglio concedersi all'amore senza promettere nulla, perché si rischia di prendere degli abbagli; tutti i rapporti, in particolare quelli matrimoniali, avranno bisogno di dialogo, soprattutto a fine mese, quando sarai preso da questioni di lavoro o economiche e tenderai a dare meno spazio alle esigenze dell'altro.

 Emozioni da contenere in un mese che può essere vissuto con troppa agitazione, lo stress è pronunciato attorno al 10, 16 e 24; anche se Giove ti sostiene, devi evitare di affaticarti troppo, rischi di arrivare a fine mese stanco e potresti mollare la presa. Non perdere la pazienza, evita complicazioni inutili.

Ottobre

 Inizia a programmare qualcosa di bello. Investire sulle proprie capacità non solo è importante ma addirittura indispensabile adesso. Giove è in moto retrogrado, più che agire bisogna programmare in vista del 2023; chi ha una nuova meta non deve smettere di perseguirla. Il pianeta della fortuna tornerà nel tuo cielo nel 2023 e questa volta in maniera più importante e duratura; Saturno l'anno prossimo, però, inviterà a tagliare tutti i rami secchi e a razionalizzare drasticamente le spese. Questo sembra il mese migliore per iniziare a studiare le mosse che ti vedranno vincente. Potresti sconfiggere un nemico, un capo che ti aveva osteggiato e così via. C'è chi cambierà casa per avvicinarsi al lavoro risparmiando tempo e denaro. Piano piano si risale la china, se hai un'attività in proprio non sottovalutare idee che potrebbero rivelarsi vincenti, purché non siano onerose o azzardate sul piano economico. È da qualche mese, in particolare da fine agosto, che Marte è opposto, questo causa un po' di ansia, la paura di non farcela; rispolvera il tuo ottimismo e datti da fare lunedì 10, martedì 18 e mercoledì 19. Recupero per gli studenti che possono iniziare con successo un nuovo percorso di studi.

 I dubbi in amore non dico che scompaiono del tutto ma sono minori rispetto a settembre. Questo è il periodo giusto per iniziare a fare progetti in vista di un 2023 che sarà baciato da Giove: qualche anticipazione positiva dovresti averla già avuta: la casa, un cambiamento di vita, un nuovo impegno di lavoro, tutto è possibile da ora in poi. E le situazioni che vivrai investiranno in maniera positiva i rapporti di coppia, ecco perché potrebbero essere superate anche alcune divergenze. I nuovi amori sono più facili da gestire, Mercurio, Sole e Venere favorevoli avranno un'azione terapeutica per le coppie stressate, si potrà parlare chiaro se qualcosa non va dal 17 al 20. Se c'è stata una chiusura non importa, ottobre è il preludio di un periodo che porterà iniziative e benefici. I nuovi amori che nascono promettono di essere importanti, susciti simpatia, sei affascinante! Amicizie e conoscenze favoriscono la nascita di passioni regolari. Fai viaggiare il tuo cuore a cavallo tra realtà e fantasia. Gli amori più belli sono quelli che lasciano libero il cuore e favoriscono l'immaginazione.

 L'attenzione maturata il mese scorso resta ma in tono ridotto, Marte è in opposizione ma il resto dei pianeti veloci è favorevole. Hai vissuto un problema fisico negli ultimi due mesi; ora potrai affrontarlo con vigore. C'è voglia di lottare e vincere. Pensa alla bellezza della tua pelle e magari inizia una cura disintossicante sotto controllo di un esperto.

Sagittario — Dicembre

chiude una porta e si apre un portone, anzi si spalanca dal 20, quando Giove inizia un transito bello per il tuo segno zodiacale, trasportandoti nel 2023 con tante idee, forse troppe! Bisognerà selezionare solo le migliori e le più realizzabili, infatti da gennaio Saturno diverrà severo e imporrà ridimensionamenti economici e scelte razionali. Chi ha dato spazio alle novità o ha seguito il proprio istinto in questo mese di dicembre è più motivato. Per chi ha mantenuto lo stesso lavoro, senza grandi stravolgimenti, si può dire che comunque ci sarà un cambiamento in positivo; recuperare le proprie posizioni perse dall'anno scorso sarà più facile. Per i più giovani studi e interessi, piccole vittorie possibili. Tieni sempre i piedi per terra. Facile un salto di qualità, sono ancora più motivati coloro che hanno vissuto un blocco nel passato e ora cercano giustizia. Peccato il solito Marte in opposizione che potrebbe però diventare persino uno stimolo! Infatti non vedi l'ora di riuscire a raggiungere alcuni risultati che ti sei prefisso. Ancora più favoriti quelli che lavorano a contatto con il pubblico.

Restano tensioni di carattere economico e in questo caso Marte opposto può generare contrasti nelle coppie che si sono separate, attenzione il 7, e 15. Se hai perso una persona di riferimento devi cercare di andare avanti con ottimismo. Venere continua un transito attivo nel tuo segno fino a sabato 10. Il periodo è fertile anche per fare conoscenze. Devi trovare la persona giusta con cui condividere questo tuo desiderio di amore; chi vive con un coniuge poco attivo o noioso potrebbe scalpitare e cercare qualcosa di nuovo. Gli ultimi dieci giorni del mese sono più interessanti, eventuali problemi che riguardano l'abitazione o la convivenza famigliare potranno trovare una soluzione positiva in vista di gennaio; si può accomodare una questione aperta da tempo riguardante il patrimonio di famiglia. Il periodo delle festività è protetto, Capodanno sarà migliore del Natale. Potresti così ritrovare, proprio alla fine dell'anno, emozioni che non vivevi da tempo e pronunciare quella parola che hai avuto paura di dire per mesi e che ha il potere di liberare dai pesi della vita: «Amore».

Dicembre interessante porta una buona ricarica di energia. Peccato il solito Marte opposto; è dalla fine di agosto che senti troppa agitazione. Questo forse perché gli impegni sono tanti o lo stress domina la tua vita. Evita esagerazioni di ogni tipo attorno al 15 e organizza un Capodanno accanto ad amici e amori piacevoli.

Novembre

 Venere e Mercurio assieme al Sole entreranno nel tuo seg
partire dal 16. Inoltre ricordo che già dalla fine di dicembr
a portare occasioni nella tua vita. È un passaggio import
avviene nella seconda metà di questo mese; Marte è, perc
sto, sei nervoso o forse ansioso di tagliare traguardi. Non v
progetto o un programma prendano piede. I lavoratori au
hanno una serie di idee da sviluppare nei prossimi mesi. Un
pensa è in arrivo entro poco, potrebbe anche trattarsi di u
che riguarda una questione legale o economica in sospes
vecchia faccenda da risolvere, un debito, una multa. Avrà
La situazione economica è fonte di qualche dubbio, se
acquistare, per ora tutto sembra fermo, ma si ripartirà con
e questo anche se intendi staccarti da un gruppo e iniziare
Stai scaldando i motori, le giornate del 24 e 25 possono f

 È importante questo oroscopo per cercare di recuperar
è rimasto solo non deve lasciarsi sfuggire un'occasione ne
del mese. La spinta straordinaria dei pianeti lenti è di b
vorisce le coppie che si sono sposate o convivono dal
periodo delle risorse, delle novità che possono riguarda
un periodo fertile per chi può. Chi non è più innamorato
da un distacco, deve credere nelle nuove possibilità che
Bene dopo il 16. Sei ancora single o separato? Concede
solo da te, le stelle indicano che il momento è positiv
di trasgressione se per troppo tempo hai vissuto nella n
banale. Bisogna approfittare di questo cielo per chiarire
questioni che non vanno.

 Novembre porta una carica particolare già dopo la se
perché le cure che partono in questo momento sono in
tro tre o quattro mesi potranno superare piccoli males
blemi estetici possono essere risolti: 23, 24, 25 e 28 le g
fissare appuntamenti con esperti. Sta per iniziare un ar
Giove molto positivo e attivo! Questo significa che a bre
solvere problemi e avere l'energia necessaria per portar
che ti interessa.

Ascendenti

Se il tuo ascendente cade in:

♈ **Ariete**: sei governato dai segni di fuoco, per te è difficile aspettare. Cerca di tornare al comando! I più giovani vorranno vivere da soli, cercheranno autonomia anche dalla famiglia. Tensioni perché i progetti sono tanti e i soldi pochi. Alla fine si riesce ad avere successo, da marzo libera la fantasia e le occasioni saranno ghiotte.

♉ **Toro**: dovresti cercare di curarti un po' di più. Nell'ambito del lavoro bisogna farsi confermare subito qualcosa di importante e non aspettare troppo. Chi lavora a tempo determinato avrà voglia o necessità di cambiare già a marzo. Nelle coppie in crisi bisognerebbe ritrovare un po' di divertimento e la passionalità perduta.

♊ **Gemelli**: Saturno in ottimo aspetto all'ascendente, Marte e Venere eccellenti dal 6 marzo. Le stelle regalano un sorriso già in primavera e per coloro che hanno superato i trent'anni da maggio Giove porterà un trasferimento, una conoscenza con una persona di un'altra città, tutto può accadere. Scelte a favore del nuovo, la tendenza è quella al rinnovamento, la routine verrà rifiutata di netto.

♋ **Cancro**: ci sono mille buoni propositi da attivare nel corso del 2022, tuttavia è probabile che tu non ti senta sufficientemente aiutato. A febbraio le coppie in crisi dovranno stare più attente; Giove nel settore dell'attività può portare un bel vantaggio tra maggio e luglio, favoriti i lavoratori autonomi e chi deve affrontare esami.

♌ **Leone**: per le coppie è l'anno del dentro o fuori definitivo, lo suggerisce Saturno che transita nel settore delle unioni. Attenzione se una storia non funziona, potrebbe nascere un'attrazione per un cosiddetto «terzo incomodo»; da questo punto di vista maggio sarà particolarmente passionale. I cuori solitari vivranno un'emozione speciale in primavera.

♍ **Vergine**: hai un carattere particolare, da una parte ricevi la spinta del Sagittario, sempre ottimista e avventuroso, dall'altra la Vergine ti porta a essere critico e addirittura ad avere paura degli eventi. Così ci sono delle giornate in cui vorresti scalare montagne, e altre in cui pensi che tutto sia troppo rischioso. È possibile trovare qualcosa di buono nel cielo di febbraio, in amore non sottovalutare agosto.

Ascendenti

♎ **Bilancia**: se una storia deve essere legalizzata puntiamo su maggio. Opportunità, nuovi soci, nuovi alleati. Hai un bel carattere che riesce a superare anche gli eventi più difficili della vita! Un cambiamento di lavoro o mansione possibile da maggio in poi, quest'anno potrai metterti in gioco in altri settori.

♏ **Scorpione**: il tuo spirito avventuriero, anche in amore, troverà pane per i suoi denti ad agosto, arrivano sguardi particolari, sarai molto affascinante. Nell'ambito del lavoro non sopporti più certe persone o un certo giro. Se una situazione di disagio nata nel 2021 è ancora esistente, bisognerà affrontare un cambiamento.

♐ **Sagittario**: non ti è mai mancato il coraggio! La primavera parla chiaro, è tempo di vivere una bella storia d'amore, Venere sarà attiva anche ad agosto dopo l'11. Sul lavoro non aspettarti molto prima di aprile, ma già da maggio le cose cambiano. Fai vincere il tuo ottimismo! In amore non trascinare storie che non hanno più ragione di esistere.

♑ **Capricorno**: Venere e Marte sull'ascendente procurano a febbraio qualche emozione in più, hai voglia di vivere alla grande! Revisione dei conti in primavera; se la tua storia d'amore non è facile, tra maggio e giugno sarà necessario fermarsi un attimo per capire se continuare oppure no. Da giugno opportunità per chi vuole realizzare un progetto o innamorarsi di nuovo.

♒ **Acquario**: Venere e Marte toccano l'ascendente dopo il 6 marzo. Favoriti gli incontri, le amicizie, le opportunità nella prima parte dell'anno. Chi può muoversi, cambiare città, oppure concludere nuovi accordi non deve fermarsi adesso; studenti favoriti, ma è probabile che ci sia anche chi vuole cambiare gruppo o indirizzo di studi nei prossimi mesi.

♓ **Pesci**: Venere tocca l'ascendente ad aprile. Si può realizzare un progetto importante. Giove sarà in ottimo aspetto al settore del lavoro, quindi tra maggio e giugno è consigliabile farsi avanti, le proposte non mancheranno. Giove che tocca il secondo settore astrologico promette anche qualche soldo in più per coloro che hanno un'attività in proprio oppure la sistemazione di un contenzioso.

Capricorno

Cosa cambia dall'anno scorso

Entrando in questo nuovo anno hai una prospettiva completamente diversa nell'affrontare tutti i problemi, cerchi nuove soluzioni e piano piano le troverai! Dal 2021 sei diventato più costruttivo e hai acquisito una bella capacità di azione. Sei pronto alle sfide del destino, ti senti preparato. È molto probabile che tu abbia avuto modo anche di far valere le tue capacità manageriali, lavorative. Ricordo che il segno del Capricorno è ambizioso, non si accontenta di poco, e desidera rivestire un ruolo sociale importante. Sei abbastanza realista da sapere che la realtà della vita è difficile, ma è proprio nei momenti in cui le situazioni diventano complesse che riesci a trovare, con logica e severità, la soluzione giusta per uscire dai problemi. Il nuovo anno parte con un Giove favorevole, quindi non si mette in discussione la tua capacità di azione, anzi! Conviene, però, mettere da parte qualcosa in termini di risorse, in vista del periodo successivo al 10 maggio, quando ci sarà una sorta di pausa di riflessione. Detesti i perditempo, quindi se tra gennaio e febbraio ti troverai a lavorare

con persone poco attendibili o in situazioni che ritieni insoddisfacenti, potrai anche pensare di mollare tutto, fare un passo indietro o semplicemente di non rinnovare un accordo.

La primavera porta pensieri

Questo è un anno che in certi mesi, come spiegherò nelle prossime pagine, ti renderà piuttosto pensieroso. Sarà importante comprendere le relazioni che vivi in modo profondo, ponderato. Per esempio se un amore non funziona, se una storia è poco chiara, potresti vivere momenti di forte agitazione immediatamente prima dell'estate. In realtà vuoi liberarti di tutte le situazioni inutili, ma anche allontanare quelle persone che magari non volendo ti obbligano a fare ciò che non desideri. Per chi ha l'età giusta ed è giovane, il periodo tra aprile e maggio potrebbe rappresentare il momento ideale per trovare una propria autonomia, magari anche grazie a un lavoro e alla ricerca di una casa. Lo stesso periodo sarà molto utile per gli studenti che devono iniziare un nuovo percorso e per coloro che dovranno fare una scelta, continuare o abbandonare un certo gruppo di lavoro. In realtà sarà in questa fase dell'anno che partiranno i dilemmi, perché non sarà sempre facile capire quello che sarà giusto abbandonare o mantenere. Marte sarà dissonante assieme a Giove nel mese di giugno e questo porterà ad affrontare situazioni di grande tensione con coraggio, quello sarà il momento in cui potresti vivere alcune incertezze. Per fortuna ci sarà uno scambio di idee significativo con le persone che ti circondano, un forte desiderio di iniziare nuovi progetti e l'aiuto di qualcuno che capisce le tue capacità. Conto, però, sulla tua proverbiale determinazione e prudenza, perché a metà anno è vero che ci sarà un passaggio significativo della tua vita, ma bisognerà essere attenti per evitare complicazioni e rischiare di lasciare il certo per l'incerto.

La famiglia avrà bisogno di attenzioni

Molto dipende dall'età, da diverse circostanze, ma Giove da maggio e ancor di più nel 2023, toccando il quarto settore astrologico che in astrologia rappresenta la famiglia, la casa, metterà l'accento sulle spese che riguardano la gestione di abitazioni: un cambiamento inerente a un affitto, spese in più per un nuovo membro della famiglia. Certo è che da maggio in poi sarà molto difficile fermarsi e stare tranquilli. Se fai parte di una società non è escluso che tu voglia startene per conto tuo oppure formarne un'altra, se hai lavorato con un gruppo non sarai contento e ne cercherai un altro, tante saranno le cose da chiudere o rivedere. Il periodo legato alla parte centrale dell'anno può essere particolare per i sentimenti, perché le coppie che hanno vissuto un momento difficile dovranno mettercela tutta per superare il guado di incomprensioni e momenti di scarsa complicità. Tu che hai un forte senso dell'orgoglio, della dignità, della realizzazione sentirai inutile rapportarti a persone, anche famigliari, che non sopportano o non meritano le tue risorse mentali. Apparentemente in certi momenti potresti persino sembrare freddo o distaccato nelle tue scelte, eccessivamente drastico. In realtà tu sei un «romantico in incognita», non ami rivelare i tuoi punti deboli. Se nel corso della tua vita hai preferito sacrificare la ricerca di un grande amore romantico a favore di un partner che potesse darti sicurezza anche sotto il profilo economico o lavorativo, prima o poi qualche rimpianto arriverà. D'altronde risulta difficile per un Capricorno rinunciare alla propria ambizione per lanciarsi in una passione senza fine, ed è molto più facile trovare un Capricorno che rinunci a un amore o lo cerchi part-time per favorire la propria ascesa sociale.

Mantenere il controllo di tutto? Anche no!

Quando fai una promessa la mantieni, ecco perché pretendi che gli altri facciano lo stesso con te. In alcuni mesi dell'anno, però, potrebbe arrivare qualche delusione. Un investimento che avevi fatto in termini di amicizia, affetto potrebbe rivelarsi falso. Il trambusto che si verificherà in ambito lavorativo potrebbe influire in maniera pesante anche sui sentimenti. Tu non accetti facilmente posizioni di sottomissione, e se avrai il sentore che qualcuno ti sfrutti, ciò vale sia per il lavoro sia per l'amore, chiuderai la partita senza troppi ripensamenti. Vuoi tenere tutto sotto controllo, ma alla fine tutto questo ti stanca. Il Capricorno è un tipo talmente attento al dovere che in certi casi si sente pronto a caricarsi sulle spalle anche le responsabilità degli altri! Ci vorrà molto tempo per perdonare e dimenticare, quando ti senti colpito nel profondo non riesci a superare le offese e il più delle volte ti chiudi, tiri su un muro invalicabile agli occhi degli altri. È il caso, per esempio, di tutti coloro che hanno vissuto una separazione, ci metteranno tempo prima di credere ancora nell'amore. Tu che

Capricorno

hai passato anni a cercare di regolare le tue pulsioni, quest'anno non perdere tempo prezioso nel voler applicare la tua disciplina agli altri: accetta che le persone possano essere differenti, senza per questo rifiutarle o condannarle. Per mantenere un buon equilibrio con tutti sarà necessaria tolleranza, tu cerchi sempre di essere paterno e protettivo con gli altri pretendendo in cambio rispetto e obbedienza, proprio come farebbe un buon genitore con il figlio. Chi rifiuta il tuo mondo, la tua visione rigida e determinata della vita rischia di perderti, inoltre se non c'è rigore, obbedienza, amore per le regole non ti senti a tuo agio. In certi mesi dell'anno sarà necessaria un po' più di tolleranza. Lascia andare qualcosa, ti sentirai subito meglio!

L'amore chiede nuove regole

Non si possono tenere sotto controllo i sentimenti, anche se tu ci provi non è detto che gli altri ci riescano; ecco perché la chiave della tolleranza, come ho spiegato, sarà opportuna in un anno così particolare e variegato. Non tenere le cose dentro, parla dei tuoi sentimenti, lasciarti andare aiuterà. Se succede qualcosa di significativo non fare finta di nulla solo perché sentirai vibrare le corde del tuo sensibile animo e avrai paura di non fermarle più, che sia un'avventura estiva o un grande amore lasciati andare! Vivere alla giornata in amore non è qualcosa che si addice a un Capricorno in particolare dopo i trent'anni, ma nel 2022 sarà necessario fare i conti con l'imprevedibile; non sentirti debole perché pensi di provare emozioni che non riesci a dominare. Durante i prossimi dodici mesi cerca di essere leggero e abbandona le critiche spietate anche nei confronti di te stesso, non è pericoloso affidarsi agli altri ogni tanto, se in cambio si ottengono affetto ed emozioni sincere. Un'esplosione emotiva, un'esperienza non prevista, situazioni che in passato avrebbero portato imbarazzo, vulnerabilità potranno divenire possibili, il desiderio di controllare tutto dovrà lasciare spazio alla fiducia; tu che hai sempre fatto parlare il grande saggio che è dentro di te, ora lascia esprimere l'altra parte della tua personalità, rappresentata da quel volubile «vagabondo» che vorrebbe sconvolgere tutti i piani organizzati dal grande saggio, quello che vorrebbe vivere senza obblighi o complicazioni. Su questo contrasto interiore dovrai lavorare parecchio in questo 2022 e sciogliere diversi nodi, soprattutto quando non saprai se cedere alla rigidità di certi comportamenti o esporti al dono di impetuosi e sregolati sentimenti.

Gennaio

Il tuo 2022

 Venere in transito nel segno assieme al Sole, gennaio parte bene! Ci sono più opportunità da gestire e da sfruttare, c'è energia positiva in questo primo mese dell'anno. Un momento efficace per chi desidera chiarire qualcosa che non va nel lavoro; meglio agire in fretta perché dalla seconda metà di maggio alcune situazioni potrebbero sfuggire di mano o essere meno gestibili, ma andiamo con ordine. I nati del segno che hanno aperto un'attività, magari nel commercio, dopo molto penare riescono a riequilibrare alcuni conti, i liberi professionisti fino a maggio sono protetti! Uniche giornate più agitate sono quelle intorno al 17, quando potresti vivere qualche difficoltà in più nei rapporti con soci e collaboratori. C'è chi vorrebbe esporsi di più, ora è possibile con Giove favorevole chiedere un miglioramento, bene attorno al 26. Nuove risorse per i più giovani che, anche se a fatica, possono iniziare un buon apprendistato. Le occasioni possono arrivare anche alla fine del mese.

 Venere e Sole nel segno portano emozioni grandi. Se ci sono stati problemi nella coppia bisogna tentare di dimenticarli. Le relazioni più complicate sono quelle con il segno zodiacale dell'Ariete, del Cancro e della Bilancia. Nulla di più sbagliato che mettersi a fare polemiche nelle domeniche di gennaio. Anche se non sei il tipo che ama sollevare polveroni, è probabile che in queste settimane tu senta una grande voglia di fare chiarezza, in particolare se pensi ci sia una persona che non sta rispettando un patto. Così anche le nuove relazioni nascono in maniera interessante, ma sempre prudente. Hai bisogno di un po' di tranquillità. La Luna tocca il tuo segno domenica 2, quando anche Sole e Venere saranno attivi. Chi ha bisogno di chiarire come sta andando un sentimento potrebbe sfruttare le festività e parlare chiaro. Ci sarà un feeling particolare con il segno della Vergine e dello Scorpione.

 Il primo mese dell'anno regala un'energia da sfruttare soprattutto all'inizio. Un po' di fastidi alle articolazioni, spesso ginocchia e gambe sono i punti deboli del segno. Visto che le domeniche del mese si presenteranno agitate, sarà bene fare le cose con calma evitando ogni tipo di frenesia.

# Capricorno

Febbraio

 Ancora Venere e Marte nel tuo spazio zodiacale, anche in buon aspetto a Urano; metti da parte qualche buon consiglio e cerca di avvantaggiarti in vista dei prossimi mesi. I giovani sono spinti proprio da questo splendido aspetto di Urano che li accompagnerà tutto l'anno, addirittura eccezionale attorno al 7 quando incontrerà la Luna; qualcuno in quel momento farà una scelta importante, altri riceveranno una notizia che cambierà positivamente le carte in tavola. In realtà bisognerebbe fin da adesso cercare di farsi riconfermare appuntamenti e accordi in vista della tarda primavera. Molti avranno un contratto in scadenza e quindi dovranno affrettarsi a capire cosa fare e dove andare; c'è stato anche chi ha dovuto sospendere il lavoro, registro una forte agitazione nelle domeniche di febbraio, un po' come è capitato il mese scorso. Difficile mantenere le proprie posizioni, attenzione! Sappiamo che sei una persona particolarmente testarda! Se c'è qualcosa da chiarire, da rivedere, anche per quanto riguarda i conti, meglio agire alla fine del mese. Amici offrono opportunità, in questi giorni una persona può tornare a essere di riferimento.

 Sul piano sentimentale Venere è sempre attiva. Il fatto che sia congiunta a Marte produce una bella passionalità e anche il ritorno della sensualità. Così le coppie che hanno avuto problemi ora stanno meglio, si può ricucire uno strappo o addirittura chiudere una pagina sentimentale senza soffrire troppo. Insomma le cose cambiano e potresti anche fare un incontro particolare, se il cuore è solo da tempo! Se è in corso una crisi, però, anche se si hanno stelle buone, non possiamo pensare di riuscire a cambiare la personalità di chi ci interessa, facciamo prima a cambiare partner! A buon intenditor... Comunque si vogliano leggere queste stelle non possono che portare vantaggi, le sollecitazioni più significative nelle prime due settimane del mese. Torna la certezza di avere costruito qualcosa di importante; molte sicurezze arrivano adesso e c'è anche chi avrà più di una risorsa, un amore nuovo di zecca, bisogna impegnarsi, cercando di superare una certa istintiva diffidenza che pervade spesso il tuo segno.

 È un oroscopo di recupero, solo il primo fine settimana di febbraio sarà un po' frenetico, ma nulla di grave; lo stomaco è delicato. Sabato 12, un po' di attenzione con le articolazioni. Giornate ideali per iniziare eventuali cure quelle successive al 17. Probabile che i ritmi di lavoro siano convulsi, ma Giove protegge, cerca di farti dare qualche garanzia in più, questo rassicura il tuo animo e ti spinge a stare meglio.

Marzo

Venere e Marte a braccetto fino al 6, sono convinto che questo sia un momento di buone e interessanti proposte; metti da parte qualche soldo e cerca di farti confermare un impegno almeno fino a fine anno. Qualche pagamento arretrato viene saldato, non si diventa ricchi ma c'è più movimento; a ogni modo il fatto che le stelle siano favorevoli non deve spingerti a rischiare. Chi deve farsi riconfermare un lavoro in vista dell'estate, faccia la sua richiesta fin da adesso. Questo perché da maggio ci sarà un rallentamento, quindi è molto meglio sfruttare subito certe buone occasioni. La parte centrale del mese sarà a ogni modo interessante! Difficile sbagliare, hai maturato nel passato una bella esperienza che ti aiuterà a vivere meglio il futuro. Quelli che hanno un lavoro dipendente, facendo un'attenta analisi delle proprie potenzialità, adesso potranno chiedere qualcosa in più. Solo l'aspetto economico è da tenere sotto controllo, perché Venere e Marte entrano in un segno che per te rappresenta le finanze; saranno dissonanti a Urano e ciò porta solo qualche dubbio dal 19 al 26. Discussioni riguardo a contratti, accordi o spese non preventivate.

Sul piano sentimentale marzo invita a fare scelte importanti. Le coppie che si vogliono bene potrebbero fin da adesso iniziare a pensare a un futuro molto bello. È possibile lasciarsi andare a una sensazione positiva. Il passato non conta più. Se c'è stata una separazione si può ripartire. È chiaro che ognuno sfrutterà queste stelle a suo modo, alcuni Capricorno sono un po' troppo diffidenti, e questo certamente non aiuta nella ricerca di nuovi amori. Quando un oroscopo è favorevole bisogna sfruttare l'occasione giusta! Meglio farsi vedere in giro. I legami sentimentali in questo momento si possono rafforzare. Può persino capitare di innamorarsi improvvisamente abbandonando una situazione che non ha più valore. Le eventuali separazioni sono liberatorie. Con Mercurio favorevole dal 10 gli incontri per i cuori solitari sono favoriti, anche dopo il 21.

Con un cielo così non solo è possibile recuperare energia ma addirittura è il caso di prendere un appuntamento con una persona esperta, che possa aiutarti a superare un problema; le giornate attorno al 16 sono le più importanti, anche per iniziare cure o terapie, affrontare miglioramenti di tipo estetico! Per il Capricorno gli anni sembrano non passare. È una caratteristica del segno! Da giovane sembra più grande, quando è maturo ha un aspetto più giovane.

 **Aprile**

 Un mese importante per le questioni professionali, anzi sarebbe il caso di parlare subito se c'è un rinnovo contrattuale in sospeso; non dico che da maggio tutto sarà più complicato, però adesso sei facilitato e non ci sono troppi ostacoli! Eccezionale la tua capacità di azione, hai lavorato bene nel passato e si vede. Parla con il tuo capo o una persona che può aiutarti attorno al 13, quando anche Mercurio sarà favorevole. Con un cielo così non bisogna stare fermi! Ricorda che tutto quello che non riuscirai a concludere entro la metà di maggio dopo potrebbe subire ritardi. Sotto il profilo economico non è che tu sia riuscito a risparmiare molto e forse è questo l'unico cruccio. Per i più giovani, ecco il momento giusto per iniziare a trovare una propria autonomia; chi sta cercando casa, però, probabilmente non è così sereno perché affitti e acquisti sono troppo onerosi.

 Le persone Capricorno che si separano spesso prendono tempo prima di legarsi nuovamente. La paura di tornare a vivere un momento difficile blocca il desiderio di provare nuove emozioni, ma ora niente scuse! In questo mese vorrei sollecitare all'azione anche i più tormentati del segno. Gli unici rapporti che rischiano sono quelli che hanno avuto problemi già dall'anno scorso; lo dico in vista di maggio, un mese che avrà il potere di buttare all'aria tutto quello che non va. Gli amori che nascono in questo periodo sono intriganti, ma a maggio potrebbero subire una forte critica! Sei molto preso dalle questioni di lavoro e l'amore va in secondo piano. Discussioni decisive, l'ultimo fine settimana del mese promette conoscenze importanti. Messaggi piacevoli. Il Sole entra in una posizione favorevole dal 20, ed entro il 23 potrebbe nascere una bella sensazione, appuntamenti piacevoli da fissare nell'ultimo fine settimana del mese. Punta sempre sul coraggio e sulle emozioni che non mancano mai nella tua vita. Sbaglia chi pensa che tu sia un freddo calcolatore. In realtà sei una persona che prima di fare qualcosa di importante ci pensa bene, i tuoi temporeggiamenti sono ben noti a chi ti conosce. Dal prossimo mese Giove invita alla prudenza in tutti gli affari. Giusto, quindi, fermarsi un attimo per capire cosa portare avanti e cosa bloccare.

 Ecco un mese pieno di cose da fare che va programmato bene onde evitare stanchezza e piccole preoccupazioni. Belle le novità anche sul piano psicofisico, chi deve superare un fastidio conti sulle giornate dopo il 20, interessanti un po' per tutto.

Maggio

Il tuo 2022

 Questo mese ha il potere di agitare anche i Capricorno più tranquilli. È probabile che per il rinnovo di un contratto si giochi a braccio di ferro, le tensioni maggiori sono quelle che nascono venerdì 13, giovedì 19, mercoledì 25 e giovedì 26. Qualche momento di stanchezza può addirittura mandare in crisi alcuni rapporti di lavoro. Per esempio chi ha un negozio o un'attività che, nonostante gli sforzi degli inizi dell'anno, non funziona, potrebbe pensare di vendere o associarsi a qualcuno per recuperare. È importante fermarsi per capire cosa continuare e cosa interrompere. I più giovani si troveranno a un bivio, con un contratto in scadenza e il desiderio di non rinnovarlo. Le spese non sono poche, la realizzazione di certi progetti ora potrebbe essere un po' frenata. Attenzione per quanto riguarda le questioni legali, se c'è da far partire una causa, una vertenza bisogna essere convinti di avere ragione per non perdere tempo e denaro. Non sembra un periodo del tutto tranquillo, valuta bene ogni dettaglio; attento anche alle sviste con i pagamenti o l'utilizzo di carte di credito.

 Per i cuori infranti maggio è un mese di confronti, riflessioni, verifiche. Tutta la tua attenzione è rivolta alle questioni di carattere pratico e sembri trascurare tutto il resto. Chi è stato tradito non ha più voglia di credere nell'amore, i nuovi incontri vanno vissuti con estrema prudenza. La persona che ami potrebbe pensare in certi momenti che tu sia persino disinteressato o seccato dalla sua presenza; con un oroscopo così complesso per l'amore sarà importante mantenere aperto il colloquio, se la relazione ha vissuto troppi silenzi. L'accento va sulle spese che riguardano la gestione di abitazioni, un cambiamento sarà inerente a un affitto. In realtà molte coppie cercano di risparmiare perché sono un po' in pena per i soldi, è un periodo di austerity. Coloro che l'anno scorso hanno chiuso una storia, ora sono scettici, anche se giugno potrà portare più emozioni positive. Nonostante il Capricorno sia tendenzialmente monogamo, ora potrebbe cogliere l'occasione condividendo più emozioni contemporaneamente. È un cielo migliore quello di fine mese, giornate di chiarimenti venerdì 27, sabato 28 e domenica 29.

 È importante in questo momento evitare complicazioni, una disattenzione potrebbe costare un fermo, ecco perché è meglio curarsi subito se ci sono fastidi. In periodi così stancanti bisogna fare come si dice «il passo secondo la gamba». Alcune tensioni potrebbero nascere a metà mese, una sorta di ansia che si riversa nei confronti di tutto, calma!

Giugno

 Da pochi giorni Marte ha iniziato un transito agitato. Sembra proprio che tu non voglia più lavorare con un gruppo, potrebbero nascere anche ostilità per motivi banali; sempre più importante definire le questioni di carattere immobiliare, sono aumentate le spese per la casa, per eventuali trasferimenti oppure per un figlio. Quando vedi che una certa agitazione prende piede cerca di fare altro, non soffermarti troppo su pensieri negativi, suggerimento particolarmente valido nelle giornate di giovedì 9, venerdì 10, martedì 21, mercoledì 22. Marte e Giove nervosi consigliano massima attenzione! Chi lavora part-time, a collaborazione, ora si troverà in una situazione di incertezza, perché con la fine di giugno o entro agosto dovrà cercare altro, visto che un accordo probabilmente si è interrotto il mese scorso; meglio non fare azzardi. Il lavoro dipendente cambia e ci sarà da discutere con il proprio capo o un gruppo di colleghi, inevitabili trasformazioni in seno all'azienda. Chi vuole disfarsi di un'attività adesso deve stare attento all'aspetto economico. Valutare bene per non svendere. È un periodo in cui bisogna darsi da fare in tutte le direzioni senza dare ascolto al pessimismo.

 Ombre possono addensarsi nella vita sentimentale, come al solito molto dipende dalla natura del rapporto; le storie che vanno avanti da anni non saranno sopraffatte da questo giugno che in certi momenti sarà contraddittorio. Infatti Venere è favorevole, ma tu sei pieno di preoccupazioni che provengono dal mondo del lavoro; così rischi, anche in un rapporto sano, di non dare ascolto alla persona amata o di mostrarti svagato. Scelte per un matrimonio, una convivenza sono forse da ritardare. È un cielo che porta qualche piccola complicazione in più, ora sta a te cercare di ritrovare un po' di equilibrio; più agitazione con Ariete e Cancro. Prima di buttare all'aria un rapporto oppure dire no definitivamente fai passare del tempo. In certi casi bisogna solo aspettare che il partner superi un problema, perché quando ci sono stelle contro può anche capitare di essere preoccupati per il proprio amore.

 Più faticoso il cielo di giugno. Marte parla chiaro, in congiunzione con Giove provoca fastidi. Dovresti rallentare i ritmi e curare di più la forma. Lo stomaco è più delicato nei fine settimana del mese. Le indecisioni per il lavoro possono creare malesseri psicosomatici. Per fortuna sei una persona forte, sai cosa fare quando i dubbi superano le certezze, temporeggia.

Luglio

 La cosa buona di luglio è che non abbiamo più Marte contrario a partire dal 5. Quelli che vogliono liberarsi di un lavoro poco remunerativo oppure hanno vissuto una crisi nel passato sembrano avere le idee più chiare. Un cambio di ruolo, agenzia, gruppo sarà determinato più che altro da circostanze del destino. Giove resta, però, in aspetto critico, quindi le occasioni di luglio non arrivano servite su di un piatto d'argento. Ma questo lo sai bene, perché è da maggio che non ti fermi e stai cercando di ritrovare il bandolo della matassa! Dovresti verificare la tenuta di certi rapporti professionali. Spese di troppo dal 5 al 19 in generale e tra martedì 12 e giovedì 14. Chi lavora in proprio deve tenere in piedi un'attività, nonostante a livello finanziario non ci siano grandi garanzie. Per fortuna non manca l'energia e la voglia di andare avanti. Eventuali compravendite potrebbero non arrivare subito alla conclusione, prendi tutto il tempo che ti serve prima di fare una scelta importante. Bene dopo il 19, le idee saranno più chiare.

 Sul piano sentimentale sfrutta la prima parte del mese se c'è qualcosa da chiarire. Un mese «test» è stato quello di maggio. Quindi se un paio di mesi fa hai notato che in amore non c'è stata reciprocità di sentimenti, evita di insistere e vai avanti per la tua strada: «Next!». I rapporti famigliari possono diventare un po' tesi per questioni legate alle proprietà. Chi vive due storie, una ufficiale e una ufficiosa, si troverà spesso in imbarazzo e la parte più nervosa di luglio sarà quella finale; ci saranno giornate come quelle di lunedì 25, martedì 26 e mercoledì 27 che avranno il potere di agitare le acque anche nelle migliori famiglie. In casi eccezionali luglio può portare lontananze volute dal destino o cercate di persona. Insomma, se ci tieni a un rapporto dovrai essere cauto, non dare nulla per scontato. Cerca di non ostinarti sulle scelte che credi giuste e ascolta anche il parere delle persone che ti stanno attorno. Sei tenace e testardo, ma non devi arroccarti troppo sulle tue posizioni, altrimenti rischi di chiudere luglio con esagerato nervosismo.

 È un cielo ricco di contrasti, ma con un po' di buona volontà sarà possibile superare le complicazioni del momento, la prima parte del mese è migliore della seconda. Attenzione allo stomaco, cerca tranquillità nelle giornate del 18, 19, 20 e 26. In questo momento sembra che tutto sia contro di te ma non è così. Per fortuna hai sempre una buona tempra.

Agosto

Ad agosto potresti prenderti una bella pausa di riflessione. È dalla seconda metà di maggio che alcune scelte professionali sono rimaste in sospeso. Ci sarà anche da limitare il raggio d'azione, per esempio fino all'11 sarà bene non spendere troppo. È meglio non fare grandi investimenti. Rimprovererai chi non ti aiuta perché come al solito tutto ricade sulle tue spalle, ma se questo accade è anche colpa tua! Sei una persona che si accolla troppo spesso i problemi degli altri. Il desiderio di controllo è giusto e sacrosanto, purché non diventi fonte di stress. Il miglioramento arriva nella seconda parte del mese e ancora di più dal 23, quando il Sole torna favorevole. Agosto resta un mese un po' polemico con i famigliari se nel passato si sono registrate tensioni per motivi legati alle proprietà, la casa. Atti da riscrivere o da verificare; con queste stelle sarà bene accettare una proposta di lavoro o part-time anche se non sembra particolarmente remunerativa. Per ora non si può pretendere il massimo.

Di solito sei tranquillo, ma anche tu puoi perdere le staffe! Ecco perché sarà difficile non perdere la pazienza nelle giornate del 2, 3 e 9. I più giovani potrebbero vivere amicizie amorose senza pensare di legarsi per la vita, ma dopo l'11 le cose cambiano. Per le relazioni nuove, infatti, la seconda parte del mese è più interessante, poiché Venere non sarà più opposta; sarà possibile emozionarsi e chiudere agosto con una bella sensazione. Però una parentesi di divertimento e piacere potresti anche concedertela, nella vita non ci sono solo obblighi e doveri! Le coppie di lunga data e quelle che non hanno chiarito il proprio rapporto nei mesi precedenti dovranno evitare dispute il 15, 16 e 23. La fine di agosto comporta una riflessione accurata sul proprio destino sentimentale. Non bisogna sottovalutare incontri o discussioni positive tra sabato 27 e domenica 28 quando Sole e Luna saranno favorevoli formando un buon novilunio.

Proprio tu che sei amante della calma e della serenità ultimamente ti sei ritrovato in un vortice di tensioni, ecco perché agosto dovrà essere speso per vivere in maniera più equilibrata, devi ritrovare stabilità! La settimana dal 23 al 29 è più attiva grazie al Sole favorevole. Inizia la fase della costruttività e della determinazione che ti sarà utile anche durante questo autunno in arrivo. La tenuta nervosa migliora di giorno in giorno. Evita, però, imprudenza il 30 e 31.

Settembre

Sono i nati di fine dicembre che dalla primavera inoltrata hanno vissuto una sorta di crisi di lavoro o un rallentamento. È bene mantenere un atteggiamento cauto. Non si perdono certezze ma sembra un po' più complicato ottenere nuovi incarichi, anche qualche ritardo negli incassi infastidisce; chi aspetta un pagamento potrebbe dover attendere fino a novembre. Per fortuna riesci a mantenere un grande aplomb, Venere, infatti, dal 5 torna favorevole; le giornate attorno al 14 potrebbero anche regalare un appuntamento di lavoro importante. Peccato non sia un periodo ricco, spero che tu abbia messo da parte qualcosa! Le nuove scelte sono, come al solito, faticose ma alla fine ciò che conta è essere determinati! Chi lavora sotto contratto è probabile che adesso senta di avere le mani legate, tuttavia non bisogna rinunciare a un progetto. Ci saranno nuovi territori da esplorare oppure, nel caso dei lavoratori dipendenti, si potrà fare una richiesta per cambiare ufficio che però potrebbe essere esaudita solo a fine anno.

In amore si recupera terreno, Venere è attiva, le giornate di metà mese sono intriganti per le relazioni. Si fanno progetti in grande stile, c'è anche chi pensa già di sposarsi o convivere il prossimo anno. Infatti per ora non ci sono grandi risorse economiche e alcuni progetti costosi andranno rimandati. Dopo una separazione ci sarà chi sarà pronto ad amare nuovamente! Con il segno zodiacale dei Pesci torna un feeling particolare, ma anche lo Scorpione in questo periodo riesce a farti dare il meglio di te. Gli innamorati dovrebbero parlare di più e confidarsi dopo il 23. Il transito dissonante di Mercurio porterà alcune giornate di lieve tensione (il 12 e 13) ma nulla di grave. Essendo tu un segno di terra, difficilmente riesci a staccarti dalle problematiche «terrene», così in amore pensi che tutto debba avere una spiegazione. Peccato che per i sentimenti non funzioni proprio così. Gli amori nascono o finiscono anche senza una ragione particolare!

Si può parlare di un discreto recupero a settembre anche considerando il fatto che Sole e Venere saranno favorevoli; una giornata indicata per contattare un esperto, qualcuno che possa darti soluzioni per un problema, sarà quella del 6, bene anche il 14. La fine del mese è interessante, sabato 24 e domenica 25 giornate di recupero.

 **Ottobre**

 È importante proprio in questi giorni recuperare un rapporto professionale o farsi notare, perché Giove dal 28 fino al 20 dicembre offre una tregua riparatrice. Chi lavora come dipendente ha già deciso che entro la primavera del prossimo anno cambierà gruppo o riferimenti. Se c'è da portare avanti un progetto o parlare con una persona che conta, raccomando di incontrarla dal 24 al 31. Ottobre è un mese di riflessione profonda, forse non ci sono soluzioni tangibili a portata di mano, ma è già tanto sapere che non sei più pensieroso come prima. Se vivi dispute famigliari non pensarci anche quando sei al lavoro. È necessario mettersi a tavolino con calma ed esaminare ogni cosa senza lasciarsi tradire da emozioni immediate, i risultati di ottobre saranno altalenanti. Bene per esempio intorno al 3, forti dubbi, invece, attorno al 17. Una speciale cautela è richiesta nei rapporti con i soci e nelle questioni legali, anche in caso di rinnovi contrattuali. Ci sono stati ritardi nei pagamenti e qualche ansia è cresciuta in proporzione.

 Chiedo cautela a ottobre, le prime tre settimane sembrano un po' bellicose, tu ami la quiete e la pazienza scapperà a metà mese. Cerca di evitare scontri con un ex o una persona che comunque ha il potere di spiazzarti, di farti stare male. In questo senso, e mi riferisco ai single, sarà utile anche abbandonare i rapporti che fin dall'inizio non promettono bene; è vero che ti piacciono le storie difficili o in cui ci sia un bel po' di mordente, ma le sfide in queste settimane sono estremamente faticose. Un avvertimento in più per le coppie che hanno vissuto una crisi: attenzione a non mettersi uno contro l'altro. Alcuni rapporti potrebbero diventare tesi dopo il 10; sabato 15 e domenica 16 doppia cautela in amore. Se c'è da concludere una relazione, non cercare di salvarla a tutti i costi solo per mantenere le apparenze. Se poi al contrario ci tieni a una storia, allora fatti scivolare le cose addosso e aspetta il periodo successivo a domenica 23, le idee saranno più chiare e il cuore più appagato a fine mese.

 Un cielo nervoso per colpa della dissonanza di Sole, Venere e Giove, nei primi tre fine settimana del mese il fisico sarà messo alla prova. Proprio per questo motivo la stanchezza potrà aumentare. Disturbi o malesseri alle ossa, denti, dopo il 23 sarà possibile trovare il suggerimento giusto per curare vecchi disturbi. Segui con scrupolo le terapie prescritte. Da curare la tensione nervosa, altissima come al solito, ma l'irruenza è una caratteristica del segno!

Novembre

 Un mese più protetto. Se c'è qualcosa che non va bene a novembre si parla chiaro! Sei reduce da dubbi e momenti di inquietudine? Vai avanti lo stesso! Mercurio, Venere, Sole in aspetto buono! È il segnale che devi far fronte all'imprevedibile con tutta la tua preparazione; rettifiche e avanzamenti sia per chi lavora in proprio sia per i lavoratori dipendenti. Intendiamoci, novembre non fa miracoli, ma può portare vantaggi; fatti riconfermare qualcosa, avrai più grinta del solito nel prendere decisioni o nel capire quali scelte possano portare benefici. Un momento di forza il 17, 18, 26 e 27. La professione è aperta a nuove idee, devi solo riorganizzarti al meglio. Il tuo innato talento organizzativo può essere usato non solo nel lavoro ma anche in casa, dove c'è bisogno di puntualizzare un legame faticoso da gestire con un parente, un convivente o socio di famiglia. Potremmo definirlo un periodo ricco di nuovi germogli che possono dare tanti frutti nei prossimi mesi.

 Dal punto di vista sentimentale novembre è protetto da Mercurio, Venere e Sole favorevoli; consiglio alle coppie che hanno vissuto difficoltà di parlare nelle prime due settimane; si ammorbidiscono i rapporti coniugali, riportando alla giusta dimensione le discussioni nate di recente; i cuori solitari sono più leggeri e sensuali, gelosi ma con misura. Questa passione ritrovata permette di ristabilire un contatto più profondo con se stessi. E di conseguenza anche di dare molto di più a livello sentimentale. È importante sapere che le scelte fatte in questo novembre potranno influenzare bene il 2023. Per i separati è un momento di nuovi incontri anche se da vivere con attenzione. La situazione si scalda in vista di dicembre quando Venere sarà nel segno. Per tutti quelli che vogliono provare emozioni speciali novembre lascia spazio a qualcosa di bello. Le coppie appena formate vivono una fase di naturale assestamento che però, se c'è davvero amore reciproco, prelude a una vita a due impegnativa ma esaltante.

 Novembre non rappresenta una panacea, ma è certamente più tranquillo rispetto ai mesi appena trascorsi. Bisogna curare di più il corpo, non negarsi le giuste ore di sonno. Quando sei preso da tanti problemi e vedi disorganizzazione attorno a te, rischi di stare male e ti stanchi perché senti il dovere di rimettere tutto in ordine; cerca di responsabilizzare le persone che possono aiutarti! Cure favorite il 7, 8, 17 e 18.

 **Dicembre**

 Alti e bassi dal punto di vista professionale hanno caratterizzato la tua vita in questo 2022. Sono nate piccole incertezze, hai dovuto abbandonare un impegno oppure, se lavori part-time, le commissioni sono state minori. Hai avuto addirittura la sensazione di non essere andato avanti anche se non è così. Ora è importante meditare sulle tue esigenze più profonde; le intuizioni di dicembre possono essere valide in particolare quando Mercurio entrerà nel tuo segno zodiacale da martedì 6. Gli investimenti fatti in passato non sono rientrati. Persino i Capricorno più ricchi chiudono l'anno con qualche amarezza di troppo. Le intuizioni però non mancheranno, quando Mercurio e Venere nel tuo segno incontreranno una bella Luna positiva nelle giornate del 14 e 15; e così ancora venerdì 23 e sabato 24 quando ci sarà il novilunio nel tuo segno zodiacale. Il periodo, nonostante qualche momento di stanchezza, fa nascere brillanti idee e assicura qualcosa di buono in vista del prossimo anno.

 Mercurio entra nel tuo segno il 6, Venere il 10; gli amori che nascono in questo periodo non solo sono improntati alla massima comunicazione, ma hanno anche caratteristiche di grande forza, in una storia d'amore potrai finalmente dare di più. Se c'è stata una separazione si può tentare un recupero o andare oltre. Attorno al 15 gli incontri saranno più intriganti. Avremo anche una bella sensazione positiva il giorno della vigilia di Natale. Chi convive da poco o si è sposato di recente è agitato, le responsabilità pesano se ci sono figli in arrivo o una casa da cambiare o acquistare; dicembre regala più fiducia in vista del futuro. Le persone che vivono due storie faranno una scelta decisiva entro la fine del mese; gli ultimi giorni di dicembre sono importanti, il mese chiuderà con una bella presenza di pianeti nel tuo segno: la congiunzione Mercurio-Venere, il Sole che porta energia e Urano che aiuta i nuovi incontri. Un cielo che facilita emozioni positive.

 L'anno si conclude in maniera interessante, tanto che dal 21 sarà possibile ritrovare forza e volontà di azione. Hai bisogno di recuperare energie dopo mesi di grande fatica; dicembre ti sostiene, regala questo e altro. Il novilunio del 23 mi sembra ideale per iniziare cure o cercare di stare meglio. Appena possibile organizza una vacanza, ne hai bisogno!

Ascendenti

Il tuo 2022

Se il tuo ascendente cade in:

♈ **Ariete**: qualsiasi progetto tu abbia in mente cerca di completarlo entro maggio, la parte centrale dell'anno potrebbe provocare qualche rottura definitiva, addirittura un trasferimento o un nuovo inizio. Per chi lavora in proprio possibilità di maggiori trasformazioni, l'amore andrà tenuto sotto controllo, fine anno con sorpresa.

♉ **Toro**: ci sono questioni che vanno risolte nelle coppie di lunga data, soprattutto se vanno avanti dal 2021, i problemi ancora aperti nel 2022 finiranno per ledere alcune storie d'amore! Non è escluso che nella seconda parte dell'anno qualcuno decida di chiudere un rapporto definitivamente. Periodo buono quello estivo per ritrovare serenità e voglia di fare, è tempo di risvegli amorosi.

♊ **Gemelli**: chi è reduce da una separazione, da un momento difficile potrà contare su questo nuovo anno. Qualche ritardo negli spostamenti, per esempio chi vuole cambiare casa o trasferirsi dovrà aspettare. In particolare i primi mesi dell'anno scorreranno lenti, poi per fortuna ci sarà un buon recupero.

♋ **Cancro**: bisogna contare molto sulle amicizie, sugli incontri, anche per i cuori solitari questo è un anno di rinnovamento. In amore vincono solo le storie più forti ma attenzione con i segni di Bilancia e Ariete. Cambiamenti netti se c'è qualcosa che non piace più, in questo nuovo anno non sopporterai più situazioni che da tempo ti mettono ansia.

♌ **Leone**: la parte centrale dell'anno può portare sorprese soprattutto a coloro che devono rimettere a posto una questione di lavoro. Solo per le coppie in crisi il mese di ottobre potrebbe essere pericoloso. Attenti alle finanze, perché alcuni progetti potranno non avere immediato esito, quindi prudenza con gli investimenti.

♍ **Vergine**: la prima parte dell'anno è un pochino sottotono. Giove favorevole poco dopo la primavera aiuta un buon recupero psicofisico; c'è chi cambierà ufficio, chi viaggerà. I più giovani potrebbero addirittura fare fortuna altrove. Per i sentimenti periodo di miglioramento soprattutto durante l'estate, innamoramenti possibili.

Ascendenti

♎ Bilancia: meglio non trasformare ogni discussione in polemica, un consiglio che sarà valido soprattutto in primavera. Forse ci sono stati impedimenti. I più giovani potrebbero essere persino in disputa con la famiglia di nascita. Forti attrazioni fisiche e passioni coinvolgono in alcuni mesi particolari, l'estate sarà foriera di belle novità!

♏ Scorpione: bello quest'anno per chi desidera sposarsi, convivere o magari semplicemente mettere al primo posto un amore importante. C'è chi deciderà di cambiare percorso professionale durante l'estate, l'autunno porterà sorprese o sviluppi a livello di carriera. Ogni tanto mancherà la forza fisica. Meglio circondarsi di persone ottimiste e positive!

♐ Sagittario: l'energia non manca, si fa sentire particolarmente tra maggio e luglio, mesi che portano soluzioni soprattutto per vecchi problemi irrisolti. Bisogna pensare alle questioni di carattere pratico, i più fortunati potrebbero ricevere anche una buona somma o comunque recuperare qualche soldo perso negli ultimi due anni; amore in recupero.

♑ Capricorno: attenzione alle polemiche soprattutto se la coppia è in crisi durante la primavera inoltrata. Molti riferimenti importanti possono saltare se non c'è il giusto equilibrio. Arrivano giornate interessanti che possono rafforzare la complicità nel lavoro. Nuovi progetti da seguire con attenzione. Lieve calo nelle finanze da giugno, recupero alla fine dell'anno.

♒ Acquario: sarà un anno discontinuo nei suoi risultati, possibilità di novità, che possono riguardare anche il lavoro, durante la primavera. Ti sei stancato delle solite cose, forse i ritmi sono troppo serrati per i tuoi gusti, devi allentare. Nonostante lo stress sia sempre forte, le occasioni per fare buone conoscenze non mancheranno!

♓ Pesci: un oroscopo importante soprattutto verso la parte centrale del 2022. Se c'è stata una separazione si può ripartire. È sempre bene verificare la tenuta nei rapporti con i segni di Gemelli e Sagittario. Giove sul tuo segno ascendente tra gennaio e febbraio può portare soluzioni, un momento di forza, segui sempre le tue intuizioni possono portarti lontano!

Acquario

Cosa cambia dall'anno scorso

Con Saturno in transito nel segno zodiacale già da mesi, i dilemmi dell'Acquario sono aumentati. Sono convinto che tanti abbiano completamente cambiato la propria visione della vita. Ricordate quando scrivevo nel libro dell'anno scorso che l'Acquario avrebbe vissuto una rivoluzione? La sta vivendo ancora ed è profondamente cambiato! La riprova è nel fatto che ciò che sembrava importante prima del 2020 ora probabilmente non lo è più. I coraggiosi hanno cambiato il modo di rapportarsi al lavoro, all'amore. C'è persino chi ha dovuto o voluto abbandonare un'attività che faceva da anni per dedicarsi ad altro; ma penso anche a coloro che hanno tradito la propria natura indipendente e ribelle continuando a fare ciò che non amavano e ora sono in crisi e sperano in un 2022 liberatorio. Con Saturno nel segno non sarà difficile rendersi conto, per coloro che sono ancora sotto pressione, di vivere una vita inadeguata e che sarà necessario ribellarsi ad alcune regole. Saturno infatti continuerà a sobillare gli animi transitando nel segno nel 2022. La ricerca

Acquario

di un equilibrio resta una meta importante da raggiungere; piccole o grandi incertezze si faranno vive in alcuni mesi particolari, ma non bisognerà avere paura di commettere errori. In realtà non si sbaglia mai quando si segue il proprio istinto. L'Acquario è un segno di aria, non sta lì a contare le convenienze, quando sente di dover fare una cosa si lancia senza paura anche se magari dovrà affrontare qualche sacrificio in più. I soldi sono importanti, ma l'Acquario pensa che ci siano cose che danno maggiori gratifiche come l'amore, l'amicizia, la spiritualità, la ricerca di un ideale. Nel corso di questo nuovo anno sarà opportuno liberare la mente da vecchi pregiudizi; se non desideri fare una cosa rifiutati di farla e non inventare scuse per allungare il brodo, anche perché detesti la menzogna. L'Acquario oltretutto non è capace di mentire, anche perché non ha una buona memoria, quindi può cadere facilmente in contraddizione. Non colpevolizzare gli altri per giustificare la soppressione di quel sentimento di trasgressione che sentirai comunque crescere dentro di te nel corso dei prossimi mesi. Non c'è nessun complotto ordito contro di te, libera il tuo animo e condividi le tue emozioni più belle.

Giove inizia un transito importante

Quando l'Acquario fa quello che vuole, sempre nel rispetto degli altri, raggiunge la serenità. Giove nel 2022 libera da antichi schemi e permette di ritrovare una buona grinta a primavera inoltrata. Il pianeta può finalmente portare quel coraggio che è mancato a qualcuno in passato e le risorse giuste per far fronte a un nuovo progetto. Finalmente ci si potrà abbandonare all'amore, ma anche alla scelta di un lavoro diverso, a una riprogrammazione della propria vita senza eccessivi sensi di colpa. Ascolta il tuo cuore ma cerca di non dissipare quattrini, lo sai, hai le mani bucate. Quest'anno sarà possibile raggiungere un obiettivo o un traguardo, ma bisognerà anche amministrare con molta attenzione l'aspetto economico. Sono convinto che più ci avvicineremo alla metà dell'anno e più sentirai crescere dentro di te un forte benessere, l'irrequietezza inizierà a calmarsi. Un problema potrebbero essere le vecchie questioni famigliari che andranno chiarite al più presto, oppure le spese per una ristrutturazione, la casa o un trasferimento. Ci sarà un buon successo per tutti coloro che si occupano di comunicazione, perché Giove transita da maggio per qualche mese nel settore che in astrologia rappresenta gli scritti e i media; ottimo anno per insegnanti, scrittori, creativi, potrebbe arrivare un riconoscimento extra.

Il tuo 2022

Un premio è in arrivo

I progetti e i cambiamenti netti di lavoro nati nell'autunno del 2021 o all'inizio di questo nuovo anno andranno avanti; hai una grande dote, una buona genialità. Dunque non ti sarà difficile reinventarti se per vari motivi hai abbandonato una strada percorsa da tempo; scegli autonomamente, non farti influenzare. All'Acquario nulla si impone! Sarai apprezzato per la sincerità dei sentimenti, per la lealtà, per il tuo desiderio di verità a ogni costo. Ti prenderai persino una bella soddisfazione nei confronti di una persona e, anche se non sei un tipo vendicativo, il fatto di trionfare su un nemico sarà piacevole. Poiché possiedi una forte idea di libertà e non ti piace dare troppe garanzie, se sei arrivato a questo nuovo anno single, sarai spinto a vivere un amore o una trasgressione in maniera spontanea, senza impegno. Questo potrebbe far pensare alle persone che ti incontrano che tu sia inaffidabile; giocherai a fare la primula rossa. Un esempio pratico: se qualcuno ti chiederà quando ci rivedremo, tu potresti rispondere: «Non lo so, ci aggiorniamo». Non perché non ti interessi la persona che hai davanti ma solo in quanto non vuoi sentirti obbligato; ti capiterà spesso che quello che decidi la mattina per la sera potrà cambiare all'improvviso. I sentimenti possono premiare ma solo se verranno vissuti con grande trasparenza. Se il tuo cuore è solo, in estate sarai alla ricerca di amori part-time. Ti sentirai certamente più desideroso di vivere relazioni trasgressive, al limite dello scandalo se stai vivendo una storia d'amore da anni, potrebbe persino tornare un ex che questa volta sta al tuo gioco. Credi nelle relazioni aperte, hai voglia di emozionarti con qualcosa di divertente. Amore e amicizia si confonderanno nella tua vita ma manterrai il distacco dalle relazioni morbose, appiccicose o dominate dalla gelosia.

Rafforza i legami sociali!

L'Acquario sta bene quando sente di avere una buona rete di amicizie e condivide esperienze ed emozioni, inevitabile per un segno zodiacale che trova estremamente gratificante aprirsi agli altri. Nonostante le gravi chiusure che gli ultimi anni hanno portato nella nostra vita, l'Acquario è rimasto un tipo particolarmente speranzoso nel futuro; desideroso di fare ulteriori conoscenze, aprirsi a nuovi stimoli, fornirà agli altri informazioni sulla base delle esperienze vissute per un reciproco scambio. Il motivo di questa spinta sarà dato

dal desiderio di affermazione, non ci dimentichiamo infatti che l'Acquario, nonostante l'apparenza umile, dimessa, è un tipo fortemente egocentrico, non a caso è opposto al Leone, il segno più autoreferenziale che c'è. Giugno sarà un mese importante per cercare di ottenere nella vita risultati positivi. Anche l'autunno potrebbe risvegliare nuovi interessi. Mentre alcuni segni zodiacali nel tempo rinunciano alla ricerca della felicità, l'Acquario vive spesso di ideali e nonostante qualche periodo no, recupera in fretta. Questa ricerca non solo regala una forte spinta psicologica all'azione ma permette di intraprendere con entusiasmo nuovi progetti. Nel corso di quest'anno bisognerà lavorare molto sulle emozioni affinché tutti i pensieri, i progetti vengano capiti e recepiti dagli altri in maniera semplice. Più contatti, più discorsi, più idee da far circolare! Questa spinta idealistica porterà l'Acquario a formare un'associazione, entrare in un gruppo, cercare una nuova spiritualità. Va ricordato a scanso di equivoci che se c'è una cosa che l'Acquario non ama è il pettegolezzo poiché non ha lo scopo di fornire sostegno alla persona oggetto di osservazioni, ma esattamente il contrario. Quindi ci terrà affinché il rapporto con gli altri sia sempre positivo e stimolante.

Le coppie più forti saranno quelle altruiste

Visto che il 2022 sarà ricco di alti e bassi rispolvero il vecchio detto «l'unione fa la forza»; lo ricordo in particolare alle persone che stanno insieme da tanto tempo, perché ci saranno prove da superare, come leggerete nelle prossime pagine; le decisioni più importanti andrebbero prese di comune accordo ma ci saranno momenti in cui desidererai qualcosa di completamente diverso dal partner. La cura delle coppie in crisi passa attraverso l'esercizio della condivisione che dovrà essere molteplice, quindi fatta di pensieri, emozioni ma anche di scelte comuni per la casa o i figli. Indispensabile costruire o ricostruire un percorso fatto di obiettivi comuni da raggiungere. Se scatterà un'ambizione troppo forte e divisiva, il rischio di una deriva dal rapporto sarà più profonda. Sei radicalmente cambiato negli ultimi due anni, dovrai anche dare il tempo alle persone che frequenti di capire che non sei più la stessa persona di prima. Se hai un partner intelligente e sensibile si adeguerà velocemente, altrimenti ci vorrà pazienza e tolleranza, nei limiti del possibile. La nuova posizione di Giove, favorevole da maggio, aiuterà a trasformare le tue relazioni in qualcosa di più profondo e gratificante.

Gennaio

Il tuo 2022

 Si parte con Saturno nel segno, quindi l'inizio di gennaio è sottotono. È necessario recuperare un po' di serenità, hai dovuto lottare parecchio negli ultimi mesi del 2021. In un clima agitato la creatività non manca e ti proponi cose nuove. C'è, però, bisogno di stabilità economica. Alcuni progetti che hai in mente non sono realizzabili nell'immediato proprio per mancanza di risorse. Il 2022 mette in guardia le persone che lavorano in una società dal fare scelte azzardate, in certi giorni come l'8, il 9, il 15 e il 16 l'ansia è da tenere sotto controllo. Avere tanti pianeti nel segno ma con Urano contrario può portare a prendere decisioni avventate. È necessario ricostruire certezze, è un mese di insofferenza per chi lavora come dipendente. Ci sarà il desiderio di allontanarsi da strutture, ruoli, uffici che non corrispondono più ai propri ideali, ma se c'è un rapporto di lavoro in corso e un contratto che prima della primavera non potrà essere cambiato, è bene rispettare le regole e non contestare, insomma cerca di fare buon viso a cattivo gioco. Recupero già dal 16 e buone nuove attorno al 24.

 Il mese esige più coinvolgimento da parte tua, anche perché va ricordato che Venere si troverà nel tuo segno zodiacale a partire da domenica 6 marzo. Quindi ti consiglio di iniziare già adesso a rinnovare la pagina dei sentimenti, anche grazie ad avventure di passaggio. I cuori solitari, pur non essendo molto intenzionati a giurare amore eterno, sentono che c'è bisogno di vivere qualche esperienza che porti serenità al cuore, anche solo part-time. Nelle domeniche di gennaio andranno affrontati alcuni confronti famigliari per chi convive o è sposato da tempo. Chi è annoiato dalla routine della coppia potrebbe cercare diversivi trasgressivi, sappiamo che ti intriga tutto ciò che è fuori dalla norma. Il Sole dal 20 porta energia alla tua vita sentimentale e le giornate di domenica 23 e lunedì 24 saranno di riferimento per fare incontri speciali. Il mese si chiude con la Luna nel tuo segno, scelte folli spaventano ed entusiasmano al tempo stesso, e ci sarà chi avrà nella testa due persone contemporaneamente.

 Tendenza a non fermarsi mai (forse per non riflettere), questa è una delle caratteristiche di gennaio. Evidentemente il passaggio di Saturno nel segno, dissonante a Urano, porta sempre più l'esigenza di ribellarsi a regole e convenzioni. Nelle domeniche del mese sarà bene mantenere un atteggiamento tranquillo in famiglia, evitando stress e azzardi; attenzione a non sfogare l'aggressività nel cibo. Non stancarti troppo attorno al 19.

 **Febbraio**

 C'è più libertà di azione, Mercurio entra nel tuo segno il 14; chi lavora in un'azienda deve per il momento accontentarsi, ma potrà pensare a qualche cambiamento in vista della seconda metà dell'anno. Quindi se sei annoiato dalla vita di tutti i giorni, cerca di pensare a qualcosa di nuovo, la seconda parte del mese sarà più creativa. Sarebbe ancora più importante cercare di evitare spese di troppo; il tuo problema è che quando non ti senti appagato, fai molti acquisti, anche inutili. Attenzione alle tasse, qualcosa non è stato pagato in passato e attorno al 15 potrebbe ripresentarsi un conto o una multa. Via libera per i nuovi lavori, non escludo che tu abbia una grande voglia, in vista della seconda parte dell'anno, di rimetterti in gioco altrove. I più ambiziosi hanno già in mente un'iniziativa importante, avrai l'opportunità di avanzare e mostrare il tuo talento. Si può fare tutto, basta avere solo un minimo di precauzione in più nei confronti di capi o collaboratori. Attorno al 22 non escludo qualche disputa in questo senso.

 Sembrerebbe di buon auspicio il fatto che Mercurio, pianeta dei contatti, delle conoscenze, proprio il giorno di San Valentino entri nel tuo segno zodiacale. Le storie che nascono ora sono importanti, le scelte che fai sono positive. Inoltre ci avviciniamo a marzo, mese che vedrà il passaggio di Venere e Marte nel tuo segno; c'è da aspettarsi che le relazioni che nascono adesso siano durature e appassionate. Il segno dell'Acquario per carattere non si lega troppo all'inizio di un rapporto, non rinuncia facilmente alla sua libertà. Dall'anno scorso, però, Saturno nel segno ha fatto mettere giudizio anche ai più libertini. Ecco perché ora la maggioranza desidera qualcosa di più concreto. È necessario mantenere la calma il 15, 16 e 22. I nuovi incontri sono sostenuti da Mercurio e Marte. Scorpione, Ariete, Gemelli e Vergine, ecco segni che saranno di riferimento in questo periodo. Se c'è stata una discussione, un bisticcio proprio negli ultimi due giorni di febbraio si potrà fare pace.

 C'è sempre troppa fretta nel fare le cose e questo può creare disordine, anche qualche fastidio o incidente di percorso lunedì 21 e martedì 22. Nonostante la valanga di impegni da affrontare, il fisico risponde abbastanza bene ma lo stress povrebbe raggiungere livelli da record attorno al 15. Cerca di rilassarti!

Marzo

Il tuo 2022

 Ecco un mese di recupero, anche perché Venere e Marte da domenica 6 sono con te. Questo significa che hai una grande voglia di rimetterti in gioco per quanto riguarda il lavoro e non solo. Nuovi progetti possono decollare, Mercurio nel tuo segno zodiacale fino al 10 porta facilità nel gestire rapporti e contratti. Puoi sfruttare le giuste conoscenze per avere quello che desideri. Un mese giusto per allargare al massimo il raggio d'azione e anche per programmare qualcosa di nuovo in vista della seconda parte dell'anno. Grande importanza rivestono le collaborazioni e le nuove società perché, come ho ribadito più volte, molti dall'anno scorso hanno cambiato gruppo o ruolo. Ora vedi un futuro più sereno, ti sei liberato di tanti pesi. Molto bello questo oroscopo per i creativi. Tutti coloro che hanno un'attività in proprio possono gestirla al meglio; Marte nel segno aiuta a muoversi con velocità ma anche nei tempi e modi migliori per ottenere il massimo. Stelle generose per i liberi professionisti e per i giovani che devono affrontare un esame o sono in cerca di nuovi impegni, meglio ancora dal 21.

 A livello sentimentale marzo è un mese caldo e piacevole, ricordiamo oltretutto che avere Marte nel segno produce un effetto particolare dal punto di vista della sessualità. Emozioni uniche possono coinvolgere e non escludo la possibilità che nascano relazioni speciali; le giornate più interessanti sono il 9, 10, 19, 20, 27 e 28. Le passioni di marzo fanno battere forte il cuore alle persone sole da tempo. È chiaro che con un oroscopo del genere chi è sposato ma non soddisfatto può iniziare a guardarsi attorno. I tradimenti non pagano ma alla fine sono una tentazione insopprimibile, anche per farla pagare a chi è stato troppo lontano o distratto. Ma senza arrivare a questi estremi, per le storie ossidate dal tempo questo è il giusto cielo che aiuta a intraprendere un discorso serio e a capire come recuperare passioni perse. Chi deve fare una scelta tra due storie avrà campo libero. Incontri molto fortunati; i legami che nascono a marzo hanno tutte le qualità che desideri: ricchi di emozioni e sensazioni speciali.

 Marzo porta opportunità di recupero psicofisico anche se non bisogna dimenticare che Marte e Urano formeranno un aspetto contrastante attorno al 19. In quelle giornate bisognerà stare attenti a non esporsi troppo, fare un controllo generale dello stato di salute ed evitare qualsiasi tipo di rischio inutile. Mercurio attivo da domenica 27 permette un buon recupero generale.

 **Aprile**

 Un mese di recupero, Marte in aspetto buono spinge coloro che cercano stimoli nell'ambito della professione. E sarà proprio la ricerca di nuove soluzioni che riporterà in auge curiosità e ottimismo. Aprile rappresenta un valido punto di partenza per coloro che lavorano in proprio; chi è stanco di collaborare con alcune persone, deve fare una scelta radicale. I cambiamenti sono in pista già dall'anno scorso. L'unico rischio è che la fretta rovini tutto; non dimentichiamoci che dal punto di vista economico non tutto sta andando come vorresti. Le spese sono tante e bisogna tamponare le falle che si sono aperte nel 2021; non è facile trovare un nuovo lavoro, cambiare attività, ma il desiderio di rivoluzionare il campo pratico con idee originali e innovative è più forte. Non manca la fantasia. Qualche Acquario più solerte potrebbe anche trasformare un hobby in lavoro, ci sono diversi progetti in ballo! Situazione valida per le iniziative di grande respiro, per tutte le questioni di ordine legale. È il momento di essere decisi e determinati, intransigenti nelle questioni d'affari e carriera. Dobbiamo ricordare che Giove sarà sempre più positivo via via che ci avviciniamo al prossimo anno, ecco perché sarà indispensabile pensare a progetti a lungo termine.

 Le storie d'amore che nascono in questo mese sono intriganti, sei sensuale, teneramente romantico, idealista e passionale, solo se ti chiudi in una torre d'avorio conoscerai la solitudine! Alcuni Acquario, infatti, sono talmente originali e stravaganti da non sentirsi compatibili con alcuno. Le relazioni nate il mese scorso vanno avanti meglio, questi di aprile sono giorni magici per coloro che vogliono fare un incontro particolare! Così sarà bene guardarsi attorno, intriganti le giornate del 15 e 16. I rapporti che hanno conosciuto momenti difficili in passato potrebbero improvvisamente recuperare, ma anche se ciò non fosse possibile, in caso di separazione non si soffrirà; è tempo di liberare la propria vita da inutili fardelli. Conviene continuare a credere nell'amore, lo dico soprattutto a coloro che negli ultimi due anni hanno vissuto tutto con difficoltà. I rapporti di vecchia data, compresi i legami matrimoniali, vivono la stagione più intrigante dell'anno. Sono favorite le nascite per chi può e vuole.

 Aprile si apre con una bella combinazione di pianeti anche se Marte presente nel tuo segno fino al 15 porta un po' di impazienza; le prime due domeniche del mese sono sottotono. In realtà fai troppe cose, non ti fermi mai e questo alla lunga causa problemi. Stelle interessanti per cure favorite attorno al 15; domenica 24 lo stomaco è il punto debole.

Maggio

Il tuo 2022

 La nuova posizione di Giove, favorevole dal 10, aiuterà a trasformare le tue relazioni in qualcosa di più profondo e gratificante. Maggio interessante, hai tanta voglia di rimetterti in gioco. Sarà possibile ricevere una buona notizia oppure finalmente iniziare un nuovo progetto in vista del futuro. Chi lavora grazie ai contatti può arrivare a concludere un accordo importante, d'altronde questo è un anno che prima o dopo porterà un colpetto di fortuna, imprevisto ma anche meritato. Artigiani e autonomi sono in attesa di un rimborso; cause, questioni legali in sospeso possono iniziare a trovare una soluzione già dopo il 23. Contatti con notai, avvocati per risolvere un problema o semplicemente per stipulare un accordo. Il 2022 inizia a prendere piede, Marte sarà attivo maggiormente dal 24; maggio chiude con una speranza in più, ci sarà l'occasione tra lunedì 30 e martedì 31 di fare un passo in avanti anche per quanto riguarda il lavoro. Esami favoriti, non manca l'intraprendenza e la voglia di risalire la china.

 Il tema dell'amore è tornato protagonista nella tua vita. Ora non ti accontenti. E questo può indicare anche il rifiuto di situazioni che non sono più convincenti; a ogni modo la vita sentimentale viaggia su binari soddisfacenti, anche perché più ci avviciniamo all'estate e più sarà possibile apprezzare di nuovo un sentimento, il tuo fascino è in crescita! Nei casi più fortunati il problema sarà scegliere tra tante persone nuove che vogliono conoscerti, quale sarà quella migliore per te? Scegli bene! Per avere il massimo conta anche il tuo atteggiamento nei confronti dell'amore; infatti questi influssi generosi sono fruttuosi solo se sei in cerca di un legame costruttivo e non ti metti in testa persone irraggiungibili. Sei pronto a dimenticare qualche rancore? Bene! Perché questa Venere, ottima fino al 28, permette persino alle coppie che non sono in crisi nera, ma semplicemente in lieve contrasto di ritornare assieme. Ottimo cielo per gli incontri occasionali che ti incuriosiscono di più, adori l'effetto sorpresa. Chi è rimasto chiuso in se stesso deve uscire allo scoperto! Non bisogna avere paura dei sentimenti; ritorni di fiamma con un ex da valutare caso per caso.

 Le stelle sono protettive nei tuoi confronti, dal 24 una cura può avere successo; attenzione solamente alle articolazioni, ai muscoli, giornate stancanti a metà mese. Ricordo che il punto debole dell'Acquario sono le caviglie. Cerca di riposare un po' di più, è probabile che in alcune giornate, per esempio attorno al 15, tu ti senta troppo agitato o elettrizzato con il rischio di non dormire bene.

Giugno

 Giugno sarà un mese importante per conseguire risultati positivi. E se hai una professione che va avanti da tempo, Giove e Marte in ottimo aspetto garantiscono buone possibilità; sei concreto, ambizioso, bene se devi sostenere prove di esame, colloqui di lavoro. Situazione ottima per ottenere qualcosa di più dal 13, quando Mercurio inizia un transito bello per il tuo segno zodiacale. Cambiamenti di scena? Possibili! Dipende ovviamente dall'età, dalla capacità di azione e volontà di cambiare. Se devi fare una proposta, muoviti venerdì 17 e lunedì 27; positive le affermazioni per i liberi professionisti che possono allargare il raggio d'azione. Trasferimenti in vista o riflessioni in merito a quello che stai facendo; se l'anno scorso hai cambiato gruppo o ufficio, potresti pensare di rimetterti in gioco. Sei una trottola! La situazione economica è calma, perché il lavoro non porta molti soldi e la vita costa, ma sappiamo che sei bravo a risparmiare; il mese si chiuderà con una buona notizia.

 Sul piano sentimentale giugno non ha la fortuna di marzo, però non disperare; i rapporti nati da poco vanno tenuti sotto osservazione. Venere contraria potrebbe farti credere che alcuni legami non siano più interessanti come prima, ma si tratta di sensazioni del momento; un certo senso di disfatta e disorientamento capiterà tra sabato 4 e domenica 5; se ci sono stati problemi in passato, attenzione a non farli tornare di nuovo protagonisti. Qualche responsabilità in più nei confronti dei figli pesa, le coppie in cui uno dei due ha problemi di lavoro potrebbero ritrovarsi a discutere anche per motivi banali. Questo cielo risulta essere un pochino più silenzioso per coloro che a oggi non hanno trovato l'amore; anche se si chiude un legame, in questo periodo sarà possibile dare prova della tua generosità, evita vendette o rappresaglie che, oltretutto, non sono nelle tue corde, meglio dimenticare e voltare pagina. Comunque prudenza necessaria in tutti i rapporti!

 C'è qualche conflitto da superare, un momento di tensione attorno a sabato 11. Giove, Marte, Saturno sono attivi, quindi posso dire che i transiti del mese sono favorevoli; 9, 10, 17 e 18 i giorni più idonei per fare un controllo generale dello stato di salute e trovare una cura adatta per un disturbo che da tempo può affliggere la tua vita. Recupero psicofisico entro la fine del mese. Attento a dove metti i piedi! La distrazione, fedele compagna dell'Acquario, deve essere messa da parte visto che oltretutto le caviglie sono un punto debole del segno.

Luglio

 Agitazione, nervosismo, soprattutto se devi rinnovare un accordo, nulla di grave, è solo l'effetto di Marte contrario che può offuscare le idee nelle giornate di venerdì 8, 15 e anche giovedì 21. Ottenere un rinnovo non sarà semplice. Nonostante tutto la curiosità non manca e questo è un momento valido per cercare situazioni insolite, in ambiti diversi dal passato, anche all'interno della stessa azienda. È in corso un processo di rinnovamento, già attivo dall'anno passato. Il settore del successo è stimolato per tutto il mese. Ecco perché hai una grande spinta e vuoi avanzare, anche trovare nuove opportunità che ti valorizzino. Chi lavora con fornitori, commercianti, clienti, già dall'anno scorso ha dovuto rivedere i propri metodi di lavoro oppure è stato costretto a ricostruire tutto a causa di un drastico taglio economico. Saturno nel segno porta rigore, e anche gli Acquario più spendaccioni si sono resi conto che bisogna essere più oculati. Adesso è possibile ottenere la simpatia e l'appoggio di persone influenti. Marte e Urano sono congiunti a fine mese e formano un aspetto stridente con la Luna tra il 28 e il 30. In queste giornate sarà bene evitare qualsiasi tipo di stress eccessivo.

 I sentimenti tornano in auge nella prima parte di luglio. Bisogna ricordare che la dissonanza di Marte, però, ancora pesa, ecco perché le coppie che hanno avuto fastidi in passato dovranno cercare di ricucire uno strappo. Per esempio chi è arrabbiato con il partner di sempre o sospetta un tradimento o, ancora, riversa in casa il forte stress maturato nell'ambito del lavoro, dovrà contenersi e ragionare. Dopo il 22 non sarà facile tenere i nervi saldi. Le coppie che si vogliono bene negli ultimi dieci giorni del mese dovrebbero cercare di farsi scivolare le cose addosso, anziché aggredirsi o recriminare. Per coloro che sono soli, alla ricerca di un amore, luglio propone rapporti occasionali, non desidererai legami morbosi o influenzati dalla gelosia. Battibecchi possibili il 28, 29 e 30, le giornate più complicate di un mese che, per capirci, permette di cogliere l'avventura ma non consiglia di giurare amore eterno.

 Ancora un po' di prudenza perché il nervosismo è alto, in particolare le ultime dieci giornate di luglio risultano stancanti. Il sistema digestivo è messo sotto pressione dal 22; queste sono indicazioni generali, ma se da tempo hai fastidi, non è escluso che debba sottoporti a un controllo medico. L'Acquario ogni tanto vive momenti di stanchezza, giramenti di testa, in qualche caso sono disturbi causati dallo stress. Un po' più di relax farà bene dopo il 18.

 **Agosto**

 Inizia a pensare a quello che c'è da sbrigare in vista dell'autunno; ma non agire di fretta. A meno che tu non debba lavorare anche ad agosto, converrebbe rilassarsi, prendere tempo e meditare con attenzione prima di fare scelte irresponsabili o frettolose. E dico questo a ragion veduta, perché Marte sarà contrario assieme al Sole; quindi le prossime settimane non consigliano bene, solo dal 22 ci sarà maggiore lucidità. Resta aperta, oltretutto, l'ipotesi che tu debba rivedere alcuni conti, soprattutto se per dimenticanza non hai pagato qualcosa; le spese sono sempre più delle entrate. Il cielo comporta qualche pensiero di troppo attorno a Ferragosto; un famigliare, un ex o un parente, qualcuno batterà cassa. Mese di uscite per legalizzare storie già esistenti o far fronte a spese per trasferimenti o lavori in casa. Insomma i soldi sono un problema, anche perché non gli dai troppo peso. Quante volte in passato hai lavorato più per la gloria che per il denaro. Le tue idee vanno remunerate in maniera giusta, il cielo permette un bel recupero anche da lunedì 29 in poi, fatti valere!

 Scarsa passionalità. Lo dice anche Venere che dall'11 sarà in opposizione. Con queste stelle è necessario essere sinceri fino in fondo, anche a costo di perdere qualcosa. È probabile che tu e il tuo partner aspettiate una reciproca prova concreta d'amore come un cenno, un gesto di volontà per ricominciare a vivere meglio la storia. Con Venere e Urano contrari, Marte ostile, in casi eccezionali si potrebbe anche pensare di chiudere una relazione; se, però, sei in vacanza, potrai contare su qualche occasione part-time. C'è un po' di burrasca nell'aria nelle giornate dell'11, 12, 17 e 18: Marte e Urano dissonanti creano esigenze di rinnovamento; in certi momenti, addirittura, alcuni conflitti e tensioni in famiglia potrebbero sembrare insormontabili. I problemi che riguardano i figli e le persone anziane tornano attuali anche per motivi banali come quali vacanze preferire e quanto spendere. Il cielo non è però così pessimista ma ci sarà l'esigenza di fermarsi a riflettere per evitare emozioni negative e soprattutto conteggi sbagliati. Cuori solitari alla ricerca di amori part-time!

 La forza va e viene in questo mese estivo; Sole, Marte, Saturno sono conflittuali e in certe giornate come quella del 5 potresti essere più agitato del solito; sarà richiesta prudenza in tutte le situazioni che comportano rischi. Mercurio inizia un transito positivo a partire dal 26. Consiglio di ritrovare la quiete e ritagliare spazio per le vacanze. Lo stress va smaltito con rimedi naturali.

Settembre

Il tuo 2022

 Giove e Marte favorevoli. Il cielo di settembre è migliore rispetto a quello di agosto. C'è anche chi deve inventarsi qualcosa di nuovo perché non sopporta più di fare le solite cose. È dall'anno scorso che l'Acquario sta rivoluzionando la propria vita. Con Mercurio in aspetto buono che limita l'insoddisfazione, le gratifiche possono arrivare in giornate speciali come quella di venerdì 16 oppure lunedì 26, dipende da ciò che si desidera. Non si può chiedere la luna, però è bene sapere che questo è un periodo utile per scegliere fin da ora nuovi percorsi o le persone con cui lavorare. Se qualche rapporto di collaborazione non è più soddisfacente, sarà meglio impegnarsi per fare altro; vale anche per alcuni studenti che pensano di cambiare il proprio percorso di studi. Approfitta dei transiti positivi di Mercurio, Marte e Sole da venerdì 23. Ti consiglio di evitare atteggiamenti di ribellione fine a se stessa; può darsi anche che tu viva limiti imposti da situazioni esterne, però ricorda che volere è potere! Quello che ti sembrava importante agli inizi dell'anno ora non lo è più e hai cambiato diverse volte direzione nel corso degli ultimi mesi; dovresti ritrovare un po' di equilibrio. Cerca di portare a termine gli impegni assunti e concentrati sulle occasioni che possono aprire nuove strade.

 Sul piano sentimentale non c'è più Venere in opposizione a partire da lunedì 5, attenzione all'interferenza di parenti o persone ficcanaso che non c'entrano nulla nella gestione della vita famigliare. Se desideri un nuovo amore guardati attorno, ci saranno tante possibilità di trovare chi ti fa battere forte il cuore. Mai pensare che ci siano complicazioni insormontabili! Un sentimento se è ricambiato supera ogni difficoltà! Tuttavia non sarà opportuno impegnarsi con persone già legate o troppo distanti dalle tue convinzioni. In realtà quello che l'Acquario cerca a settembre è un'amicizia amorosa, senza impegno ma che coinvolga i sensi. I pianeti dell'amore spingono al massimo sulle tue necessità affettive e ti regalano un grande slancio; puoi cercare ottimismo e passione; l'ultima settimana di settembre da questo punto di vista sarà interessante. E se ci sono stati problemi si farà presto a cancellarli. Dimenticare è, infatti, il grande segreto per stare meglio. I rapporti famigliari risentono di questa atmosfera più distesa e non è detto che non si possa riprendere un rapporto interrotto.

 Forma fisica in ripresa, Marte non è più contrario. Se negli ultimi due mesi hai combattuto contro infiammazioni o fastidi allo stomaco, ora è possibile trovare una cura. È chiaro che bisogna sempre consultare il medico, ma la tendenza al positivo è tracciata. Da 23 al 30 il Sole favorevole aiuta ancora di più.

 **Ottobre**

 L'autunno risveglia nuovi interessi, Marte e Sole sono attivi, Venere in aspetto ottimo fino al 23. Sembra proprio che tu abbia trovato la strada migliore da percorrere, stai meglio. È un mese interessante per le compravendite o se devi mettere a posto qualche sospeso, chiarire questioni riguardanti il patrimonio di famiglia. Se stai cercando una nuova occasione per farti notare, ottobre può fornirtela, ovviamente conta l'età, la tua preparazione. Gli artigiani e i lavoratori autonomi riceveranno conferme. Bene attorno al 7. Ci saranno anche altre giornate da sfruttare se c'è da portare avanti una richiesta: il 13, 14 e 24 le tue intuizioni sono migliori; anche gli studenti che vogliono superare un esame potranno contare su stelle valide, ovviamente avendo la giusta preparazione di base. Potrebbero chiamarti per realizzare un progetto, se lavori con società o industrie, aspettati ordini e commissioni. Solo alla fine del mese c'è un rallentamento, perché dal 24 al 31 la forza non sarà eccezionale, qualche polemica potrebbe tornare protagonista. Cerca di farti scivolare le cose addosso martedì 25, mercoledì 26 e giovedì 27.

 I sentimenti risentono di questo stato di miglioramento generale che coinvolge il tuo oroscopo, così anche se in passato ci sono stati problemi si possono superare. Segnalo il periodo successivo al 10, quando si potrà cominciare a pensare a un cambiamento; persino chi vuole sposarsi o trovare casa avrà un cielo complice, c'è anche voglia di legalizzare un rapporto. Chi ha vissuto un legame clandestino sente l'esigenza di viverlo alla luce del sole; se una storia è stata minata da qualche incomprensione, si può risolvere il problema oppure cercare altrove. Il cuore è solo? Prova a superare le incertezze e fidarti di più. Venere soddisfa la voglia di affetto e gli incontri nella parte centrale di ottobre possono essere di riferimento; se sei single saprai da che parte andare, queste stelle sanno emozionare. Di contro, però, se una storia non va, sempre grazie alla luce di queste stelle sarà possibile evidenziarne i difetti. Solo le coppie fortemente in crisi andranno nel pallone attorno al 26, quando potrebbe aumentare la sfiducia o la stanchezza. La fine del mese troncherà rapporti inutili.

 La vita degli ultimi tempi è stata stressante e bisogna cercare di recuperare serenità. Ottobre è favorevole fino al 23, ma l'ultima settimana lascia a desiderare. Quindi se devi risolvere un problema annoso contatta uno specialista dal 10 al 21. Poi relax! Evita rischi il 24, 25 e 26, perché, come abbiamo visto anche per l'amore e il lavoro, queste saranno giornate con qualche fastidio, emicrania, agitazione generale che potrebbero portare problemi.

Novembre

 Il mese porta con sé conflitti con l'autorità oppure problemi nei primi quindici giorni. Attenzione nelle giornate più pesanti, lunedì 7 e martedì 8. Torna il desiderio di libertà e ribellione, non accetti più soprusi. In realtà, però, questo atteggiamento di rivalsa dovrebbe essere controllato, altrimenti si rischia l'insoddisfazione totale! Quello che ti andava bene fino a poco tempo fa ora non ti piace più, tutto ciò potrebbe spiazzare le persone che ti stanno attorno che non sapranno più come prenderti. Tu stesso potresti rimproverarti di avere accettato degli impegni che ora sono insostenibili e provocano ansia e nervosismo. Prima di buttare tutto all'aria o metterti contro qualcuno aspetta il 16; infatti la seconda metà di novembre avrà caratteristiche più positive; porta a termine gli impegni e concentrati sulle occasioni che possono aprire nuove strade già dopo il 22. Possiamo dire che dopo la tempesta arriva la quiete; dal punto di vista economico non bisogna fare il passo più lungo della gamba agli inizi di novembre ma poi, già attorno al 24, ci saranno buone novità.

 Le coppie che sono ai ferri corti devono stare attente, si parte con qualche dubbio; certe tensioni diventano insormontabili dal 6 al 12; potresti chiudere le relazioni che non danno ciò di cui hai bisogno. Gli incontri che si fanno in questo mese sono poco chiari; è solo un temporale, passerà. Ma è importante che si inizino a cercare le vere ragioni del tuo o altrui disagio. Con Sole, Mercurio, Venere e Urano in aspetto conflittuale, certe situazioni già compromesse possono diventare esplosive nel periodo più delicato, dal 7 al 13; non saranno necessarie scenate plateali per far valere le proprie ragioni. Sempre nella prima parte di novembre attenzione a non scambiare per amore un'affettuosa amicizia, per passione una semplice infatuazione. Le stelle tornano più attive per fortuna nella seconda parte di novembre, quando anche Venere, dal 16, sarà più tenera nei tuoi confronti. Accetta un invito fuori dal solito ambiente, potrebbe aiutarti a ritrovare quell'indipendenza che da tempo senti necessaria, una libertà fatta di sogni, emozioni, realizzazioni e amori che possono coinvolgerti persino dopo un periodo di crisi o separazione.

 Un mese che inizia in maniera pesante per il fisico, le prime due settimane vanno prese con le pinze; il grande stress va affrontato con terapie naturali. Infiammazioni e malanni alla gola, ossa, muscoli. Però attenzione, dal 16 si recupera. Quindi basta non strapazzarsi nelle prime due settimane! Cerca a ogni modo di limitare i momenti di insofferenza che possono scatenare fastidi psicosomatici; le stelle dal 22 al 30 saranno più favorevoli per iniziare cure o rilassarsi.

Acquario — Dicembre

Si torna più sereni, dicembre parte in maniera attiva con cinque pianeti su dieci dalla tua parte. I lavoratori autonomi, gli imprenditori, dopo un periodo incerto vissuto agli inizi di novembre ripartono, c'è anche chi saggiamente decide di prendersi una pausa di riflessione. La fortuna arriva grazie alla creatività, adesso potrebbero venire in mente idee positive. Sarà facile concludere l'anno con una piccola o grande rivincita. Alcuni potranno cominciare un nuovo percorso professionale stando, però, sempre attenti alle proprie tasche, perché il 2022 non ha permesso di mettere da parte qualcosa. Chi ha aperto un mutuo, un prestito nel corso degli ultimi mesi, è normale che sia un po' preoccupato. Le questioni legali ricevono una spinta favorevole, mentre saranno protetti i lavoratori del settore artistico, proposte buone in arrivo in vista dei prossimi mesi. Segnali di ripartenza per i liberi professionisti che desiderano ampliare il raggio d'azione ma anche trovare nuove attività, l'Acquario è un pioniere in questo senso! Non sarebbe un caso se proprio adesso ti venisse in mente di dare inizio a imprese completamente diverse da quelle portate avanti fino a qui.

È un cielo bello per ritrovare un sentimento perduto; bisogna capire che cosa è accaduto, però, nei difficili inizi di novembre. Le storie che hanno vissuto momenti complicati devono essere protette. Se in questo periodo il tuo rapporto risente ancora di una forte crisi, bisogna ritrovare complicità per evitare scontri. I rapporti famigliari non sono ancora tranquilli dopo le tensioni di inizio novembre, però si può fare un passo avanti e perdonare a fine anno. Le relazioni che nascono a dicembre sono protette da un buon transito di Venere; se il cuore è libero e non ha timore, preparati a vivere una storia nuova. Torna l'ottimismo e la volontà; anche il desiderio di pensare a un nuovo orizzonte da conquistare in due. Se il cuore è rimasto solo per troppo tempo, le stelle di dicembre sono pronte a farti voltare pagina; alla fine dell'anno flirt e avventure fanno sognare e assaporare il piacere di essere innamorati, liberi da obblighi e costrizioni; c'è da divertirsi dopo il 21. Natale nasce con la Luna nel segno, Capodanno con il pallido astro favorevole, mese che risveglia i sentimenti e la sensualità.

Novembre è stato impegnativo, pesante, dicembre è un mese migliore. I problemi si possono risolvere. Sbalzi di umore e momenti di malinconia in giornate come quelle di lunedì 5, martedì 6, lunedì 19. Cerca di essere coerente con te stesso, ogni volta che ti sforzi a fare ciò che non ti piace, alla fine stai male. Collo e cervicale i punti deboli, controlla la posizione che usi durante il lavoro o in auto, e rilassa appena puoi la schiena.

Ascendenti

Se il tuo ascendente cade in:

♈ **Ariete**: spesso sbagli perché vai troppo di corsa, il nuovo anno ti invita a rallentare. Ecco perché ogni tanto si vivono momenti di crisi e tensione piuttosto forte. La seconda metà dell'anno aiuta a superare qualsiasi tipo di divergenza ma in amore si arriverà alla resa dei conti tra maggio e giugno.

♉ **Toro**: massima prudenza nei rapporti sentimentali, soprattutto quelli che hanno vissuto una crisi alla fine del 2021; qualcuno potrebbe non essere d'accordo, scontri in famiglia nel rapporto genitori-figli. Tra luglio e agosto alcune situazioni dovranno essere affrontate con coraggio, anche e soprattutto se devi mettere a posto questioni di carattere legale o finanziario.

♊ **Gemelli**: Saturno è favorevole al segno e all'ascendente. Voglia di cambiare vita, iniziare un nuovo percorso esistenziale: una cosa congenita nel tuo carattere, perché ogni tanto hai bisogno di cambiare, fare cose nuove, e in fondo è un bene; chissà che anche l'amore non cambi, se non altro a livello di incontri.

♋ **Cancro**: chi vuole concludere un patto importante dovrebbe sbrigarsi, accelerare i tempi e portare a termine tutto entro aprile. I più giovani, quelli che stanno lavorando da un certo periodo senza avere risultati o stanno facendo gavetta, otterranno soddisfazione alla fine dell'anno. In amore sei un po' volubile, facile che tu possa cambiare idea riguardo a una persona!

♌ **Leone**: Saturno opposto all'ascendente, c'è qualcosa che non va nei rapporti di lavoro e contrattuali. Ecco perché bisognerà fare le cose con calma. Cielo importante per ristabilire alcuni punti di forza, nell'ambito del lavoro più probabile che tu debba cambiare gruppo o ruolo entro la fine del 2022. Le spese sono troppe soprattutto agli inizi dell'anno.

♍ **Vergine**: nelle storie in cui c'è stata tensione bisogna tentare un recupero. Tutti i rapporti instabili possono mostrare più difficoltà attorno a marzo. Gli amori di passaggio possono anche interessare ma solo se sono intriganti a livello mentale, ora stai cercando qualcosa di più di un semplice rapporto fisico. C'è più saggezza da ottobre.

Ascendenti

♎ Bilancia: se c'è da fare un passo importante, concludere una trattativa, consiglio di muoversi subito, senza aspettare il mese di maggio. Conoscenza con una persona più grande o di un'altra città, i cuori solitari possono vivere una bella emozione. Ancora una volta questo sarà un anno in cui bisognerà contenere le spese ed evitare azzardi da questo punto di vista.

♏ Scorpione: ogni tanto sarai preso da momenti di sconforto, è successo già nel 2021 per colpa della quadratura di Saturno all'ascendente. L'importante è portare avanti le proprie idee! C'è una forte insoddisfazione da colmare nel corso dei prossimi mesi. Alla fine tutto si concluderà in maniera positiva. Devi restare un po' più tranquillo. L'amore sarà fonte di qualche disagio.

♐ Sagittario: hai voglia di indipendenza, d'altronde sei una persona nata libera! Guarda cosa succede in estate perché ci sarà l'occasione per fare un grande salto in avanti. Hai vissuto una separazione da poco e sei più libero di portare avanti le nuove emozioni. Rispolvera il tuo innato ottimismo!

♑ Capricorno: c'è da combattere per risolvere qualche problema, ma i primi mesi dell'anno da questo punto di vista sono più interessanti. Da giugno un amore, una passione possono diventare di riferimento. Purtroppo sul piano finanziario Saturno tocca ancora il settore del denaro, vuol dire che c'è da risparmiare, che non puoi permetterti proprio tutto.

♒ Acquario: già dall'anno scorso stai cercando nuovi lidi da esplorare. Molto può accadere in questo nuovo anno. In realtà non ti stanno bene le convenzioni, le solite cose, stai cercando di portare avanti progetti diversi dal passato. Tutto è lecito, però cerca di capire se ci sono i soldi sufficienti per fare ciò che pensi.

♓ Pesci: sul piano del lavoro non si esclude un cambiamento, Giove tocca l'ascendente nei primi mesi dell'anno, quindi fino ad aprile è possibile riuscire a risolvere un piccolo problema o realizzare un'aspirazione. Non ci sono più le ambiguità dell'anno scorso, anche se in amore le tue idee non sono chiare; il passato va dimenticato, altrimenti non si va avanti.

Cosa cambia dall'anno scorso

Decisamente importante il 2022! Giove inizia immediatamente in transito nel segno che coinvolge già nei primi mesi dell'anno, questo aiuterà soprattutto coloro che sono stati male o hanno vissuto un momento sentimentale critico o persino dispute nel corso del 2021. Alcuni di recente si sono sentiti messi in secondo piano oppure sono confusi dagli eventi degli ultimi mesi. Giove in transito nel primo settore astrologico, secondo l'oroscopo generale, porta forza e voglia di recupero. Già a gennaio Venere toccherà il settore delle amicizie favorendo una sorta di selezione delle proprie conoscenze, portando anche un rafforzamento nella vita professionale o la scelta di un nuovo gruppo, ruolo. Tornerà la capacità di amare, ma aumenteranno anche le aspettative nei confronti degli altri! Le relazioni inutili saranno spazzate via, sarai attratto dal nuovo, in particolare se qualcuno ti ha tradito in passato. Chi ha vissuto una separazione senza superarla, anziché rivalersi sull'ex, dovrà iniziare a pensare a una vita nuova. C'è una spinta a rivendicare il tuo mondo, una grande forza ti aiuterà a riconquistarlo, ci vorrà molto impegno perché le stelle non possono fare tutto da sole. Non mancherà la voglia di ripartire, anche da zero.

 **Pesci**

Un anno di nuove esplorazioni

Maggio sarà un mese interessante (per i dettagli ti invito a leggere le prossime pagine), utile per parlare di lavoro e magari pensare a un miglioramento sotto il profilo economico. Sono molte le considerazioni positive da fare per i prossimi mesi, ma la cosa che mi piace di più è la possibilità di tornare a gestire le tue emozioni in prima persona. Hai sempre la sensazione che quello che capita a te sia peggiore rispetto a quello che capita agli altri. Vivi con estrema drammaticità quello che per gli altri può essere persino insignificante. Faccio un esempio: dopo una separazione o una delusione in amore o con un amico, ti riprendi lentamente e a nulla servono gli incoraggiamenti dei tuoi cari, convinti addirittura che tu stia esagerando nell'esasperare certe emozioni. Per te non esistono le mezze misure, tutto deve essere coinvolgente, potente, vero, estremo. Un amore non è un semplice incontro fra persone, ma comunione di intenti ed emozioni. Quando finisce si apre una ferita difficile da colmare. Una vita ordinaria e monotona, poco significativa non interessa al segno dei Pesci. Ci vogliono grandi motivazioni per andare avanti e tu, che sai benissimo a che cosa mi riferisco, devi cercare di calibrare queste sensazioni che nella vita ti hanno spesso portato in alto, ma sono state anche capaci di farti conoscere gli abissi dell'irragionevolezza e della malinconia. I pensieri non nascono a caso e le azioni comportano sempre un effetto.

Benedetta primavera!

Venere e Giove si ricongiungeranno nel tuo segno alla fine di aprile, le situazioni che vivrai in primavera potranno regalarti buone opportunità. Un evento planetario utile si prospetta quindi per cercare di recuperare sicurezza in se stessi. Non bisognerà sorprendersi se ci sarà una chiamata, un incontro, qualcosa di molto importante proprio in quel periodo. Un elemento di forza è in arrivo per tutti coloro che hanno vissuto crisi e sono alla ricerca di una nuova serenità. Quello sarà anche il periodo delle conferme. Così se alcuni rapporti sono nati solo per interesse mostreranno incertezze. Non sarà più possibile mentire e a proposito di bugie, corre voce che il tuo segno ogni tanto ne dica qualcuna. In realtà quando ti trovi in una condizione di disagio puoi anche dire una piccola bugia per evitare un fastidio. Gli uomini da questo punto di vista sono un po' più menzogneri rispetto alle donne. In realtà la paura di rimanere soli può giocare brutti scherzi, può anche far pensare a qualche nativo del segno che sia utile tenere una ruota di scorta in amore. Non sono pochi coloro che, una volta sposati, sentono una forte attrazione per il tradimento. Questo accade più facilmente quando il partner ufficiale sembra smarcarsi dal rapporto oppure ci sono insicurezze personali di base. Ma è vero anche il contrario. Mai tradire un Pesci! Sembra che non si accorga di nulla, ma non è così. Non pensate che sia debole e consenziente, quando penserete di averlo in pugno vi sfuggirà, con tanti saluti e senza possibilità di recupero.

Nel 2022 divertiti!

Alcuni dicono che sei una persona pigra, in realtà si sbagliano! Avresti bisogno, in questo nuovo anno, di frequentare gente attiva a livello mentale, che porti un po' di aria fresca e idee nuove nella tua vita. Vuoi tornare al centro dell'attenzione: quando gli altri non ti considerano, a volte, hai modi di atteggiarti estremi, nel senso che ti piace attirare l'attenzione mostrando il tuo lato esistenzialista, facendo un po' di teatro in stile drammatico. Il famoso vittimismo dei nati Pesci che in certi casi si esprime in forma di melodramma. Pur amando la stabilità resti fortemente affascinato dal cambiamento. Quando la realtà di tutti i giorni non riesce a soddisfarti, il rischio di fuggire e ricercare un mondo a parte è elevatissimo. E ci sono anche nativi del segno che per non guardare la realtà che li circonda sono attratti da situazioni estreme, droghe, alcol, oppure da scelte fuori di testa, insomma tutto ciò che possa portare lontano; per fortuna si tratta di casi isolati.

Risolvi le questioni in sospeso

Quando un Pesci si annoia, rimanda le cose che deve fare, così nel tempo i problemi si accumulano! Una delle opportunità che offre il 2022 sarà proprio quella di esaminare nuove possibilità, riorganizzare la propria vita e risolvere qualche contenzioso anche di tipo legale. Se c'è qualcosa che ti spetta chiedilo a viva voce. I nuovi interessi vanno seguiti, soprattutto se appagano il tuo bisogno di misticismo. Il segno dei Pesci, non lo dimentichiamo, è governato da Nettuno che secondo la mitologia era il dio degli oceani, dei fiumi, delle profondità. Spesso la tua apparente

 **Pesci**

tranquillità serve solo a mascherare quell'insieme di vortici e mulinelli, di carattere emotivo, che albergano in te. La fede in qualcosa ti dà una grande forza. E devi ritrovarla. Che sia una religione, un progetto, una missione sociale, credere in qualcosa di importante aiuterà. Il segno dei Pesci ha una natura profondamente religiosa, una spiritualità interiore che si esprime nella certezza che il mondo non possa limitarsi alle esperienze della vita reale. Ti capiterà spesso di vivere due realtà, quella di tutti i giorni e quella che immagini: infatti, molti Pesci si sentono guidati da un'entità astratta, che potrebbe identificarsi anche in una persona cara che non c'è più; oppure un qualcosa di dominante, trascendente, magico a cui rivolgersi nei momenti di crisi. Ritieni che le esperienze della vita non capitino casualmente, come se dovessi camminare lungo un percorso che, ogni tanto, propone scalate apparentemente impossibili, sapendo poi che superata la salita ci sarà una strada meno tortuosa. La tua sensibilità non ha limiti, il tuo intelletto è brillante, quando non costretto da convenzioni e strutture diventa arte. Non a caso alcuni dei più grandi musicisti appartengono al segno dei Pesci; avventurarsi nei meandri della mente, scoprire le profondità dell'inconscio è per te importantissimo, anche se può rendere difficile fronteggiare la dura realtà. L'isolamento, infatti, è per molti nati sotto questo segno un rifugio, ma se protratto nel tempo, può diventare una sorta di condanna a un oblio più o meno ricercato.

Le tue emozioni valgono!

Visto che sei un inguaribile romantico anche quando giochi a fare il duro, quest'anno cerca di non difenderti dalle emozioni ma vivi tutto in maniera spontanea e piacevole. Ancor di più se il passato ha tradito alcune tue aspettative. Molti nati sotto questo segno sentono un profondo amore per gli animali, aiutano quelli più sfortunati. Questa ammirazione per il mondo animale ha radici profonde: infatti se ci pensiamo bene gli animali mostrano le proprie emozioni in maniera diretta e istintiva. La necessità di amore puro, senza opportunismi e complicazioni, è un'esigenza dei nati del segno e l'animale soddisfa in pieno questa ricerca; alcuni pensano addirittura che gli animali siano testimonianze di vite precedenti, intermediari tra due mondi, quello reale e quello esoterico. Giove in transito nel 2022 porterà il desiderio di una crescita culturale e personale importante.

Gennaio

 Bel recupero in questo primo mese dell'anno, Giove si trova nel tuo segno e bisogna sfruttarlo al meglio in quanto sarà attivo fino al 10 maggio. Gennaio è generoso, porta sviluppi a tutte le persone che hanno fatto una richiesta l'anno scorso: entro primavera saranno accontentate. Per quelli che sono alla ricerca di affermazione il consiglio è di non lasciarsi scappare le occasioni. È più favorevole la fase finale del mese, quando Marte non sarà più contrario dal 24. Le opportunità che si presentano in questo periodo meritano la tua attenzione, perché potrebbero provocare una piccola o grande svolta, magari proprio quella che da tempo stai aspettando. È chiaro che questo beneficio generale sarà più sentito dalle persone giovani o da coloro che hanno la possibilità concreta di portare avanti nuovi progetti. Per tutti quelli che lavorano grazie a contatti o provvigioni non sarà difficile cogliere l'occasione giusta; gennaio è il primo di almeno sei mesi che possono portare vantaggi. Tra le giornate migliori venerdì 7, lunedì 17, martedì 25, mercoledì 26.

 Coloro che l'anno scorso hanno vissuto una dolorosa separazione ora non solo stanno meglio, ma finalmente hanno ritrovato la voglia di amare. Ovviamente le coppie che non hanno mai avuto difficoltà sono ancora più forti, gennaio aiuta tutti coloro che possono e vogliono avere un figlio. Tante emozioni sono da sfruttare, anche gli incontri sembrano più stimolanti; così quello che nasce per gioco a gennaio può diventare fonte di grande passione ad aprile, quando Venere finalmente entrerà nel segno. Queste stelle così amabili favoriscono decisioni importanti che riguardano le coppie, in particolare quelle che vogliono legalizzare la propria unione. Buono il cielo per le persone sole, chiudere la porta al destino sarebbe un errore! Così come dare spazio a fantasmi del passato o a persone difficili da raggiungere. In qualche caso è previsto un doppio innamoramento, gli stimoli del cielo saranno talmente tanti che ci saranno numerose occasioni per conoscere e frequentare persone simpatiche; amicizie che ti aiuteranno a far passare in fretta questo mese intrigante e curioso.

 L'unico neo di gennaio è rappresentato dal transito di Marte ostile che rappresenta fatica fisica, ma soprattutto agitazione in alcune giornate: il 13, 14 e 27 sarà un po' complicato mantenere tutto sotto controllo. Resti un segno di acqua quindi a volte le ansie finiscono per tormentare la tua vita anche non volendo. Interessanti per il recupero gli ultimi due giorni del mese.

Pesci — Febbraio

 Con un cielo così protetto si possono fare molte cose in più rispetto all'anno scorso! Ovviamente bisogna capire da dove si parte, in ogni caso anche chi dopo tante disavventure deve ricominciare da zero, avrà una grande voglia di mettersi in gioco. I ragazzi che hanno studiato e si sono dati da fare riceveranno proposte importanti entro la metà dell'anno, oppure conseguiranno per esempio un diploma o la laurea. È l'anno del successo personale per chi si impegna. C'è una richiesta da fare? Muoviti nei giorni giusti, lunedì 7, martedì 8, lunedì 21 e martedì 22. Un cielo di maggiore forza arriva venerdì 18, quando anche il Sole si troverà nel tuo segno zodiacale; posso dire che gli ultimi nove giorni di febbraio contengono un'energia e una creatività fuori dal comune, per coloro che hanno conti in sospeso c'è la possibilità anche di incassare qualcosa. Chi vuole cambiare deve cominciare a guardarsi attorno, Giove si potrà sfruttare ancora per qualche mese. I nuovi rapporti di collaborazione, gli accordi, i contatti, lo studio sono favoriti. Se ci sono problemi apparentemente insormontabili sarà importante cambiare aria o atteggiamento; non male questo cielo per investimenti e compravendite che possono essere sbloccati.

 Febbraio lascia spazio a emozioni d'amore importanti, anche considerando il fatto che Venere si troverà nel segno ad aprile. Quindi avrete due mesi di tempo per innamorarvi, emozionarvi, cercare l'amore. Il rischio con stelle così intriganti potrebbe essere addirittura quello di essere attratti da più persone oppure, se sposati, pensare a un tradimento, ma solo se ci si sente incompresi. Un cielo bello per coloro che vogliono pensare a un figlio; innamoramenti coinvolgenti potrebbero nascere da qui a poco, con Venere attiva che ancora suggerisce frasi e tattiche di seduzione che lasciano il segno. Una delle giornate più valide da questo punto di vista sarà quella di sabato 12, con la Luna favorevole. C'è chi medita un trasferimento con il partner o un problema di casa potrà essere risolto entro la primavera; persino chi è stato male si tormenta meno e capisce che bisogna allontanare ricordi e pensieri negativi. Fase di una buona rinascita per l'amore.

 Febbraio, un mese interessante per iniziare a programmare cure valide; Marte non è più contrario e se a gennaio hai subito disturbi o infiammazioni, ora va meglio. Un elemento di forza in più arriva con il passaggio del Sole che da venerdì 18 si troverà nel tuo segno; recupero per le persone più a rischio, quelle che l'anno scorso hanno avuto un calo psicologico oltre che fisico. Non strafare solo il 24 e 25.

Marzo

Il tuo 2022

 Marzo e aprile sono mesi importanti per definire la situazione professionale; continua la bellissima protezione di Giove, ecco perché potrebbero sbloccarsi molte situazioni. Le nuove società nonché i rapporti di collaborazione nascono bene; Mercurio, oltretutto, dal 10 al 27 potrebbe sistemare alcune questioni finanziarie o darti l'occasione per fare una proposta. Un cielo favorevole per ripartire da zero nell'ambito del lavoro. Le trattative che hai intrapreso fin qui daranno risultati, insomma, posso dire che il campo pratico sarà più libero da influssi negativi; l'unico rischio è che tu non riesca a equilibrare le tue energie, il segno zodiacale dei Pesci alterna momenti di grande attività ad altri di estrema pigrizia. Così vivrai giornate agitate, il 9 e 10, alternate ad altre più serene, il 21 e 22. Sono previsti piccoli incassi e occasioni. Gestisci meglio e al più presto ciò che ti interessa, senza rimandare alla seconda parte dell'anno. Per i ragazzi buoni accordi per un praticantato, primi passi verso una situazione che porta al successo. Non dimenticare, però, che hai concorrenti molto agguerriti. Periodo sì per tutti coloro che hanno una causa in corso e desiderano risolverla in poco tempo.

 Ai cuori solitari chiedo di osservare bene quello che capita a marzo, preludio di un aprile che porterà Venere nel segno. Ecco perché le emozioni possono tornare protagoniste, sei più sensuale, teneramente romantico, idealista. A questo proposito, però, cerca di non rincorrere amori impossibili. Tra le buone notizie per i separati la possibilità di ritrovare un discreto accordo, soprattutto se ci sono state dispute per questioni di soldi. C'è insomma più libertà di amare, consiglio soprattutto nei fine settimana del mese di darsi da fare se il cuore è solo. Marzo si conclude con la Luna nel tuo segno: quale migliore occasione per vivere appieno le emozioni? Non solo la passionalità è alta, attrazioni indimenticabili possono esplodere all'improvviso, senza che si possa riuscire a evitarle. Sono stelle positive ma non fanno miracoli! Quindi non pensare di tornare con una persona che è sparita dalla tua vita già da tempo. Quando abbiamo stelle valide dobbiamo usarle al meglio, quindi non pescare troppo nel passato.

 Il novilunio nel tuo segno zodiacale il 2 permette di far partire cure positive e anche attorno al 21 ci sarà la possibilità di superare piccoli problemi. Marzo e aprile sono mesi importanti, di recupero per il tuo segno. Se la rabbia e l'insoddisfazione arrivano in giorni particolari come quelli del 16, 17 o 23, sarà bene disfarsene.

 **Aprile**

 Ecco un cielo ancora importante per l'amore, saranno diverse le presenze nel tuo segno. Ancora per qualche settimana Giove è dalla tua parte, Mercurio entra nel tuo segno il 5, Marte il 15, Nettuno protegge le emozioni. Una bella sensazione coinvolge questo cielo, tutto sembra estremamente positivo; non solo sarà possibile pianificare al meglio le mosse per aumentare il proprio prestigio, ma sarà anche più semplice la messa in opera di progetti arditi. Aprile potrebbe essere il mese della riscossa! Chi lavora come dipendente, per forza di cose, non può aspettarsi cambiamenti netti. È opportuno pianificare al meglio le mosse, studiare strategie vincenti. La fiducia non deve mancare! È normale per il tuo segno vivere momenti di forza alternati ad altri di incostanza. L'importante è porsi obiettivi secondo le proprie capacità e non esagerare nelle pretese. Venere e Giove congiunti nel tuo segno ti permettono di maturare sicurezze interiori, non farti fuorviare dallo scetticismo che ogni tanto coinvolge la tua vita. Buoni gli incontri di venerdì 8, sabato 9, lunedì 18, martedì 26.

 L'amore chiama in questo mese, bisogna assolutamente rispondere, sarebbe davvero un peccato sprecare queste buone stelle; l'esigenza di vivere emozioni nuove è impellente, ancora di più se sei giovane o magari ti senti da tempo costretto in un legame che non ti fa sentire compreso. Anche i più distratti potrebbero fare un incontro particolare, l'amore si rivela all'improvviso, complice un semplice sguardo. Inoltre la sessualità prende vigore perché da venerdì 15 Marte, entrando nel segno, forma un aspetto molto interessante. Per i più innamorati potrebbe essere un mese importante per organizzare una convivenza o il matrimonio. Fertilità! Dal 20 al 30 avrai un fascino particolare; anche se non ami esporti concediti di più, in primavera le nuove conoscenze hanno un sapore assolutamente intrigante, quello dell'avventura e della trasgressione. La felicità è un traguardo difficile da tagliare ma si può parlare di serenità, questo deve essere il tuo obiettivo. Basta essere scettici e pensare al passato! Con un cielo interessante si possono anche risolvere problematiche nate durante un divorzio, disguidi con figli o parenti. Marte positivo è in grado di darti la lucidità necessaria, fai il primo passo se ti piace una persona o desideri chiarire qualcosa lunedì 25 o martedì 26.

 Un cielo pieno di risorse, chi è stato male l'anno scorso di questi tempi sente che le cose vanno meglio. Un disturbo psicologico o fisico sarà affrontato con coraggio. I giorni attorno al 25 sono indicati per consultare un esperto, chi soffre di disturbi deve seguire con scrupolo le terapie prescritte e starà meglio.

Maggio

 Giove esce dal tuo segno zodiacale il 10, ma il cielo resta positivo e attivo, anche perché Marte sarà favorevole fino al 24; tieni a mente, però, che le stelle positive non bastano, noi dobbiamo impegnarci a cogliere le giuste occasioni. Spero che tu stia già meglio e magari abbia una bella idea da sviluppare. Chiamate, incontri, tutto può rinascere, diventare emozionante e concreto. È un oroscopo adatto per insistere, se la situazione lo consente, e ottenere vantaggi nel settore pratico. Sabato 14 e domenica 15 Luna favorevole: con la giusta preparazione si può superare un esame; il settore legale è bene influenzato dal cielo, adesso si possono chiedere rimborsi, pensioni, liquidazioni, assistenza per problemi di tipo sindacale o burocratico. Riconferme per chi lavora da tempo a un progetto che non ha reso, ma che adesso potrebbe pareggiare i conti o promettere un'evoluzione anche in altre città. Favoriti artisti, scrittori, disegnatori, creativi. Per coloro che devono firmare un accordo in vista del prossimo anno queste sono stelle che riservano facilitazioni, basta non intestardirsi su situazioni impossibili.

 L'inquietudine del passato lascia spazio a occasioni di riconciliazione. Un atteggiamento positivo aiuta coloro che sono reduci da una separazione; le stelle sono pronte a regalare nuove e grandi emozioni, ma devi essere tu a scegliere se viverle oppure no. In questo momento l'esercizio del libero arbitrio va al di là di qualsiasi previsione astrologica. Ecco perché di base abbiamo tante opportunità in vista, ma bisogna che tu sia pronto a sfruttarle; costruttivi i nuovi legami sentimentali, ascolta la voce del cuore che ti spinge a vivere sensazioni speciali. Coloro che hanno cambiato vita e iniziato una nuova stagione della propria esistenza sentimentale si sentono più tranquilli. L'amore non è impossibile da raggiungere. Se sei single non rinunciare a uscire, incontrare nuove persone solo perché il tuo cuore è ancora ferito da una delusione. Per i più giovani gli incontri sono possibili in qualsiasi giorno del mese, questa azione rigenerante delle stelle è presente già da diverse settimane. Con un cielo del genere si può spendere il tempo da dedicare all'amore come si crede, persino in tradimenti e divertimenti di ogni genere!

 Maggio e giugno sono mesi ideali per recuperare energia, tema che in qualche modo ti impegna già dagli inizi dell'anno. Marte nel segno fino al 24 regala forza; cerca di incontrare un esperto e risolvere un problema entro la metà del mese; dedicati più momenti di relax e riposo, questa è una pratica che può riportare forza nella tua vita. Solo piccoli disturbi nei giorni 3, 17, 30 e 31.

 **Giugno**

 Questo è un buon oroscopo soprattutto se sei libero professionista. Le possibilità di ampliare il raggio d'azione sono molte e anche le nuove società; le collaborazioni possono essere spinte al meglio fino al 13. Restano, invece, piccole dispute di carattere economico, esborsi o spese non preventivate dal 14 in poi, una situazione di forte disagio nasce nell'ultimo fine settimana del mese; la cosa importante è non spazientirsi e approfittare dei momenti migliori di giugno: una buona idea può nascere venerdì 10 o sabato 11, così anche lunedì 20 ci sarà molto da proporre. Se sei un libero professionista è ora di strutturare più razionalmente le tante iniziative che hai in mente. Questo è ancora un ottimo cielo per le persone che vogliono mettere in risalto il proprio valore e se c'è stata una richiesta per una crescita professionale, si potrà certamente ottenere qualcosa di più. È importante per i ragazzi impegnarsi, quelli che hanno concluso un corso di studi con un ottimo punteggio adesso possono accedere a una nuova fase: proposte di praticantato o un nuovo incarico, giugno invita a fare di più. C'è una chiamata da un'altra città, la possibilità di trovare strade mai percorse prima ma anche di rivalutare un lavoro di grande interesse.

 Le stelle sono con te e Venere è favorevole! È un periodo importante per tutti quelli che vogliono fare incontri speciali, confermare un amore, anche lasciarsi coinvolgere da un'emozione forte. Invito tutti coloro che sono alla ricerca di un legame da anni a sfruttare queste stelle. Se c'è stata una separazione bisogna dimenticare quello che è accaduto; il vero problema per molte persone nate sotto il segno dei Pesci è proprio questo, si rischia di vivere un po' troppo nel passato piuttosto che concentrarsi sul futuro. Resta un cielo gratificante per quelli che hanno una famiglia e vogliono portare avanti progetti per la casa. Giove che è rimasto nel segno per diversi mesi ha dato la possibilità alle coppie che possono e vogliono avere un figlio di andare avanti, c'è solo un piccolo influsso dispettoso di Venere dal 23 al 30; questo ti renderà troppo esigente in amore, domenica 26 e lunedì 27 potresti anche fare i capricci per qualcosa che non va. Una situazione astrologica che non è destabilizzante per i legami che vanno avanti da tempo, tuttavia un po' di cautela sarà opportuna. Recupero già il 30 con uno splendido novilunio che rafforza il tuo segno.

 Per la forza fisica la prima parte del mese è migliore della seconda. In periodi importanti anche coloro che soffrono di fastidi da molto tempo possono trovare il medico idoneo. Il punto debole del segno dei Pesci? Solitamente piedi e caviglie o spalle e gambe. Fastidi alle articolazioni, cattive posture da evitare.

Luglio

 L'andamento di questo cielo protegge le iniziative nate nella prima parte dell'anno. Non bisognerebbe perdere occasioni. Il vigore di Marte aiuta a partire dal 5, poi arriverà anche Venere favorevole; se a giugno, come credo, ci sono state troppe spese, il transito di Mercurio dal 5 fino al 19 permette di recuperare. Alcuni venderanno un bene o riusciranno a concludere un accordo decisivo. Non mancano le possibilità di trovare nuove strade o di ottenere una promozione, persino mettere con le spalle al muro una persona che in passato ti ha fatto una promessa che poi non ha mantenuto. Le conferme sono tante e i liberi professionisti sono più favoriti in vista del prossimo anno. Opportunità migliori per aumentare il prestigio, le proposte che arrivano in questo periodo sono allettanti. I cambiamenti di lavoro non devono essere vissuti come un trauma. In un periodo così da cosa nasce cosa e non bisogna avere paura del futuro.

 Ho chiuso le note su giugno dicendo che alcuni nati sarebbero diventati capricciosi. E ancora una volta devo ribadire che la prima parte del mese è un po' strana. Qui non si mette in discussione l'amore di lunga data, le coppie che si vogliono bene da anni non hanno nulla da temere. Però il consiglio è quello di non essere troppo ostinati nelle proprie posizioni in certe giornate, per esempio domenica 3 e lunedì 4. E comunque un po' di prudenza fino al 18 non guasta. Per fortuna l'ultima settimana di luglio sarà migliore, addirittura è previsto un incontro passionale dal 25 al 30. Un rapporto finito in passato non può essere recuperato con questo cielo, però si può andare oltre, dimenticare i tristi trascorsi. Con il segno dei Gemelli e del Sagittario attenzione alle solite piccole dispute; per i cuori solitari ancora la fine di luglio darà spazio a sensazioni davvero positive. Da un amore part-time a una grande storia tutto può succedere.

 L'unica parte di luglio che potrebbe essere fonte di qualche disturbo è quella legata agli inizi del mese, attorno al 4 potresti vivere un momento di calo. Ed è anche normale! È da diverso tempo che sei troppo sotto pressione. Inoltre tu vivi le emozioni a tutto tondo, risenti di ansia, agitazione interiore; di tanto in tanto sarebbe necessario non solo essere più tranquilli, ma anche concedersi qualche attimo di relax in più! Uno degli hobby più graditi ai nati sotto il segno dei Pesci è ascoltare la musica, ma anche circondarsi di cose belle, visitare una pinacoteca, passeggiare in un bosco. Tutto quello che allieta lo spirito va favorito in questo mese di luglio.

 **Agosto**

 Agosto è un mese in cui giustamente vorrai prenderti una pausa di riflessione; il transito di opposizione di Mercurio consiglia dal 4 di esaminare con attenzione tutto ciò che devi fare. Se per vari motivi l'anno scorso di questi tempi eri fuori gioco, ora sei più intraprendente e protagonista. Il prestigio, le qualità sono messe sotto esame, non mancherà la simpatia e l'appoggio di persone che ti possano aiutare a realizzare un progetto. I soldi non sono tanti, ecco perché è probabile che ci sia la necessità di rivedere alcune scelte: visto il periodo, la durata di una vacanza oppure spese generali per la casa o i figli. Qualche problema economico potrebbe interferire e rendere certe situazioni più nervose con il segno della Vergine e del Sagittario. Potresti anche essere preso da una fortissima pigrizia che aumenterà via via che ci avviciniamo alla fine di agosto. Non tutti potranno permettersi di vivere un agosto in panciolle, ma sconsiglio di agire con imprudenza; le stelle non facilitano la concentrazione, sarai agitato domenica 7, sabato 20, domenica 21 nonché il 27 quando Sole e Luna saranno in opposizione. Pausa di riflessione per le libere professioni.

 Se l'oroscopo del lavoro registra quasi una pausa, i sentimenti, al contrario, riprendono quota. Le relazioni sono romantiche, appassionate, in particolare nelle prime undici giornate di agosto; gli unici problemi possono viverli i separati che discuteranno per soldi o vacanze dei figli. I single devono cancellare le emozioni negative. Ora sarà possibile navigare nelle acque tempestose di un sentimento dando prova di grande abilità nel gestire gli eventi del cuore. Chi desidera fare un incontro speciale in vacanza si concentri sulle prime due settimane. Per i più avventurosi possibili incontri part-time; le storie nate di recente sono passionali, torna il desiderio e raddoppia la sensualità. C'è maggiore consapevolezza delle proprie capacità; quello che è certo è una graduale ripresa dell'entusiasmo e della fiducia nel tuo amore. Le persone Pesci dovrebbero cercare di non impegnarsi in storie impossibili, magari con persone già legate; ed evitare, con spirito di sacrificio inutile e sopportazione di recuperare una storia insalvabile. I giovani in cerca di un amore importante avranno occasioni da sfruttare. Anche le avventure possono distrarre, la passionalità non manca.

 Agosto è un mese faticoso, in particolare dopo sabato 20, quando Marte inizia un transito contrario. Gli ultimi dieci giorni del mese dovrebbero essere dedicati a lavori non impegnativi. Bisogna cercare di sgomberare la mente dall'ansia e dall'insicurezza che possono provocare momenti di malinconia dal 23, in particolare sabato 27 e domenica 28, quando ci sarà un novilunio pesante.

Settembre

 Sei irruente, anche troppo agitato a settembre; Sole, Marte e Mercurio formano aspetti stridenti da sopportare nella settimana dal 5 al 12. Riesci comunque a cavalcare l'onda, ma tanti saranno i motivi di insoddisfazione e inquietudine, anche riguardo a promesse non mantenute o scelte fatte in passato che ora reputi sbagliate. Massima cautela nei primi tre fine settimana di settembre se non lavori nel weekend; potresti dover ripensare a tutta la tua vita professionale e sarà necessario impostare qualche taglio a livello economico. In questo periodo è possibile discutere con persone che non seguono le tue indicazioni; bisognerebbe iniziare a pensare a progetti di ampliamento da varare in vista di dicembre. I nuovi investimenti vanno seguiti con cura; settembre non è un mese ricco, ogni tanto sarà utile risparmiare. Non escludo che ci sia una piccola disputa da superare attorno a venerdì 16; la tua bravura è riconosciuta, però potresti, almeno per ora, non avere l'occasione giusta per mostrarla in pieno. Inoltre stai attento a persone che cercano di metterti in cattiva luce solo perché hanno capito che potresti diventare uno scomodo concorrente. Non mancheranno momenti di lotta e tensione, ma non sarai tu a dover cedere le armi.

 Settembre può mettere alla prova i rapporti più fragili; nella migliore delle ipotesi ci saranno talmente tante cose da fare che i sentimenti passeranno in secondo piano. Chi è indeciso tra due storie, se non ha ancora fatto la scelta definitiva, sarà più agitato; venerdì 16, sabato 17 e domenica 18 le giornate più nervose; vorrei mettere in guardia le persone che hanno avuto difficoltà di coppia a non insistere troppo sulle differenze reciproche; in questo mese è difficile essere concilianti nel matrimonio, la disponibilità è scarsa, ma non è certo consigliabile tradire, anche perché sarebbe facile essere scoperti. L'ultima settimana di settembre promette una sorta di resa dei conti. Se non hai chiarito una disputa con un ex, cerca di non tornare a rivangare problematiche che sembravano superate. Discussioni per la gestione dei figli, della casa, del denaro. Intendiamoci, può essere anche un mese risolutivo se aiuta chiudere con il passato. In grande evidenza le proprie mancanze nella vita sentimentale, inutile nascondersi dietro a mille giustificazioni!

 Settembre porta agitazione nell'aria, quindi attenzione a piccoli fastidi attorno al 16, mentre dal 23 al 30 sarà bene evitare qualsiasi tipo di strapazzo. Sei una persona sensibile, che finisce per assorbire tutto quello che capita all'esterno. Se intorno a te ci sono situazioni poco chiare potresti avvertire fastidi, stomaco e testa i tuoi punti deboli. Meglio farsi scivolare le cose addosso.

Ottobre

Mese meno faticoso rispetto a settembre, ma bisogna capire se sei riuscito a scaricare qualche ansia di troppo. In realtà la parte migliore di ottobre arriva dopo il 23, quando Sole e Venere inizieranno un transito positivo. Non si prevedono situazioni che improvvisamente cambiano la vita, però a fine mese hai una visione più ottimistica del futuro; tante sono le opportunità di trovare un interesse, cambiare attività, rivoluzionare il campo pratico grazie a un incontro o semplicemente a una buona idea; una giornata di riferimento sarà quella del 26, ma non aspettare che le cose cadano dal cielo, programma un incontro per questa data. Ci avviciniamo a un nuovo anno che sarà favorevole, peccato che ogni tanto tu non riesca a mantenere sotto controllo i nervi. Marte è contrario e nella prima parte del mese rende un po' più complicate le relazioni con i capi oppure con i colleghi, in particolare attorno al 7. Se devi fare una scelta tra due proposte aspetta la fine di ottobre, avrai le idee più chiare dopo il 23. Meglio non esporsi troppo a livello economico; sarà possibile chiedere consigli e appoggi a qualche specialista nel ramo che ti interessa o iniziare a pensare a nuove collaborazioni per formare società, cambiare percorso di studi.

A ottobre le stelle premiano i sentimenti, quindi le coppie che sono riuscite a superare un settembre di privazioni e ampie polemiche stanno meglio. Dalle piccole divergenze famigliari sulla gestione dei soldi o l'educazione dei figli, tutto sembra più facile da gestire. Ottobre è un mese di recupero per coloro che sono soli, da domenica 23 a lunedì 31 gli incontri sono favoriti e non bisogna chiudere le porte alla fortuna in amore. Le tentazioni non mancheranno, le attrazioni fisiche tra fine ottobre e novembre potrebbero coinvolgerti, anche se non sei il tipo da lasciarsi andare alle trasgressioni. Forse anche a causa degli impegni di lavoro qualcuno potrebbe sentirsi più nervoso o essere meno disponibile nei confronti dei sentimenti solo in certi giorni attorno al 7, 13 e 14. Le storie collaudate non temono nulla, ma se c'è da decidere qualcosa in merito al denaro, alle spese o questioni riguardanti i figli, forse sarà bene aspettare la fine di ottobre; arrivano giornate interessanti per riconciliarsi con l'amore, per dare appuntamento a una persona che, se ricambia i sentimenti, sarà da frequentare di più; queste giornate sono martedì 25, mercoledì 26 e giovedì 27.

Il mese chiede così tante energie che sarà facile perdere di vista una certa tranquillità, soprattutto nelle prime due settimane; poi, per fortuna, da domenica 23 si recupera! Alcune giorni come l'1, il 13 e 14 mettono alla prova anche le persone più temprate ed equilibrate, fastidi nella settimana dal 24 al 30.

Novembre

Novembre si divide in due parti, la prima favorevole, la seconda da gestire con la massima prudenza. La cosa importante è non avere paura dei cambiamenti, è probabile che ti vengano proposte cose nuove e più divertenti, accettale anche se prevedono una realizzazione a lunga scadenza o in vista del prossimo anno. Per quanto riguarda il rapporto con le persone che hai attorno, fai attenzione a non stuzzicare qualcuno che può, volendo, metterti il bastone tra le ruote. Dovrai tenerti lontano dagli invidiosi. Potresti scoprire qualcosa di poco piacevole dal 21 al 30. E comunque negli ultimi dieci giorni di novembre il consiglio che devo dare è quello di non giocare a carte scoperte, meglio bluffare se occorre. Potrebbero copiarti un'idea o capire il tuo gioco prima che diventi vincente. Dal 21 al 27 racconti una bugia per toglierti d'impaccio. Qualche tensione è possibile proprio nel rapporto con colleghi o capi, ci sarà persino chi nell'ultima parte di novembre deciderà, entro i primi mesi del prossimo anno, di cambiare lavoro, gruppo o ufficio. Sempre attenzione sotto il profilo economico, dal 17 al 30 le spese saranno eccessive.

Una situazione intrigante per i sentimenti. Dopo un settembre per i più da dimenticare, novembre aiuta a recuperare terreno nei primi quindici giorni. Ci sarà tanta voglia di amare ma anche di capire se una persona fa per te oppure no; protetti i nuovi rapporti perché Sole, Mercurio e Venere saranno attivi, sfruttali fino alla metà di novembre per incontrare e avvicinare chi ricambia i tuoi sentimenti. Questo è un cielo valido per coloro che vogliono vivere rapporti occasionali senza impegno; un mese utile anche per parlare di progetti che possono rivelarsi importanti in futuro. Chi è in bilico tra due storie oppure ha tradito o è stato tradito dovrà affrontare un momento di collera il 24. È vero che novembre inizia in maniera passionale ma finisce in modo un po' brusco; chi comincia adesso ad affacciarsi al mondo dell'amore, magari dopo un divorzio, oppure perché più giovane, alle prese con le prime esperienze di vita amorosa, potrà sentirsi smarrito dal 22 al 30. Ci sono giornate test per valutare se un rapporto funziona oppure no: il 23, 24, 25 e 30. Sarai giudice infallibile ma segui sempre il percorso del cuore.

Contatta uno specialista il 3 e il 4; a ogni modo quando senti che è giusto farlo, vai! Non rimandare a dopo il 16; infatti subito dopo potrebbe nascere qualche ansia e insicurezza di troppo. Inoltre nelle giornate del 23 e 24 evita qualsiasi tipo di rischio. Occhio a dove metti i piedi, piccoli traumi dovuti a disattenzione e una forte dose di stress devono essere evitati.

Pesci

Dicembre

 Si parte con fatica, fino al 10 è meglio farsi scivolare le cose addosso. Se c'è qualcosa da trattare aspettate i pianeti più complici, da lunedì 12 in poi. La seconda parte del mese si rivelerà più adatta alla gestione delle attività professionali e non solo. Dicembre cerca di rimettere in pace il tuo animo e offre occasioni in più. Buone intuizioni, idee nei giorni 14, 15 e 19 che invito a sfruttare anche se c'è da programmare un incontro con una persona che conta o un esame da affrontare. Marte in aspetto nervoso, però, suggerisce che ci sono ancora troppe cose che non vanno oppure affronti le situazioni con eccessiva ansia! Una persona Capricorno, Leone o Scorpione potrebbe darti una mano a risolvere un problema; ti servirà il consiglio giusto, la spinta che aiuta nei momenti difficili; per i single dal 15 aumenta il desiderio di fare incontri speciali. Per l'amministrazione famigliare, la fine di dicembre aiuta a sbloccare questioni economiche con i parenti o a ridiscutere problemi di spartizione, eredità, matrimoni. Il cielo di sabato 24 e domenica 25 porta un regalo di Natale, una buona notizia o qualcosa che ti farà piacere ricevere.

 Sul piano emotivo dicembre parte in maniera sbagliata e ripropone le stesse contraddizioni che si sono evidenziate alla fine del mese scorso. Le coppie più forti non devono avere paura, sono solo le relazioni fragili che almeno fino al 10 dovranno essere protette. Chi si è separato già da tempo però non si ponga limiti, è importante ritrovare la voglia di amare, opportuno quindi fare nuove conoscenze. I rapporti con i parenti, con una persona anziana di famiglia, diventano meno problematici da metà dicembre; inoltre il Sole positivo dal 21 favorisce legami di lunga data, così come le persone che vogliono legalizzare un'unione clandestina. Attorno al 19, 20 e 23 il cuore batterà forte e sotto l'albero di Natale un bacio farà la differenza! Nettuno, il pianeta dei sogni, è da tempo nel tuo segno. I più giovani, che sono sempre più disponibili alle grandi passioni, potrebbero perdere la testa entro fine mese! Non lasciarti dietro rimpianti o dubbi, in questo dicembre quello che conta è ritrovare un bel po' di serenità! Sei di fronte a una nuova fase della tua vita, più positiva. La presenza di Sole, Mercurio e Venere favorevoli a fine anno sarà d'aiuto persino se occorre ripartire da zero.

 Non strapazzarti troppo fino al 10. Aiuta il sonno con tisane naturali nelle giornate più nervose, per esempio il 7 e l'8; esagerate preoccupazioni possono dare spazio a dubbi; emicranie o giramenti di testa potrebbero verificarsi attorno al 15. Il mese si chiude, però, al meglio. Le festività sono protette, ottima anche la Luna del 28.

Ascendenti

Se il tuo ascendente cade in:

♈ **Ariete**: un po' di attenzione durante la parte centrale dell'anno, soprattutto per quanto riguarda le finanze. L'oroscopo del 2022 porta volontà di azione e un discreto coraggio. Conoscenza con persone che possono aiutare nell'ambito del lavoro a realizzare qualcosa di importante, un'occasione da sfruttare in primavera.

♉ **Toro**: migliore la seconda parte del 2022, anche se in generale questo è un anno che regala nuove risorse. Non entrano immediatamente soldi, questo è l'unico problema serio, perché bisogna recuperare sul lato economico; è probabile un cambiamento durante l'estate. Tornerà una persona dal passato. Non mancherà una buona energia alla fine dell'anno.

♊ **Gemelli**: cielo magico per recuperare forza con Saturno in trigono all'ascendente. Dunque questo nuovo anno propone anche delle situazioni diverse che possono riguardare l'amore, l'estate sarà foriera di buone novità da questo punto di vista. Opportunità per un trasferimento o un cambiamento subito dopo luglio.

♋ **Cancro**: le persone che ti stimano, che ti vogliono bene potrebbero offrirti una buona occasione nel 2022, è il momento propizio per attuare mosse importanti che riguardano anche il lavoro. Nei primi sei mesi dell'anno Giove sarà ancora favorevole all'ascendente, attenzione però a una disputa legale o di lavoro tra maggio e giugno, ci sarà un dubbio da sciogliere.

♌ **Leone**: anche se sei una persona molto forte, il fatto che Saturno sia opposto al tuo ascendente potrebbe provocare nel 2022 ancora qualche alto e basso a livello di umore. Qualcuno a metà anno potrebbe decidere di voler fare una nuova vita ed escludere tutto ciò che è superfluo. Per i cuori solitari amori possibili con persone più grandi o lontane.

♍ **Vergine**: è tempo di rivedere tutta la tua vita! Si può parlare di un recupero psicologico notevole, è meglio ritrovare un bel po' di equilibrio. Infatti la tua personalità è piuttosto complessa, il segno dei Pesci ti porta a sognare, la Vergine a stare con i piedi per terra. Non sai mai qual è l'atteggiamento giusto per stare bene, anche in amore frequenti i ripensamenti.

Ascendenti

⎯ **Bilancia**: se devi sistemare una questione che ti interessa, meglio agire entro aprile. Chi è rimasto vittima di una chiusura nel corso degli ultimi mesi deve riorganizzare la propria vita o gruppo di lavoro. Qualche agevolazione o pizzico di fortuna possibile con Saturno che resta in trigono (aspetto buono) all'ascendente. In generale già l'inizio del 2022 porterà una bella energia da sfruttare nei prossimi mesi.

♏ **Scorpione**: gli amori difficili, che hanno conosciuto gravi problemi negli ultimi anni, potrebbero essere definitivamente chiusi, se non è già accaduto nel 2021. Infatti da tempo si sta lottando per ritrovare un po' di equilibrio emotivo, la continua tensione potrebbe provocare qualche disturbo alle coppie più fragili; per il lavoro novità già in tarda primavera.

♐ **Sagittario**: devi risolvere una serie di dubbi che riguardano il lavoro, è probabile che tra gennaio e febbraio tu debba fare una scelta importante che riguarda la tua vita privata e non solo. Giove è favorevole al tuo ascendente in tarda primavera. In vista del nuovo anno ci sono tante cose da fare e soprattutto da definire. La parte centrale del 2022 è la più favorita.

♑ **Capricorno**: anno intenso, da maggio in vista anche chiusure definitive, vorrai troncare con tutto ciò che non ti piace più. I rapporti genitori-figli possono entrare in una sorta di crisi soprattutto se ci sono incomprensioni che riguardano il lavoro o l'amore. I sentimenti sono agitati, ma superata un'estate caotica, andrà molto meglio.

♒ **Acquario**: non investire soldi e in particolare non spendere troppo, Saturno sul tuo ascendente impone un certo limite non solo alle spese ma anche alle aspirazioni. Le coppie che vogliono sposarsi, convivere o fare un figlio saranno molto fortunate dopo maggio, Giove formerà un bel trigono con il settore delle relazioni. Occasioni per portare avanti progetti con soci nuovi.

♓ **Pesci**: vincono le passioni, le aspirazioni, puoi realizzare molto. Segui il tuo istinto, quest'anno le tue sensazioni saranno positive soprattutto in estate. Sei trascinato dai sentimenti e questo è bello ma ogni tanto bisognerebbe tornare alla realtà dei fatti. In amore, quindi, va bene sognare ma cerca di stare di più con i piedi per terra, in particolare a luglio.

Le coppie

Il transito di Giove in Ariete sarà fondamentale, una sorta di anticipazione perché questo stesso percorso del pianeta sarà ancora più importante nel 2023. Poiché l'Ariete rappresenta la fretta, la velocità, l'innamoramento mordi e fuggi ma anche stile colpo di fulmine, non escludo che molti amori che capiteranno tra maggio e agosto avranno queste caratteristiche. Tanti segni zodiacali, quindi non solo l'Ariete, desidereranno recuperare il tempo perduto, soprattutto se negli ultimi anni si sono sentiti troppo soli o isolati. Non bisognerà perdere l'occasione di vincere una sfida sentimentale, la determinazione conta ma ci sono anche atteggiamenti di base che dovranno essere modificati.

I determinati

*Alcuni segni non vogliono mollare la presa in amore, anzi saranno ancora più attenti e desiderosi di formare una coppia, ovviamente l'**Ariete** sarà il primo che si metterà in lista per cercare di vivere i sentimenti al meglio. Questo segno zodiacale si ritroverà a essere molto sensuale, teneramente romantico, idealista e passionale…e speriamo che non si chiuda in una torre d'avorio solo per paura di ripartire! Un amore importante potrebbe nascere o essere consolidato durante la primavera. La determinazione del segno porterà a vivere i sentimenti in maniera vitale, potrebbe essere l'anno giusto per sposarsi o convivere. Un altro segno forte sarà il **Toro**. Più che ricercare un grande amore il Toro dovrà mettere in chiaro quello che sta vivendo, visto che già dall'anno scorso non sono mancati momenti di confusione. Dunque la temperanza e il coraggio serviranno per affrontare periodi di incertezza amorosa o disagio. Le storie complicate, vissute male, segnate da incomprensioni dovranno trovare una via di uscita, soprattutto nel periodo dal 5 luglio al 21 agosto. Se manca l'amore, prima di iniziare una nuova storia ci vorrà un po' di prudenza, non bisogna spazientirsi… sarà bene approfittare di eventuali ritardi per mettere a punto una strategia più agile e vivere l'amore in maniera completa. Anche la **Vergine** è determinata a fare pulizia in campo sentimentale: vuole vivere amori sereni, detesta essere vittima delle circostanze o ritrovarsi al centro di una situazione di grande confusione. Il desiderio di formare una*

Le coppie

coppia sarà più grande da giugno, uno dei periodi migliori per cercare di risolvere problemi anche all'interno della famiglia, soprattutto se uno dei due si è dedicato un po' troppo al lavoro e desidera recuperare un po' di passionalità, l'estate sarà galeotta. Un anno importante e creativo per tutti coloro che vogliono ritrovare l'amore perduto.

Gli speranzosi

La **Bilancia** ha bisogno di garanzie in amore, altrimenti non si sente tranquilla. Quest'anno spera in un incontro speciale o nella sistemazione di un legame esistente. Ma alcuni pianeti, soprattutto in primavera, potrebbero determinare uno stato di confusione difficile da sanare. Anche se la Bilancia detesta il disordine amoroso, anziché agire direttamente per cercare di risolvere i problemi che l'angustiano, potrebbe rimanere impassibile e sperare semplicemente che le cose vadano meglio. Ma questa aspettativa avrà come limite la sopportazione, non si può pensare che il destino provveda a compiere ciò che non si riesce a fare da soli. Partono riflessioni per le coppie, luglio sarà un mese importante per cercare di risolvere problemi o situazioni complicate. La speranza di incontrare un grande amore coinvolge il segno zodiacale del Leone, troppo spesso distratto nella ricerca di un amore da problemi di carattere lavorativo. Molti hanno l'idea di avere sacrificato all'altare della professione proprio un sentimento, è il caso di tornare sui propri passi. Persino chi ha vissuto una storia part-time, senza grandi emozioni, ora si rende conto di avere perso un sacco di tempo. Ecco perché il **Leone** avrà una grande voglia di riscatto e la speranza di trovare una passione aumenterà dall'11 agosto quando Venere entrerà nel segno. A ogni modo Giove assicurerà vantaggi anche prima, da maggio. In qualche caso non è detto che l'amore arrivi servito su di un piatto d'argento. Il Leone dovrà fare un piccolo sforzo e avvicinarsi a chi ritiene interessante, così sarà più facile affidarsi alle braccia dell'amore.

I pensierosi

È noto che il segno zodiacale del **Cancro** in amore vive momenti di grande passionalità alternati ad altri di profonda diffidenza. Ciò dipende non solo dalla persona incontrata, a volte ci sono casi in cui questo segno non capisce neanche se stesso! Questa confusione a livello sentimenta-

Le coppie

le potrebbe arrivare in mesi che le stelle rivelano un pochino insidiosi, lo leggerete nelle previsioni generali. Calma e sangue freddo! Probabile che alcune vicende di carattere professionale possano portare disagio e che questa situazione di nervosismo si riversi in amore. Insomma qualche pensiero di troppo ci sarà. L'anno si risolve bene se si affronta per tempo qualche indecisione. Altro segno che potrebbe rimettere in discussione l'amore è il **Capricorno**, ovviamente dipende dal tipo di legame che sta vivendo. Chi ha una storia da molti anni la continuerà, ma salirà il desiderio di scrivere un nuovo capitolo della propria vita sentimentale anche... "parallelo". Voglia di tradimenti? Potrà capitare! Nei mesi estivi il Capricorno sentirà una sorta di disagio generale nei confronti di tutti quei legami non vissuti in maniera equilibrata, amicizia, amore, lavoro. La sensazione netta sarà quella di avere dato tanto ma ricevuto in cambio poco. Se questa agitazione continua allora attenzione, perché alcune coppie potrebbero essere a rischio. Ecco perché i dubbi del Capricorno andranno affrontati, se diventeranno presto certezze andrà meglio, opportuno fugare tutti i dubbi, i sospetti, le ambiguità. Il segno zodiacale dei **Pesci** è pensieroso perché desidera proteggere il proprio amore. I più nervosi sono quelli che nel 2021, durante l'estate, hanno vissuto un profondo scontro. I pensieri potrebbero tornare in questo 2022 se al proprio fianco sembra non esserci la persona giusta di riferimento, quella che ti capisce al volo. Però ci sarà anche una bella sorpresa, perché alla fine questo segno avrà molte garanzie in più. Di seguito, nelle compatibilità, scoprirete quali sono i segni che possono infastidire maggiormente. Il lungo transito di Marte nel segno dei Gemelli, tra settembre e ottobre, porterà un riesame di coppia e probabilmente, in certe situazioni, anche l'esigenza di affrontare un nuovo percorso in amore.

I trasgressivi

L'**Acquario** ha voglia di provare esperienze nuove, soprattutto se si è sentito per tanto tempo vittima di un rapporto logoro, senza particolari sussulti a livello emotivo. In realtà la voglia di liberarsi di schemi e vivere in maniera più originale e fantasiosa arriverà subito, per esempio già a marzo quando Venere e Marte transiteranno in questo segno assieme a Saturno. L'esito delle relazioni d'amore sarà legato al tipo di rapporto vissuto. Dunque i nati sotto il segno dell'Acquario, che vivono già una bella storia,

Le coppie

la continueranno anche se pretenderanno qualcosa di più in termini di intimità, vorranno esplorare gli orizzonti del piacere. Coloro che, invece, si sentono fin d'ora privati della propria libertà, oppure non sono del tutto soddisfatti della coppia, potrebbero anche metterla in discussione... non mancheranno atteggiamenti polemici. Un po' di follia segnerà le relazioni dei single. Anche lo **Scorpione** vorrà trasgredire, vivere sensazioni nuove. Qui abbiamo una situazione più agitata perché questo segno zodiacale nel 2021 è stato vittima di qualche attacco a livello professionale o comunque esce da un periodo piuttosto nervoso. Quindi sente l'esigenza di vivere in maniera più serena l'amore, anche a costo di mettersi in gioco seriamente. Chi vive una storia da molti anni potrebbe per la prima volta desiderare un tradimento, oppure proverà un po' di confusione a livello emotivo, determinata proprio dalla voglia di rimettere in gioco tutto. Il **Sagittario** vuole liberarsi di vecchi schemi, vivere i sentimenti in maniera libera con buona pace del partner. Tenta di evadere, scappare quando vede che una passione diventa un po' troppo ripetitiva. Alcune storie d'amore, quindi, potrebbero subire nel mese di aprile le angherie di una Venere contraria. Ma ovviamente non tutti faranno le valigie e se ne andranno. Molti, però, cercheranno di vivere più liberi. Da questo punto di vista i cuori solitari avranno vantaggi soprattutto durante la stagione estiva. Anche i **Gemelli** sono alla ricerca di una passione nuova. Spero che la maggioranza dei nati sotto questo segno sia pronta a dimenticare i rancori, le piccole crudeltà della vita a due. Marte inizierà un transito molto lungo nel segno che partirà dal 20 agosto e finirà oltre il 2022. Quello sarà il momento giusto per vivere passioni speciali e mettersi in gioco a livello amoroso. Non è escluso che si esplorino nuove emozioni, l'amore sarà da rivedere, da riconquistare, da vivere senza schemi mentali prefissati. Questo cielo autunnale, così particolare, sarà positivo per tutti i nati Gemelli che cercano nuove emozioni senza curarsi troppo del futuro. La passionalità sarà altissima e attrazioni indimenticabili potranno esplodere all'improvviso, senza che si riesca a evitarle: ecco perché la fine dell'anno per qualcuno sarà da ricordare.

Nota importante: se non trovate, per esempio, la coppia Toro-Ariete cercatela sotto Ariete-Toro, dunque state tranquilli, le coppie ci sono tutte!

Le coppie

ARIETE – ARIETE
Due testardi si incontrano, è inevitabile che ci siano ogni tanto tensioni di troppo! Quest'anno, però, a risolvere molte questioni ci sarà Giove, che entra nel segno dell'Ariete nel mese di maggio, portando un po' di serenità, anche se a volte ci sarà comunque da discutere. Il rispetto reciproco è la base su cui portare avanti questo rapporto, guai a essere troppo gelosi e ossessivi nei confronti del partner.

ARIETE – TORO
Tra i due si instaura immediatamente un ottimo feeling, si piacciono molto a livello fisico, c'è una grande attrazione sessuale che quest'anno oltretutto si rafforzerà. L'unico ad avere qualche problema di troppo nel corso dei prossimi mesi è il segno del Toro, dal momento che dovrà fare i conti con una situazione lavorativa a volte piuttosto agitata. L'Ariete aiuterà, a modo suo, incoraggiando le scelte del partner, ma anche tentando di prevaricarlo, cosa da evitare.

ARIETE – GEMELLI
Assieme si divertono molto, questa è la chiave di successo di un rapporto che non conosce quasi mai la pigrizia o la noia. I due sono abili, furbi, sanno che per andare avanti bisogna non solo rispettarsi ma anche concedersi reciproche libertà. Tuttavia negli ultimi due anni qualcosa si è bloccato, è mancata forse la fiducia? L'Ariete cercherà di fare la voce grossa e il Gemelli alla lunga si stancherà. I tradimenti non sono il modo migliore per risolvere le crisi di coppia, anzi!

ARIETE – CANCRO
Hanno un'emotività diversa, l'Ariete è un tipo che dichiara subito battaglia, il Cancro ci pensa prima di scendere in campo, è uno stratega che lavora dietro le quinte. Se riuscissero a mettersi d'accordo formerebbero una coppia sbalorditiva, di successo, perché il Cancro domina la fiamma dell'Ariete, che riesce a trarre saggezza dai consigli del partner. Non sempre, però, questo avviene. Ci saranno mesi nel corso di quest'anno in cui ci sarà da lottare, soprattutto in primavera.

ARIETE – LEONE
L'importante è non mettersi mai in competizione! Se riescono ad avere

Le coppie

ambiti d'azione individuali, senza pestarsi i piedi reciprocamente, le cose andranno bene per molti anni. I consigli sono sempre ben accetti, ma non devono divenire imposizione. Quest'anno è favorito da Giove ed estremamente interessante già dalla primavera, si può dire che piano piano si riesce a stabilire un buon rapporto. Sempre infuocato, naturalmente, diciamo che è un legame che va curato con attenzione.

ARIETE – VERGINE
La Vergine cerca disperatamente di mettere in ordine (ai suoi occhi) la dissestata vita del proprio compagno. L'Ariete non sopporta le ingerenze del partner e vive benissimo nel proprio apparente caos, detesta quando il partner si mette a fare il preciso, così ci vorrà una grande dose di pazienza per andare avanti. La Vergine dovrà accettare almeno parzialmente la burrasca che produce l'Ariete in tutte le cose che sceglie di fare, mentre l'Ariete non dovrà scappare se la Vergine cerca di tirargli le orecchie. A metà anno buone sorprese per entrambi.

ARIETE – BILANCIA
Sono opposti dello zodiaco ma in fondo si attraggono. La Bilancia vorrebbe vivere in un luogo incantato come Alice nel paese delle meraviglie; poiché, però, questo non è possibile, allora ben venga l'atteggiamento molto più realista dell'Ariete, ci vuole un po' di duro contatto con la realtà. Il giudizio dell'Ariete, però, sarà vissuto con molta agitazione dal partner, i suoi modi bruschi non sempre accettati. Alla fine questo rapporto è stimolante anche se spesso in balia delle emozioni del momento.

ARIETE – SCORPIONE
Ci sono troppi livori inespressi, l'aggressività verbale non sempre passa senza lasciare il segno. Dunque se ci si prende un po' troppo di petto si rischia, anche quest'anno, di vivere il legame in maniera piuttosto pesante. Il consiglio che devo dare è di deporre le armi, soprattutto durante i mesi estivi. Marte governa entrambi questi segni, è il pianeta della guerra e dei duelli che ogni tanto, però, dovrebbero essere evitati a favore di una resa totale.

ARIETE – SAGITTARIO
Non manca la creatività a questo rapporto! Anzi! Più i due si sentono liberi

di fare, organizzare e meglio è. Se riuscissero a gestire un'attività insieme sarebbe il massimo. Giove aiuta questo legame fin dagli inizi della primavera; giugno, luglio e agosto sono mesi di riferimento anche per le coppie che vogliono legalizzare un'unione. Dunque si può parlare di un anno di grande energia, la competizione tra i due non dovrà mai essere fine a se stessa ma portare lontano.

ARIETE – CAPRICORNO
Il Capricorno, molto ponderato nelle sue scelte, non sempre vede di buon occhio le esagerazioni del partner, tuttavia ne è attratto. L'Ariete, brusco e impulsivo, riesce a scardinare la granitica certezza del Capricorno, che crede sia sempre meglio aspettare prima di fare scelte sbagliate. L'Ariete la pensa al contrario, meglio agire subito e poi si vedrà. Braccio di ferro nel mese di maggio, buona quest'unione, soprattutto negli ultimi mesi del 2022.

ARIETE – ACQUARIO
C'è un grande feeling iniziale, l'Ariete è entusiasta di conoscere una persona piena di idee. All'Acquario non disturba affatto essere coinvolto in una relazione in cui c'è una grande vitalità. Con il passare del tempo, però, l'Ariete, senza accorgersene, tende a dominare l'Acquario. Quest'ultimo, essendo il segno della libertà, prima o poi cercherà di spezzare le catene. Questo è un anno che può portare la resa dei conti nelle coppie più in crisi, ma anche un ritorno di fiamma in quelle che si sono separate anni fa.

ARIETE – PESCI
Il Pesci è affascinato dalla vitalità dell'Ariete, tuttavia ha anche un po' paura delle sue scelte così esasperate, drastiche e radicali. Questa coppia astrologica avrebbe bisogno di collaborazione per andare avanti senza problemi. Inoltre non bisogna dimenticare che il segno dell'Ariete a volte perde il senso della diplomazia e non si accorge, con qualche frase di troppo, di offendere il partner. Il segno dei Pesci, oltre a essere estremamente sensibile, è permaloso. Attenzione soprattutto nel mese di luglio.

TORO – TORO
Questo è un segno zodiacale che quando si impegna in amore non molla. Infatti predilige le relazioni lunghe, se si mette con una persona non lo fa

Le coppie

per gioco. Qui abbiamo due Toro! Entrambi determinati e forti per natura, non rinunceranno facilmente alla passione che sentono. Non è quindi messa in discussione l'unione, però bisognerà affrontare problemi nella gestione della casa, dei soldi e del lavoro. Importante fare in modo che argomenti di tipo pratico non vadano a ledere certezze di carattere sentimentale, anche se per pochi giorni.

TORO – GEMELLI
Il Gemelli a volte è un po' annoiato dalla ripetitività del partner, avrebbe bisogno di divertimento: il Toro è avvertito. Se quest'anno non cambia, se non cerca di entusiasmare il partner con qualche idea originale, c'è il rischio che il rapporto vada al rallentatore. Il lungo transito di Marte nel segno dei Gemelli, soprattutto tra settembre e ottobre, porterà un po' di maretta in questo legame: inizierà una fase di ribellione del Gemelli e quando quest'ultimo si arrabbia sono guai, piovono dispetti!

TORO – CANCRO
Questi due segni zodiacali hanno una vocazione per la famiglia, quindi di solito quando formano una coppia, non lo fanno per gioco. L'unione può durare anni, poi nel corso del tempo potrebbe subentrare la noia, di norma è proprio il segno zodiacale del Cancro che si distrae. Se ci sono troppi malintesi iniziano entrambi ad avere atteggiamenti un po' distaccati. Quest'anno sarà proprio il segno del Cancro a vivere, soprattutto in primavera, momenti di disagio, il Toro dovrà provvedere per tempo con una carica doppia di affetto e positività.

TORO – LEONE
Una delle coppie più nervose dell'anno, colpa di Saturno che dal 2021 crea problemi. Naturalmente questo non vuol dire che siano previste per forza separazioni o momenti tormentati! Tuttavia, ci saranno più problemi da affrontare e soprattutto nei mesi di febbraio e in particolare marzo, attorno al 14, ci sarà qualche disputa in più. Se ci sono questioni di famiglia, con i parenti, sarà molto importante evitare di battibeccare dalla mattina alla sera, un po' di stabilità è necessaria verso la fine dell'anno.

TORO – VERGINE
Costruttivi, pratici, pragmatici. Forse in questa coppia manca la pas-

sione, il fuoco del desiderio è ridotto perché sono entrambi segni di terra, ma la stima è tanta, c'è un bel feeling mentale e questo aiuta a compensare qualche carenza sotto il profilo del trasporto emotivo. Sono solidali nelle scelte di vita; gennaio e febbraio, avendo molti pianeti in segni di terra, sono mesi molto importanti per stabilizzare l'unione e, a seconda dell'età, pensare a una casa o a un figlio. Un altro momento di forza a luglio, quando Marte dal 5 porterà energia a entrambi.

TORO – BILANCIA
La Bilancia, soprattutto dopo la primavera, inizia ad avere un atteggiamento piuttosto collerico, nervoso, insoddisfatto. Per fortuna il Toro è un segno particolarmente paziente e cercherà di resistere alle provocazioni. Le redini di questo rapporto saranno nelle mani del Toro che dovrà fare un piccolo sforzo di comprensione in più per avvicinarsi alla persona amata. Un momento utile per riconciliarsi? Nel caso in cui ci siano dispute, come probabile, ottobre darà a entrambi la capacità di risolvere piccoli e grandi problemi.

TORO – SCORPIONE
Questa coppia è già stata messa in discussione l'anno scorso, se ha resistito alle intemperie è ancora più forte. Tuttavia non posso escludere che ci siano divergenze da sanare, qualche piccolo fastidio da superare. Uno dei mesi più nervosi sarà luglio, quando Marte e Saturno formeranno un aspetto dissonante, qualche discussione di troppo ci sarà, un periodo di polemiche che andrà avanti fino al 20 agosto. Ci vorrà un po' di pazienza e soprattutto saranno da evitare dispute inutili, così come tradimenti e gelosie.

TORO – SAGITTARIO
Questi segni zodiacali hanno in comune grande vitalità e ottimismo, vogliono scoprire tutti i piaceri della vita. Dunque se stanno insieme dovranno trovare le condizioni migliori per vivere un'esistenza felice e ricca di emozioni concrete; amano la buona tavola, i viaggi, circondarsi di cose belle. Il Toro deve «parcheggiare» la gelosia, il Sagittario l'idea che può fare quello che vuole in un rapporto di coppia. Si può arrivare a un punto di incontro, Giove produce un effetto positivo fino alla fine dell'anno che rafforza soprattutto il Sagittario.

Le coppie

TORO – CAPRICORNO
Sarebbe bello che questi innamorati trovassero qualcosa da fare insieme anche nell'ambito del lavoro, perché le potenzialità ci sono tutte! Probabile che il Capricorno inizi quest'anno con il muso lungo, ma il Toro riuscirà comunque a divertire il partner. I piccoli contrasti saranno superati con un po' di buona volontà, se c'è da fare un passo importante che riguarda la casa, i figli, il mese di settembre sarà il migliore. Una coppia con buone potenzialità, anche perché entrambi i segni sono capaci di cogliere i momenti più belli della vita.

TORO – ACQUARIO
C'è una grande attrazione fisica, però poi fuori dalle lenzuola possono iniziare piccoli problemi. Soprattutto quest'anno visto che Saturno è ancora contrario. Entrambi hanno Urano contro. Per l'Acquario questo significa fare cose nuove, liberarsi di tutte le imposizioni; il Toro, invece, legge questa dissonanza planetaria al contrario, e vuole vivere in tranquillità cercando di evitare qualsiasi tipo di incidente di percorso anche in amore! Nonostante le piccole e grandi tensioni i due si vogliono bene e con un po' di buona volontà si può riuscire a traghettare questo rapporto verso un'isola felice; attenzione, però, alle problematiche di febbraio.

TORO – PESCI
Tenerezza e protezione, ecco le chiavi del successo di questo legame sentimentale. Marte da metà aprile fino al 22 maggio toccherà il segno dei Pesci, questo il momento migliore per programmare un evento, un incontro; se c'è l'età giusta si potrebbe anche pensare a un figlio. Il segno zodiacale dei Pesci è reduce da un periodo di grande difficoltà a livello psicofisico, quindi cerca solidità e un partner in cui credere. Il segno del Toro può garantire una sponda sicura! Se c'è stima e amore reciproco potranno andare avanti a lungo.

GEMELLI – GEMELLI
Questa è un'unione che per fortuna non conosce la noia. È normale che sia così! Il Gemelli è proprio un fiume in piena. I due andranno incontro a momenti di grande agitazione che alla fine potrà essere positiva. Sull'onda dell'allegria ma anche della buona disponibilità che i pianeti portano quest'anno, ci sarà da fare tanto e sarà possibile costruire un rapporto

molto interessante. Primavera ed estate, come è accaduto l'anno scorso, sono le stagioni migliori. Attenzione però alle distrazioni e ai tradimenti, veri o presunti che siano.

GEMELLI – CANCRO
Questa è un'unione «fluttuante». Un giorno sembra tranquilla, solida, duratura e il giorno dopo non lo è più. In realtà sia il Gemelli sia il segno del Cancro sono piuttosto volubili nei propri pensieri, quest'anno risalteranno ancora di più i lati incerti del rapporto. Dunque dopo un inizio coinvolgente potrebbero nascere alcune perplessità, soprattutto quando ci si scontra con la vita di tutti i giorni. Raccomando un po' di attenzione quando Marte causerà al segno dei Gemelli qualche momento di disagio, in particolare dal 16 al 30 aprile.

GEMELLI – LEONE
Questa unione si basa su una buona dose di narcisismo. Si desiderano e vogliono stare insieme, la loro relazione dovrebbe essere d'esempio anche per chi li circonda, adorano ricevere complimenti dagli amici, dai parenti e così via. Quest'anno il Leone piano piano riprende quota, anche se lentamente perché ha avuto diversi problemi nell'ambito lavorativo. Il Gemelli ha bisogno di realizzare qualcosa di più, di divertirsi, basta un minimo di impegno per ritrovare una buona sintonia. Le stelle sono favorevoli a questo legame.

GEMELLI – VERGINE
Sono governati da Mercurio! Intelligenti, curiosi, pieni di iniziative. Possono stare ore a parlare sulle reciproche esperienze, quando ci sono problemi da risolvere nella vita fanno fronte comune. Le esigenze sono, però, diverse: il segno della Vergine è più attento ai particolari, il Gemelli è più fantasioso. Quest'anno dovranno moderarsi e non scontrarsi, soprattutto in primavera. Attenzione nel mese di aprile che sarà, da questo punto di vista, un pochino più nervosetto.

GEMELLI – BILANCIA
Ecco due segni d'aria a confronto, c'è una bella carica di vitalità, il desiderio di sviluppare grandi progetti insieme. L'importante è seguire una traccia, altrimenti si rischia di volare un po' troppo in alto con la fantasia. Il

Le coppie

Gemelli da questo punto di vista è il più burrascoso, anche in termini sentimentali vorrebbe sempre vivere esperienze nuove. La Bilancia, più tranquilla e pudica, in certi momenti non riesce a capire gli atteggiamenti del partner. Si va avanti, ma a maggio è meglio fare una pausa di riflessione.

GEMELLI – SCORPIONE
La gelosia è un'arma a doppio taglio! Attenzione, lo Scorpione sarà piuttosto interessato ai dettagli. Il Gemelli, non volendo, rischia di offendere il partner, se si comporta in maniera trasgressiva o semplicemente fa dispetti solo per cercare di fare arrabbiare chi gli sta vicino. Calma e sangue freddo! Alcuni giorni di febbraio potrebbero diventare incandescenti, così anche a marzo attenzione attorno al 14. Tira e molla continuo in questo particolare 2022.

GEMELLI – SAGITTARIO
Gli opposti dello zodiaco spesso si attraggono. Questi due segni hanno una grande voglia di vivere, portare avanti progetti ambiziosi. È vero che il Sagittario è un avventuroso, ma il Gemelli potrebbe diventarlo ancora di più quest'anno! L'intesa di coppia non è minacciata da pianeti negativi, però è probabile che nel corso dell'anno il Gemelli sia un pochino più affaticato e nervoso. Attenzione soprattutto alla fine del mese di aprile.

GEMELLI – CAPRICORNO
Il Capricorno è un tipo che si assume moltissime responsabilità, anche solo per il gusto di primeggiare oppure comandare. Al Gemelli, invece, questo stile di vita non convince del tutto, assumersi pesi significa anche avere meno tempo per amare, viaggiare e fare le cose che divertono di più. Un tocco di leggiadria in questo rapporto ci vorrebbe! Il Capricorno dovrà abbandonare progetti particolarmente ambiziosi a favore di quest'unione, insomma, allentare la presa e godersi l'amore.

GEMELLI – ACQUARIO
Non manca la vitalità in questo rapporto che può essere veramente divertente. Se l'anno scorso questa unione era rimasta un po' fluttuante, quest'anno con Saturno in buon aspetto, le cose cambieranno. Forse c'è troppa confusione, alcuni progetti andranno ridefiniti, persino qualche indecisione in più. Capita quando l'Acquario si mette a fare il bastian con-

trario e dice no, anche solo per il gusto di non dare ragione al partner. Queste competizioni dovrebbero essere evitate, perché portano nel tempo a gravi problemi di coppia.

GEMELLI – PESCI
È un'unione complicata, dichiarano di essere innamorati, ma troppo spesso discutono. Non tutti sono riusciti a superare la prova del 2021, le coppie rimaste in gioco nel 2022 dovranno essere piuttosto caute. Meglio evitare dispetti, lasciare ampio spazio al partner anche se intende iniziare un lavoro lontano da casa. Il rischio di farsi male è altissimo, il Gemelli non sopporta le ansie, il Pesci detesta le disattenzioni in amore.

CANCRO – CANCRO
Questa unione è messa un pochino a repentaglio da maggio, in particolare se uno dei due ha problemi di tipo lavorativo. Tutto si può risolvere con un po' di buona volontà, però attenzione, sarà difficile stare tranquilli. Questo non è l'anno giusto per tradire o mettere in discussione la coppia. Lo dico anche guardando le stelle di maggio che vedranno una Venere dissonante al segno del Cancro. Quello è un mese un pochino più difficile da gestire. Anche a giugno ci saranno tensioni da affrontare. Prudenza.

CANCRO – LEONE
In questa coppia deve essere evitata la competizione, in particolare per le questioni di lavoro. Se uno dei due pensa di fare meglio dell'altro si rischia il patatrac. Quest'anno, poi, il Leone non sopporta le provocazioni vista la presenza assidua di Saturno in opposizione. Momenti di cedimento potranno nascere, il Leone sarà piuttosto nervoso nel mese di giugno, il segno del Cancro aprirà le ostilità un po' prima, a febbraio. Calma e sangue freddo!

CANCRO – VERGINE
Di solito questa unione va avanti per molti anni. È una relazione interessante. Entrambi amanti della vita privata, della famiglia, di norma non hanno problemi nel portare avanti un progetto di matrimonio o di famiglia. Durante la primavera, però, il segno del Cancro vivrà qualche momento di esitazione. La Vergine, prontamente, dovrà correre ai ripari e cercare

Le coppie

anche di consolare il proprio amore. Funzionerà se entrambi manterranno un atteggiamento equilibrato e sereno. Agosto mese di confronti.

CANCRO – BILANCIA
Un rapporto che nasce in maniera entusiasta, perché sono entrambi tipi molto passionali. Però attenzione, Giove dissonante potrebbe insinuare qualche dubbio a primavera inoltrata. Tensioni che potrebbero nascere se uno dei due ha problemi di lavoro oppure se c'è il sospetto di un tradimento. Comunque la prima parte dell'anno è da tenere sotto controllo, la seconda sbloccherà parecchie problematiche in corso. Attenzione a non essere troppo gelosi e scontrosi. Revisione per quanto riguarda il lavoro se si ha un'attività insieme.

CANCRO – SCORPIONE
Ecco una coppia davvero passionale, è inutile chiedere di non essere gelosi! Si chiudono al mondo e quando decidono di vivere la propria passione non si risparmiano, vogliono ogni giorno prove d'affetto, si concedono reciprocamente e sviluppano una grande tensione erotica. Quest'anno vede solamente un po' incerto il segno del Cancro. Attenzione a tradimenti, sviste oppure a portare nel rapporto tensioni che nascono sul lavoro, insomma, un po' di pazienza in più sarà necessaria.

CANCRO – SAGITTARIO
Il Cancro vuole vivere un rapporto intimo, riservato, quasi chiuso al mondo, il Sagittario, al contrario, non ha alcuna voglia di perdere tempo a coltivare amori soffocanti tra le quattro mura di casa. Bisognerà trovare un accordo. È sempre possibile! Piccole incomprensioni, però, andranno superate nei mesi più complicati, l'estate da questo punto di vista potrebbe portare qualche scompenso, anche perché quest'anno il Sagittario avrà una grande voglia di libertà, cosa non gradita dal partner!

CANCRO – CAPRICORNO
È un po' difficile trovare il bandolo della matassa in questo rapporto complicato fin dall'inizio. A pagare lo scotto più alto di questo legame è il Capricorno, il quale essendo un tipo logico e piuttosto razionale non riesce a capire gli atteggiamenti del Cancro, spesso guidati da emotività e insofferenza. Quest'anno dovranno affrontare Giove contro, quindi atten-

zione se in questo legame mancano basi solide, anche semplicemente in termini di casa o soldi. Si rischia di discutere per motivi di tipo pratico. Prudenza.

CANCRO – ACQUARIO
La libertà è un bene prezioso. Il Cancro tenta di far ingelosire il partner, riuscendoci; l'Acquario impazzisce nel cercare di capire cosa sta pensando il suo amore. Dopo settimane, se non mesi di agitazione, si può arrivare a un punto di non ritorno. Ecco perché consiglio di stare molto attenti soprattutto all'inizio della primavera, quando questa relazione potrebbe conoscere addirittura un dentro o fuori definitivo. Forse è il caso di continuare a viverla come amicizia amorosa.

CANCRO – PESCI
Gli innamorati dello zodiaco non hanno paura di mostrarsi romantici e desiderosi di reciproche attenzioni. Quest'anno il segno del Cancro dovrà superare alcuni questioni che riguardano il lavoro. Per fortuna il Pesci sa cosa fare quando una persona ha bisogno di aiuto, dunque non credo ci saranno problemi insormontabili, anche se di tanto in tanto sarà necessario svagarsi senza pensare solo ed esclusivamente alle problematiche della vita. Consiglierei più allegria soprattutto in estate.

LEONE – LEONE
Avere Saturno contro non è facile! E questa coppia lo sa benissimo perché già l'anno scorso ci sono stati momenti di forte agitazione. Ci vorrebbe un po' di ironia, non prendere le cose di petto e non fare un dramma per tutto. Tuttavia se l'orgoglio è ferito, se ci sono stati momenti di forte disagio, la sfiducia aumenterà. Essendo due egocentrici hanno bisogno dell'attenzione del partner, ma questa ricerca può divenire inutile se entrambi aspettano che si muova il partner per primo. Ci vorrà più comprensione.

LEONE – VERGINE
Questa unione è basata su una passionalità travolgente. Essendo due segni molto determinati è probabile che riescano a fare grandi cose in questo 2022. Solo tra gennaio e febbraio il Leone perderà il controllo della situazione. La Vergine saprà come aiutare. Se sono giovani avranno una grande voglia di formare una famiglia, queste stelle favoriscono la realiz-

Le coppie

zazione di un piccolo grande progetto già dopo l'autunno. Peccato che il Leone, giustamente, lamenti spesso la mancanza di soldi. Ma la Vergine è un'abile amministratrice.

LEONE – BILANCIA
Questa coppia ama il bello e vorrebbe circondarsi di cose preziose. Avere una bella casa, una bella auto, fare delle vacanze da far invidia agli amici. Ma tutto questo comporta esborsi notevoli. E quest'anno, soprattutto il Leone non potrà contare su grandi risorse dal punto di vista finanziario. Conviene accontentarsi e non arrabbiarsi se magari qualcosa non arriva o giunge un pochino in ritardo. Ci vuole più concretezza!

LEONE – SCORPIONE
Se questa coppia ha resistito alle provocazioni dell'anno scorso è davvero molto forte, Saturno resta contrario. Si prendono spesso in giro, battibeccano, il che potrebbe essere anche divertente. Si dice che l'amore non è bello se non è litigarello, però alla lunga tutto stanca! Se le dispute sono giornaliere e non si riesce mai ad andare d'accordo, allora più che un rapporto d'amore questo sembra un incontro di pugilato, attenzione soprattutto a febbraio.

LEONE – SAGITTARIO
Una grande spinta arriva da Giove, pianeta che sarà molto importante, stimolerà questa coppia a fare grandi cose soprattutto da primavera in poi. Non è rilevante capire chi sia il più forte, ma che la forza di entrambi sia unita per riuscire a raggiungere traguardi che si sono prefissi da tanto tempo. Il Leone vorrebbe comandare, dirigere, ma al Sagittario il ruolo da dipendente non piace. Con un po' di buona volontà si può andare avanti senza creare disagi alla coppia.

LEONE – CAPRICORNO
Entrambi questi segni zodiacali vogliono avere un ruolo sociale rilevante, insomma appagare la propria ambizione. Ritengono, infatti, che un amore non possa andare bene se non si è contenti del proprio ruolo nella vita. Se uno dei due non è soddisfatto del proprio lavoro e se mancano soldi, anche l'amore va in crisi. Consiglio quest'anno di invertire la rotta e di dare maggiore spazio alla passione. Pensare solo esclusivamente

alle questioni di carattere pratico può, nel tempo, creare disagi di tipo emotivo o incomprensioni.

LEONE – ACQUARIO
Cane e gatto? Probabile! In realtà si amano molto ma ogni tanto lo scontro tra personalità sarà piuttosto forte. Entrambi sono due egocentrici. Ma c'è una grande differenza: l'Acquario dimostra la propria bravura e chiede di essere amato per questo; il Leone non vuole dimostrare nulla e pretende ammirazione, solo per il fatto di esistere. Tra i due può nascere qualche piccolo problema, soprattutto quando l'Acquario inizierà a fare il bastian contrario e non vorrà soddisfare le manie di protagonismo del partner (che sono anche un po' sue).

LEONE – PESCI
Leone segno di fuoco, Pesci segno di acqua. Già si capisce che questa unione potrà andare avanti tra alti e bassi. Quest'anno ci sarà un lungo transito di Marte che potrebbe provocare disagi nella coppia, in particolare dal 20 agosto fino a fine ottobre. L'amore c'è, ma ci saranno anche problematiche esterne al rapporto, professionali o economiche, che potrebbero provocare forte nervosismo. Attenzione soprattutto se ci sono figli o parenti di mezzo. Non dovranno dividersi, l'unione fa la forza!

VERGINE – VERGINE
Si prospettano due anni molto importanti per questa coppia costruttiva e forte, i due potranno contare sul reciproco aiuto per mesi. Attenzione solamente all'opposizione di Giove all'inizio dell'anno, questo potrebbe significare che dovranno risolvere alcuni problemi riguardanti la casa, i soldi o i figli. Il periodo migliore è quello estivo. Le nuove coppie saranno ancora più forti.

VERGINE – BILANCIA
Se la coppia va avanti da molto tempo è probabile che ci sia qualcosa da rivedere, in particolare sarà la Bilancia a sollevare un polverone, sentirsi un po' giù di corda tra maggio e giugno. La Vergine cercherà di analizzare bene tutta la situazione, come fa di solito, di capire in che modo riuscire a risolvere eventuali dilemmi. A creare qualche problema agli impegni di lavoro è una questione economica che, soprattutto per la Bilancia, non è facile da gestire.

Le coppie

VERGINE – SCORPIONE
Due segni molto riservati, forse è proprio questo atteggiamento schivo e piuttosto cauto nei confronti della realtà che li porta ad avere successo nella vita. Ogni tanto, però, farebbero bene ad aprirsi, a non pensare che all'esterno della coppia ci siano solo ostacoli da superare. Quest'anno avranno sicuramente modo di consolidare la loro unione realizzando qualcosa di concreto; estate e autunno le stagioni migliori per questa relazione che, se legalizzata, avrà ancora più forza e fortuna.

VERGINE – SAGITTARIO
Il Sagittario tende a scappare, la Vergine corre all'inseguimento. Ma fino a quando? È vero che una persona Sagittario è particolarmente affascinante e desidera maggiore dedizione. Tuttavia la Vergine non ha una pazienza infinita, così quest'anno tra un'alternanza di emozioni positive e negative, bisognerà ritrovare un certo equilibrio. I mesi più complicati saranno quelli di gennaio e febbraio, quindi massima attenzione!

VERGINE – CAPRICORNO
Un'unione formata da due segni di terra di per sé piuttosto stabile, quest'anno ci saranno maggiori opportunità per vivere una bella stagione assieme. L'unica fase un po' contraddittoria sarà quella tra maggio e giugno, ma solo perché il Capricorno dovrà risolvere alcuni problemi di lavoro e probabilmente si mostrerà un pochino distratto nella coppia. Una stagione importante per i figli, la casa, per costruire qualcosa assieme.

VERGINE – ACQUARIO
C'è un grande interesse soprattutto di tipo mentale tra i due. È difficile che si instauri al primo incontro, ma con un po' di pazienza si può davvero costruire qualcosa di importante. Ci saranno ovviamente dei momenti di forte incomprensione, l'Acquario è un fuggiasco, una primula rossa. La Vergine ama precisione e fedeltà. Tuttavia la Vergine trova nell'Acquario ciò che non possiede e non ha il coraggio di dire o fare, l'Acquario nella Vergine scopre una bella dose di stabilità che gli fa comodo!

VERGINE – PESCI
Questa unione è piuttosto contraddittoria sia nella vita sia a livello astrologico. Le esigenze sono diverse, quindi ogni tanto andranno in collisio-

ne. Tanto stabile e produttiva la Vergine quanto fantasiosa e incoerente la natura del segno dei Pesci. I mesi più difficili sono quelli iniziali, quindi attenzione tra gennaio e febbraio quando il tasso di agitazione sarà altissimo. Il segno dei Pesci tende a sentirsi sempre sottovalutato o poco amato, attenzione a inutili vendette.

BILANCIA – BILANCIA
Questa coppia cerca l'equilibrio, com'è evidente! Quest'anno, però, da maggio a luglio, ci sarà qualcosa da sistemare. Non credo che si tratti di mancanza di amore, più che altro è probabile che si debbano risolvere questioni di carattere lavorativo, economico che incutono un po' di agitazione. Se poi ci sono dei figli, c'è in programma un matrimonio, probabile che slitti una data o che ci sia da combattere contro qualche evento esterno. Un po' di bufera, ma se i due si vogliono bene non ci sarà ostacolo che tenga.

BILANCIA – SCORPIONE
Lo Scorpione tende a essere molto geloso, la Bilancia in fondo è contenta di questo tipo di atteggiamento, anche perché se una persona è gelosa vuol dire che ci tiene al rapporto! Così l'innata sicurezza della Bilancia può essere soddisfatta. Purché non si esageri! Questo è un anno importante ma lo Scorpione deve ancora sbrogliare alcune questioni economiche o di lavoro. Probabile che sia proprio il partner a doverlo aiutare di tanto in tanto.

BILANCIA – SAGITTARIO
Se i due iniziano a programmare una vita insieme basata su divertimento, viaggi e piaceri della vita, allora l'unione è salva. Questa è una coppia che vuole vivere serenamente, che detesta i musi lunghi. Una delle cose più belle è che se c'è qualcosa che non va, se ne parla. I confronti non dovranno mai mancare anche in questo 2022! Il Sagittario come al solito cercherà di districarsi da obblighi e incombenze fastidiose, la Bilancia, però, di buon grado si assumerà qualche compito più gravoso pur di non rinunciare al proprio caldo amante.

BILANCIA – CAPRICORNO
All'interno di questa coppia c'è una saggia amministrazione dell'amore, ma anche dei compiti riguardanti la casa, di tutte le responsabilità che

comporta lo stare insieme. Per le coppie nate da poco questo è un anno un po' particolare, infatti durante la primavera potrà anche esserci un momento di stallo, di revisione del rapporto o di rinuncia! Per fortuna sia il Capricorno sia la Bilancia sono estremamente determinati nelle proprie azioni, quindi prima di rinunciare a un progetto le provano tutte! La seconda parte dell'anno sarà decisamente migliore.

BILANCIA – ACQUARIO
Per la Bilancia l'Acquario è un vulcano di idee, ma soprattutto una persona carina, piacevole da frequentare perché divertente. L'Acquario trova nella Bilancia una compagnia ideale, perché è difficile che si senta soggiogato o in imbarazzo. Questo legame cresce bene nel corso del 2022 protetto da Saturno in ottimo aspetto. L'unico neo? Sono entrambi segni di aria: se si vola un po' troppo alto con la fantasia si rischia di non toccare più terra. Quindi attenzione nel fare progetti che costino esageratamente, nell'immaginare situazioni che non sono così facili da realizzare.

BILANCIA – PESCI
Tenerezza e sentimento, non mancano le emozioni in questo rapporto che forse è uno dei più delicati dello zodiaco. Questa relazione potrebbe avere un momento di crisi attorno a luglio. Bisogna stare attenti a terzi incomodi, tradimenti reali o presunti. Se decideranno di stare assieme, in particolare i giovani, dovranno badare alle spese per la casa. L'ultima parte dell'anno mi sembra la migliore, comunque è veramente un grande amore quello che può nascere tra questi due segni!

SCORPIONE – SCORPIONE
La passione è bella ma quando diventa agitazione e tormento rischia di fare male. Il limite di questa coppia sta proprio nella gestione dell'amore. La gelosia dovrà essere limitata soprattutto in certi mesi, piccoli sospetti o momenti di tensione possono capitare a marzo quando Venere sarà contraria, ma anche nel mese di agosto. Se questa relazione è forte non avrà problemi, altrimenti bisogna stare attenti perché potrebbe nascere qualche conflitto di troppo con il rischio di periodi bui.

SCORPIONE – SAGITTARIO
Il Sagittario tende alla fuga quando vede che lo Scorpione cerca di met-

tergli il sale sulla coda. Lo Scorpione è innervosito dall'atteggiamento del partner che ogni tanto sembra addirittura supponente. Sarebbe bene ritrovare la voglia di stare insieme, giocare, fare qualcosa di bello anche durante la stagione estiva che si prospetta la migliore; ma non posso escludere che ogni tanto ci siano forti battibecchi e che questa storia abbia bisogno di un po' di cura, prudenza anche a febbraio.

SCORPIONE – CAPRICORNO
Determinazione e forza alimentano le scelte di questa coppia; i panni sporchi si lavano in casa! Quindi non sarà difficile vederli discutere tra le quattro mura domestiche. Ma la realtà dei fatti è che tutto sommato sono complici sempre e comunque, si mostrano estremamente uniti; pur essendo solidali ognuno cercherà la propria autonomia per stare bene. Se lo Scorpione, però, eccede nel controllo, il Capricorno potrebbe dare in escandescenze.

SCORPIONE – ACQUARIO
Nonostante siano molto diversi per carattere e formazione, alla fine riescono a trovare un punto di accordo. Ma ci saranno giornate di reciproca insofferenza, perché entrambi hanno un forte orgoglio. Lo Scorpione tende a dominare, anche se in maniera piuttosto silenziosa, la coppia. Il partner non è indifferente a questo tipo di condizionamento, fa finta di nulla per evitare discussioni ma non tollera atteggiamenti impositivi. In certe giornate penseranno di buttare tutto all'aria, in altre saranno più tolleranti, e così si va avanti per mesi.

SCORPIONE – PESCI
La passione non manca in questo legame sentimentale che è formato da due segni di acqua. Passione, gelosia, orgoglio... È importante vivere questa storia al massimo. Se decidono di stare assieme quest'anno non vivranno grandi ostacoli, uno dei mesi più interessanti per rafforzare questa storia sarà luglio, in particolare dal 18 fino alla metà di agosto saranno favoriti matrimoni, convivenze, scelte che riguardano i figli o la casa.

SAGITTARIO – SAGITTARIO
Questo rapporto si basa sulla reciproca fiducia. Entrambi sono spiriti liberi! Ecco perché potrebbero essere complici in qualche avventura, or-

ganizzare qualcosa di bello da fare assieme sarà più facile con Saturno in ottimo aspetto e Venere amica dall'11 agosto fino al 5 settembre. Quello il periodo migliore anche per sposarsi, convivere o pensare di avere un figlio. Troppa libertà potrebbe essere rischiosa però. La vita di coppia comporta delle regole che vanno rispettate. Attenzione ai tradimenti presunti o veri che siano.

SAGITTARIO – CAPRICORNO
Ragione e sentimento! Ecco una bella coppia costruttiva e positiva. I malumori del Capricorno saranno sedati dall'atteggiamento positivo e ottimista del Sagittario. I voli pindarici di quest'ultimo saranno limitati dalla tendenza che ha il Capricorno a razionalizzare ogni cosa. Ogni tanto bisognerà ritrovare l'entusiasmo, la voglia di fare cose assieme. Il Capricorno si carica di responsabilità, il Sagittario pensa che sia giusto impegnarsi, ma che nella vita bisogna anche dare spazio al divertimento! Qualche momento di tensione agli inizi di luglio, agosto mese complice.

SAGITTARIO – ACQUARIO
Una delle coppie più divertenti dello zodiaco. Devono avere un progetto in comune da realizzare, che sia di divertimento, di lavoro, riguardante la famiglia. Sono un po' folli ma proprio in questa pazzia c'è la chiave del successo; l'Acquario quest'anno è dominato da Saturno, quindi sta cercando di rimettere a posto la propria vita sia a livello lavorativo sia economico. Il Sagittario sarà un pochino più vago, non avrà voglia di pensare al dovere, vorrà darsi al piacere! Entrambi potrebbero costruire qualcosa di bello durante l'estate.

SAGITTARIO – PESCI
Questa unione comporta problemi soprattutto all'inizio. Il Pesci istintivamente non si fida, capisce di avere a che fare con una persona che non è facilmente controllabile e questo insinua il tarlo del sospetto. Ma è davvero così? In realtà il Sagittario a volte racconta piccole bugie per togliersi d'impaccio o per non sentirsi in torto per quello che fa. Il Pesci, infatti, quando non è sicuro di una relazione inizia a far sentire il partner colpevole, lanciando frasi provocatorie del tipo: «Mi trascuri», «Non mi ami» e così via, tanto per tenerlo sulle spine. Un'unione che va avanti tra alti e bassi e che agli inizi di luglio può vivere qualche tensione di troppo.

Le coppie

CAPRICORNO – CAPRICORNO
Più stabili di così! In questa storia non manca la voglia di stare assieme nonché di costruire qualcosa in coppia. Però attenzione, non si può pensare solo al dovere, c'è anche il piacere! Dovrebbero liberare il proprio animo, troppe preoccupazioni fanno male. Ci saranno mesi difficili per entrambi, penso, per esempio, alle polemiche che potrebbero nascere già tra gennaio e agli inizi di febbraio, nonché a una condizione di forte stress, quando Giove e Marte saranno contrari nella prima parte di giugno. Ci sarà tanto da dire, tanto da fare e da sopportare.

CAPRICORNO – ACQUARIO
È una bella unione, costruttiva e forte. Il Capricorno deve accettare qualche follia del partner, al tempo stesso l'Acquario è contento di sentirsi sicuro accanto a una persona che sa quello che vuole. A parte un momento di sosta e difficoltà nella prima parte di giugno, per il resto questo è un anno abbastanza tranquillo. Sarebbe il caso, appena possibile, di fare una vacanza per liberarsi di qualche inquietudine maturata nell'ambito del lavoro. Nel complesso, però, stabilità e amore non mancheranno.

CAPRICORNO – PESCI
Non si dimenticano neppure dopo la separazione! Questa è una coppia che si forma di frequente, importante. Il Capricorno è molto ambizioso e pone al primo posto il lavoro, poi il denaro e quindi tutto il resto. Il Pesci fa esattamente il contrario. A ogni modo sono uniti e nel corso di quest'anno, a parte una piccola crisi all'inizio di giugno, potranno raggiungere un buon accordo. Se questa coppia è in piedi da tanti anni ci sarà bisogno di qualche stimolo in più, sarebbe utile organizzare qualcosa di divertente durante l'estate.

ACQUARIO – ACQUARIO
Una coppia più originale di questa è difficile da trovare. Sono talmente refrattari ai condizionamenti e amanti dell'improvvisazione che anche tra loro sarà difficile, talvolta, fissare un appuntamento e rispettarlo! Ma la stravaganza di questo rapporto è la sua forza. Quest'anno con Saturno in Acquario, entrambi avranno bisogno di consolidare il legame. Dunque saranno certamente più affidabili, innamorati, potranno fare grandi cose. Posseggono un'eccezionale dose di fantasia che, se ben sfruttata, nel cor-

Le coppie

so di questo 2022 potrebbe essere fonte di una buona ispirazione per un lavoro da svolgere assieme. Un anno costruttivo, in cui non ci si annoierà di certo! E anche la sessualità sarà divertente.

ACQUARIO – PESCI
All'inizio è una bella storia d'amore, poi bisogna stare attenti, perché si rischia, con il tempo, di vivere più di rimproveri che di passione. Sarà il segno zodiacale dei Pesci ad avere atteggiamenti particolari, tenterà di far sentire in colpa l'Acquario per tenerlo un pochino più sotto controllo. Ma se c'è una cosa che l'Acquario detesta è proprio essere sottoposto a continue critiche. Così per non andare avanti tra rimproveri e battibecchi sarà opportuno trovare un punto di accordo, cosa più difficile nel mese di luglio ma più possibile alla fine di ottobre.

PESCI – PESCI
Romanticismo à gogo! Bella questa storia ma anche fragile, perché soggetta all'umore del momento. Come in un libro di Liala vivranno emozioni e tormenti, e ogni tanto, apparentemente in maniera involontaria, provocheranno fastidi e angosce pur di sentire ancora vivo il rapporto. Il piacere di litigare per poi fare pace, per esempio, potrebbe essere uno degli elementi salienti di questo legame. Attenzione alle esagerazioni. Una fase delicata sarà vissuta, da questa coppia sempre in balia dei venti, tra la fine di giugno e luglio!

Il calcolo dell'ascendente

*E*ccoci nuovamente giunti all'apprezzata sezione dedicata al calcolo dell'ascendente! Ricordo che l'ascendente è fondamentale per definire la propria tendenza caratteriale; insieme al segno solare, infatti, può offrire un quadro generale e completo della personalità, ma anche segnalare particolari momenti favorevoli della propria vita.

Ognuno di noi, infatti, ha un oroscopo diviso in 12 settori, ciascuno dei quali è connesso a un lato della nostra esistenza. Un forte ascendente determina anche l'aspetto fisico, lo sguardo particolare o un comportamento più o meno irascibile o disponibile; rappresenta, quindi, anche la nostra carica vitale. Anche in questa edizione 2022 sarà possibile leggere le tendenze generali rispetto al proprio ascendente; una volta calcolato consultate il capitolo dedicato. La combinazione Sole-ascendente aiuterà a capire quali sono le potenzialità dell'anno.

Ogni mese nei settimanali DIPIÙ e DIPIÙTV troverete in allegato lo «stellare», una rivista in cui sono contenute anche le previsioni per tutti i segni e le caratteristiche del segno del mese; provate a unire quelle indicate per il vostro segno zodiacale e per l'ascendente, sono certo che vi divertirà trovare particolari coincidenze.

E ora non vi resta che consultare le tavole che seguono per scoprire il vostro ascendente!

Nota: le tavole hanno fine divulgativo ed esemplificativo, sono pertanto soggette ad approssimazione.

Il calcolo dell'ascendente

Al tuo **mese di nascita** corrisponde un numero: trascrivilo su di un foglio.

\	TROVA IL TUO ASCENDENTE		
gennaio	380	luglio	1094
febbraio	502	agosto	1216
marzo	613	settembre	1338
aprile	753	ottobre	17
maggio	853	novembre	139
giugno	976	dicembre	257

Al tuo **giorno di nascita** corrisponde un numero: trascrivilo su di un foglio.

1 = 0	17 = 63
2 = 4	18 = 69
3 = 8	19 = 73
4 = 12	20 = 77
5 = 16	21 = 81
6 = 20	22 = 84
7 = 24	23 = 88
8 = 28	24 = 92
9 = 32	25 = 96
10 = 36	26 = 100
11 = 40	27 = 104
12 = 44	28 = 109
13 = 48	29 = 112
14 = 52	30 = 117
15 = 56	31 = 120
16 = 59	

Il calcolo dell'ascendente

Alla tua **ora di nascita** corrisponde, nella tabella qui sotto, un numero: a questo numero devi sommare gli eventuali restanti minuti. Trascrivi anche la cifra così ottenuta.

Esempio:

ora di nascita **09.40** - per le **09.00** trovi **510+40** minuti = totale **550**.

01.00 = 30	09.00 = 510	17.00 = 990
02.00 = 90	10.00 = 570	18.00 = 1050
03.00 = 150	11.00 = 630	19.00 = 1110
04.00 = 210	12.00 = 690	20.00 = 1170
05.00 = 270	13.00 = 750	21.00 = 1230
06.00 = 330	14.00 = 810	22.00 = 1290
07.00 = 390	15.00 = 870	23.00 = 1350
08.00 = 450	16.00 = 930	24.00 = 1410

Ora somma i tre numeri che hai ricavato e consulta la tabella, troverai il tuo **ascendente**.

da	a	ascendente	da	a	ascendente
20	162	LEONE	1456	1602	LEONE
163	320	VERGINE	1603	1760	VERGINE
321	473	BILANCIA	1761	1913	BILANCIA
474	624	SCORPIONE	1914	2064	SCORPIONE
625	768	SAGITTARIO	2065	2208	SAGITTARIO
769	882	CAPRICORNO	2209	2322	CAPRICORNO
883	966	ACQUARIO	2323	2406	ACQUARIO
967	1040	PESCI	2407	2480	PESCI
1041	1109	ARIETE	2481	2549	ARIETE
1110	1193	TORO	2550	2633	TORO
1194	1307	GEMELLI	2634	2747	GEMELLI
1308	1455	CANCRO	2748	2895	CANCRO

Il calcolo dell'ascendente

Esempio: Alessandra, 27 aprile 1974, ore 15.10
Tabella 1) per il mese di aprile il numero trovato è 753
Tabella 2) per il giorno 27 il numero trovato è 104
Tabella 3) per l'ora di nascita il numero trovato è 880
(870+10 min.)
Totale: 753+104+880 = 1737, l'ascendente è in Vergine
(Tabella 4)

Attenzione: per calcolare l'**ascendente** devi prendere in considerazione l'ora solare!
Controlla la tabella delle ore legali.
Se il giorno della tua nascita c'era l'ora legale, devi sottrarre un'ora al conto.

	Tabella delle ore legali	
1916	dalle 24 del 3 giugno	alle 24 ora legale del 30 settembre
1917	dalle 24 del 31 marzo	alle 24 ora legale del 30 settembre
1918	dalle 24 del 9 marzo	alle 24 ora legale del 6 ottobre
1919	dalle 24 del 1° marzo	alle 24 ora legale del 4 ottobre
1920	dalle 24 del 20 marzo	alle 24 ora legale del 18 settembre
1940	dalle 24 del 14 giugno	alla fine dell'anno
1941	per tutto l'anno	
1942	dall'inizio dell'anno	alle 3 ora legale del 2 novembre
1943	dalle 2 del 29 marzo	alle 3 ora legale del 24 ottobre
1944	dalle 2 del 3 aprile	alle 2 ora legale del 17 settembre (solo al Nord Italia)
1945	dalle 2 del 2 aprile	all'1 ora legale del 15 settembre
1946	dalle 2 del 17 marzo	alle 3 ora legale del 6 ottobre
1947	dalle 00 del 16 marzo	all'1 ora legale del 5 ottobre
1948	dalle 2 del 29 febbraio	alle 3 ora legale del 3 ottobre
1966	dalle 00 del 22 maggio	alle 24 ora legale del 24 settembre
1967	dalle 00 del 28 maggio	all'1 ora legale del 24 settembre

Il calcolo dell'ascendente

Tabella delle ore legali

1968	dalle 00 del 26 maggio	all'1 ora legale del 22 settembre
1969	dalle 00 del 1° giugno	all'1 ora legale del 28 settembre
1970	dalle 00 del 31 maggio	all'1 ora legale del 27 settembre
1971	dalle 00 del 23 maggio	all'1 ora legale del 26 settembre
1972	dalle 00 del 28 maggio	all'1 ora legale del 1° ottobre
1973	dalle 00 del 3 giugno	all'1 ora legale del 30 settembre
1974	dalle 00 del 26 maggio	all'1 ora legale del 29 settembre
1975	dalle 00 del 1° giugno	all'1 ora legale del 28 settembre
1976	dalle 00 del 30 maggio	all'1 ora legale del 26 settembre
1977	dalle 00 del 22 maggio	all'1 ora legale del 25 settembre
1978	dalle 00 del 28 maggio	all'1 ora legale del 1° ottobre
1979	dalle 00 del 27 maggio	all'1 ora legale del 30 settembre
1980	dalle 2 del 6 aprile	alle 3 ora legale del 28 settembre
1981	dalle 2 del 29 marzo	alle 3 ora legale del 27 settembre
1982	dalle 2 del 28 marzo	alle 3 ora legale del 26 settembre
1983	dalle 2 del 27 marzo	alle 3 ora legale del 25 settembre
1984	dalle 2 del 25 marzo	alle 3 ora legale del 30 settembre
1985	dalle 2 del 31 marzo	alle 3 ora legale del 29 settembre
1986	dalle 2 del 30 marzo	alle 3 ora legale del 28 settembre
1987	dalle 2 del 29 marzo	alle 3 ora legale del 27 settembre
1988	dalle 2 del 27 marzo	alle 3 ora legale del 25 settembre
1989	dalle 2 del 26 marzo	alle 3 ora legale del 24 settembre
1990	dalle 2 del 25 marzo	alle 3 ora legale del 30 settembre
1991	dalle 2 del 31 marzo	alle 3 ora legale del 29 settembre
1992	dalle 2 del 29 marzo	alle 3 ora legale del 27 settembre
1993	dalle 2 del 28 marzo	alle 3 ora legale del 26 settembre
1994	dalle 2 del 27 marzo	alle 3 ora legale del 25 settembre
1995	dalle 2 del 26 marzo	alle 3 ora legale del 24 settembre

Il calcolo dell'ascendente

	Tabella delle ore legali	
1996	dalle 2 del 31 marzo	alle 3 ora legale del 27 ottobre
1997	dalle 2 del 30 marzo	alle 3 ora legale del 26 ottobre
1998	dalle 2 del 29 marzo	alle 3 ora legale del 25 ottobre
1999	dalle 2 del 28 marzo	alle 3 ora legale del 31 ottobre
2000	dalle 2 del 26 marzo	alle 3 ora legale del 29 ottobre
2001	dalle 2 del 25 marzo	alle 3 ora legale del 28 ottobre
2002	dalle 2 del 31 marzo	alle 3 ora legale del 27 ottobre
2003	dalle 2 del 30 marzo	alle 3 ora legale del 26 ottobre
2004	dalle 2 del 28 marzo	alle 3 ora legale del 31 ottobre
2005	dalle 2 del 27 marzo	alle 3 ora legale del 30 ottobre
2006	dalle 2 del 26 marzo	alle 3 ora legale del 29 ottobre
2007	dalle 2 del 25 marzo	alle 3 ora legale del 29 ottobre
2008	dalle 2 del 30 marzo	alle 3 ora legale del 26 ottobre
2009	dalle 2 del 29 marzo	alle 3 ora legale del 25 ottobre
2010	dalle 2 del 28 marzo	alle 3 ora legale del 31 ottobre
2011	dalle 2 del 27 marzo	alle 3 ora legale del 30 ottobre
2012	dalle 2 del 25 marzo	alle 3 ora legale del 28 ottobre
2013	dalle 2 del 31 marzo	alle 3 ora legale del 27 ottobre
2014	dalle 2 del 30 marzo	alle 3 ora legale del 26 ottobre
2015	dalle 2 del 29 marzo	alle 3 ora legale del 25 ottobre
2016	dalle 2 del 27 marzo	alle 3 ora legale del 30 ottobre
2017	dalle 2 del 26 marzo	alle 3 ora legale del 29 ottobre
2018	dalle 2 del 25 marzo	alle 3 ora legale del 28 ottobre
2019	dalle 2 del 31 marzo	alle 3 ora legale del 27 ottobre
2020	dalle 2 del 29 marzo	alle 3 ora legale del 25 ottobre
2021	dalle 2 del 28 marzo	alle 3 ora legale del 31 ottobre
2022	dalle 2 del 27 marzo	alle 3 ora legale del 30 ottobre

Appunti delle stelle

Appunti delle stelle

Appunti delle stelle

Appunti delle stelle

Appunti delle stelle

Appunti delle stelle

Finito di stampare nell'ottobre 2021
presso ELCOGRAF SPA, Verona (Vr)